ALCANTER DE BRAHM

ATTACHÉ PRINCIPAL A LA CONSERVATION DU MUSÉE HISTORIQUE
DE LA VILLE DE PARIS

CURIOSITÉS DE CARNAVALET

*d'après des documents
inédits.*

Le poète Antoine Roucher.
Une page inconnue de Voltaire.
Beaumarchais et l'Hôtel de Hollande.
Marat prussien.
La vérité sur la démolition de la Bastille.
Le dernier gouverneur de la Bastille.
Un poète à la Tour du Temple (J. A. Berthelemy).
Lettres d'un témoin des grandes journées de Janvier 1793.
Le député Féraud et l'insurrection de Prairial, an III.
Notes hugoliennes. Les cheveux de Chateaubriand.
Souvenirs sur Béranger. Notes sur Michelet.
Haussmann, ministre de Paris.
L'Arsenal et Carnavalet sous la Commune.
La philosophie intime de Dumas fils.
Un courrier directorial d'Odéon.

LIBRAIRIE FRANÇAISE
15, QUAI DE CONTI, PARIS-VI·

MCMXX

CURIOSITÉS
DE CARNAVALET

OUVRAGES
DU MÊME AUTEUR

Deux logis de qualité, Lauzun-Carnavalet (1906). Bibliothèque de la Critique . . . . 1 vol.

Visite au Musée des Arts Décoratifs (1907) . . . . . 1 —

Visite au Musée Carnavalet (1906-1909) avec 150 phototypies. — Louis Geisler, éditeur. . . . . 2 —

La Peinture au Musée Carnavalet (1909) avec 4 phototypies. — Sansot, éditeur . . . . 1 —

Les Carnavalettes, poèmes (1912). — Sansot, éditeur. . 1 —

Le IVe Arrondissement de Paris (1913) . . . . 1 —

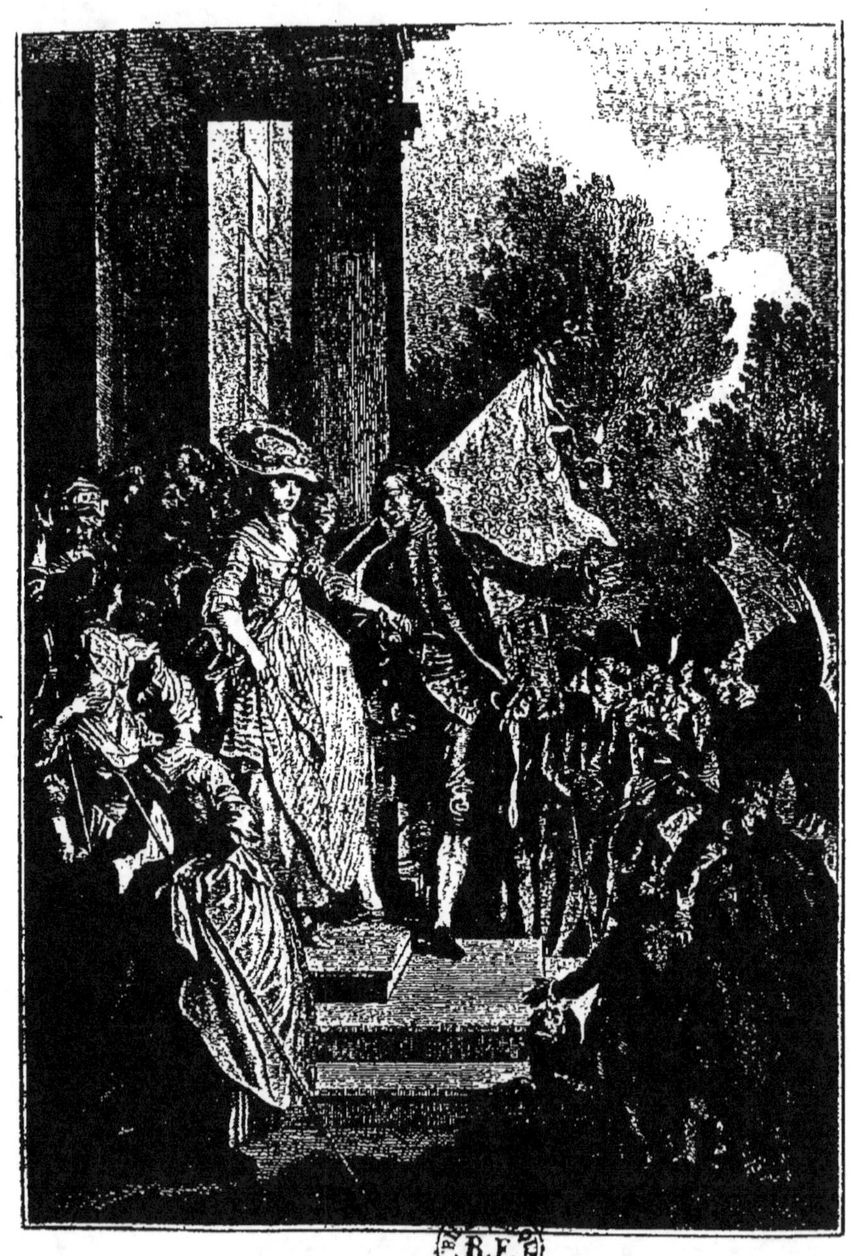

Ici de la Vertu c'eft la retraite paifible.

Composition de Marillier, gravée par N. Ponce
extraite des *Mois* (Ch. IV) d'ANTOINE ROUCHER.

ALCANTER DE BRAHM

ATTACHÉ PRINCIPAL A LA CONSERVATION DU MUSÉE HISTORIQUE
DE LA VILLE DE PARIS

CURIOSITÉS DE CARNAVALET

d'après des documents inédits.

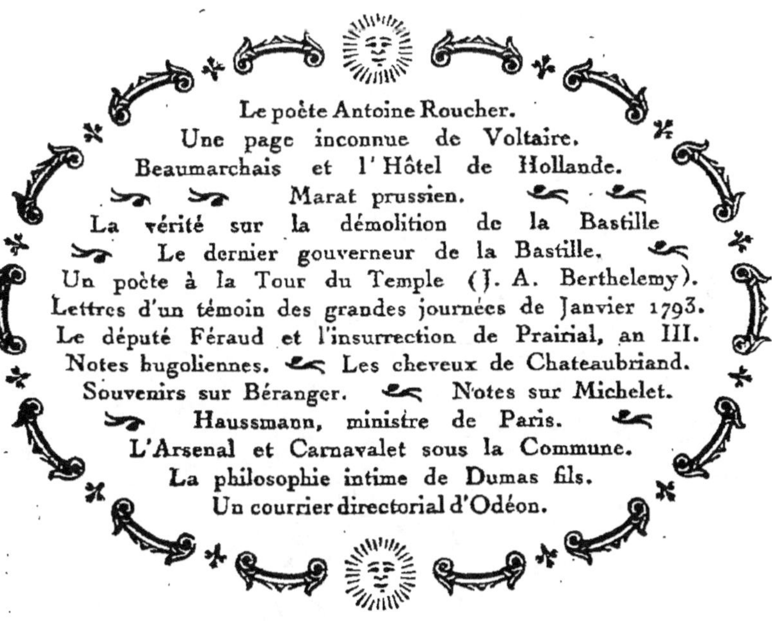

Le poëte Antoine Roucher.
Une page inconnue de Voltaire.
Beaumarchais et l'Hôtel de Hollande.
Marat prussien.
La vérité sur la démolition de la Bastille
Le dernier gouverneur de la Bastille.
Un poëte à la Tour du Temple (J. A. Berthelemy).
Lettres d'un témoin des grandes journées de Janvier 1793.
Le député Féraud et l'insurrection de Prairial, an III.
Notes hugoliennes. Les cheveux de Chateaubriand.
Souvenirs sur Béranger. Notes sur Michelet.
Haussmann, ministre de Paris.
L'Arsenal et Carnavalet sous la Commune.
La philosophie intime de Dumas fils.
Un courrier directorial d'Odéon.

LIBRAIRIE FRANÇAISE
15, QUAI DE CONTI, PARIS-VIᵉ
MCMXX

A MONSIEUR R. FALCOU

DIRECTEUR DES BEAUX-ARTS ET DES MUSÉES
DE LA VILLE DE PARIS

*en témoignage amical et déférent
de mon attachement.*

A. B.

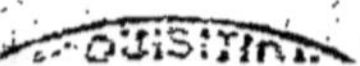

PRÉAMBULE

Un demi siècle s'est à peine écoulé depuis le temps où, grâce à l'initiative du baron Haussmann, alors préfet de la Seine, l'Hôtel Carnavalet fut acquis à dessein d'y créer le Musée historique de la Ville de Paris. Il s'y trouve, en plus de considérables richesses d'art, dont on sait l'importance autant que la précieuse qualité, tout un fonds d'archives et d'autographes extrêmement curieux qu'on ne connaît guère.

Aux divers et si remarquables éléments dont, à son origine, le gratifiait Alfred de Liesville, sont venus s'ajouter peu à peu de rarissimes papiers collectés au bienheureux hasard de ventes fameuses, celles de Bovet, d'Amédée Rey, de Nadar, de Jules Claretie, entre autres. L'esprit de divination, qui favorise les trouvailles, s'est exercé et s'exerce encore patiemment et partout — non sans fruits. Enfin, nombre de donateurs aussi généreux qu'éclairés, ont, par ailleurs, contribué dans une bonne mesure à l'enrichissement progressif de ce fonds (1).

---

(1) Citons notamment : Mmes de Pleurs, Jules Michelet, la marquise Arconati Visconti, Gustave Blavot, Waldeck-Rousseau, Lemaître, MM. Borie, Thénon, Henri Doniol, Zieger-Alboni, Freund-Deschamps, le comte Beugnot, Gustave Bourse, les fils du président Carnot, G. Monod, Georges Clemenceau, Gaston Mélingue, Edouard Pasteur, M. et Mme Georges Cain, André Antoine, etc.

Aux actes des rois de l'ancienne France, depuis les Valois jusqu'à Louis XVI, aux notes et correspondances des plus illustres serviteurs de la monarchie, se sont ajoutées les épistoles, les proses des grands premiers rôles de la Révolution, les ordres et rapports des généraux de la République, des princes, des maréchaux, des fonctionnaires dorés de l'Empire ; des communications de savants comme Larrey et Monge, de diplomates, tels Talleyrand et Champagny, voire de policiers : Fouché, Savary et tutti quanti, puis des manuscrits, des lettres, des mémoires issus d'artistes, de poètes, d'écrivains, gloires du romantisme, dont Victor Hugo était l'astre et, plus près de nous, maintes célébrités de la science, des lettres et de la scène. Certains dossiers relatifs à la Bastille mystérieuse et aux épisodes de la Révolution, certains procès-verbaux et recueils intéressant la Convention, le Comité de Salut Public, le séjour au Temple de la famille de Louis XVI, les massacres de Septembre, l'assassinat des plénipotentiaires de Rastadt où le procès de Ney valent d'être consultés pour un plus ample commentaire de l'Histoire, laquelle exige maintenant de ses narrateurs une précision, une méthode, un agencement rigoureux, une grande avidité de perfection et surtout d'inédit. Dans ce foisonnement, le choix s'avérait difficile ; certaines pièces, toutefois, se référant à des périodes de vie nationale, à des époques littéraires spécialement attrayantes, nous ont semblé devoir retenir l'attention du lecteur, tant par leur intérêt propre, que par les lueurs inattendues qu'elles projettent sur le détail d'existence et les idées des personnalités mises en cause.

C'est ainsi qu'il nous a paru curieux de produire un Beaumarchais tout en contrastes : apprenti fort humblement incliné sous la coupe féroce de son père, mais bientôt usant, après la mandole qu'il enseignait à Mes-dames filles de Louis XV, de tant d'autres guitares ré-clamistes et procédés de publicité figaresque, dont sa direction de l'œuvre des Mères-Nourrices n'est pas la moins originale. Non moins imprévu apparaîtra un Marat de naissance helvèto-prussienne — ce qui est connu — mais excipant de cette qualité, avec énergie, auprès du Prévôt des Marchands, en vue d'esquiver l'impôt. Nous avons pensé que les naïfs aperçus et les francs témoignages d'un J.-B. Sirey, quelconque péri-gourdin qui était de ces délégués de département sura-joutés aux députés lors des grands jours révolution-naires, pouvaient donner une note nouvelle dans la peinture des prodigieux épisodes de janvier 1793. Le moindre détail de la vie d'un Chateaubriand n'est-il pas digne de captiver l'intérêt ? Nous avons escompté, de même, l'agrément et la surprise du lecteur pour la souriante philosophie et l'inattendue rigueur d'un Béranger. Pareillement, il nous a semblé qu'on trouve-rait savoureux les aperçus et les formules philosophi-ques librement et crûment épandus dans une correspon-dance, jusqu'à ce jour ignorée, de Dumas fils et d'un commandant de marine avec lequel il était en confiance.

Tel est ce modeste spicilège. Puisse-t-il se voir ac-cueilli avec indulgence. Il convient que redoublent les efforts en vue d'apporter à l'Histoire les documents et les lumières — même accessoires — dont elle ne sera jamais trop pourvue.

CURIOSITÉS DE CARNAVALET

LE POÈTE ANTOINE ROUCHER

d'après des documents inédits

La jeunesse de Roucher ; son mariage ; ses amis. — Roucher et la critique de son temps. — Considérations sur l'œuvre de l'écrivain. — Roucher et la Révolution ; son rôle politique ; péripéties angoissantes de son existence. — Une étrange attitude de Cabanis. — Arrestation du poète ; ses prisons ; son exécution. — Le cimetière de Picpus. — L'œuvre de Roucher.

Le poète des *Mois* vit le jour à Montpellier, où son père, Jacques Roucher, exerçait la profession de maître tailleur. Le brave homme, à qui ses qualités, tant professionnelles que privées, avaient valu l'estime de ses concitoyens, connut, après avoir élevé dignement sa nombreuse famille, la douce récompense des sacrifices imposés par l'éducation de huit enfants.

De sa première femme, Claire Baron, Jean-Antoine, le poète, né le 22 février 1745, était l'aîné ; quatre autres survinrent, qui furent : Jean-Antoine-Pierre, *Pierrote* comme on l'appelait familièrement, lequel, vers la fin de l'année 1780, soutint brillamment sa thèse de doctorat en médecine ; Claude, né en 1761, qui fut aussi docteur et qui, poussé par son goût pour les sciences, obtint plus tard une chaire de physique à la Faculté de Montpellier. Ses ouvrages, au dire de ses contemporains, accusaient une grande imagination. Venaient ensuite deux filles, l'une qui épousa un M. Richôme, l'autre, entrée dans les ordres et morte, passé 1830, à Marseille.

Ayant épousé en secondes noces Mlle Elisabeth d'Aubanel, ce qui donne à penser que le métier de tailleur d'habits n'était pas, sous l'ancien régime, aussi rigoureusement incompatible avec les scrupules de la caste privilégiée qu'on le suppose, il eut, de cette nouvelle union, trois autres enfants. Mais ils ne portèrent pas dans la vie le nom paternel. Le premier, Pierre, prit celui de sa mère, et fut Pierre d'Aubanel, plus tard docteur en médecine à son tour, puis fonctionnaire public ; le second, Jean-Jacques, se dénomma d'Orseranne. Licencié en droit, quelques mois avant la mort de son père, survenue en 1788, il mourut lui-même bientôt après, le 31 janvier 1789, à la veille de soutenir son doctorat. Le troisième enfant, qui fut une fille, n'a pas laissé de traces, même dans les souvenirs de ses collatéraux.

Lorsque le patriarche quitta ce bas monde, son aîné, le poète, qui avait déserté fort jeune le foyer natal pour tenter la chance à Paris, n'avait pas reparu : il essayait d'atténuer les effets de cette absence de vingt-trois années, en promettant aux siens de venir dans le cours du printemps de 1788, lorsqu'il apprit, par une lettre datée du 21 mai, que son pauvre père n'espérait plus le voir, mais qu'avant de mourir il lui confiait le plus jeune de ses enfants, c'est-à-dire d'Orseranne. La confiance qu'il témoignait à Antoine lui rendait, disait-il, la mort moins douloureuse. Nous verrons par la suite que le poète s'acquitta au mieux de cette suprême recommandation.

A l'âge de sept ans, le petit Antoine fut mis au collège des Jésuites, dont l'ordre était réputé pour développer et faire éclore, brillamment les germes du talent chez les esprits qui avaient la bonne fortune d'en laisser entrevoir.

Cette jeune nature d'élite, qui se révélait, dès son éveil, à la pensée aimante et studieuse, conquit naturellement la sympathie de ses éducateurs ; Roucher manifestait d'évidentes dispositions pour l'étude, ce qui le fit orienter par eux vers l'état ecclésiastique.

A dix-huit ans, il étonna ses maîtres, notamment par quelques sermons qu'il prononça sur la grâce, et ces prémices d'un bel avenir décidèrent ses parents à le laisser venir à Paris étudier la théologie en Sorbonne.

De cette phase scolaire, un souvenir subsiste, qu'il n'est pas sans intérêt de rappeler ici, en même temps que les curieuses circonstances grâce auxquelles il est parvenu jusqu'à nous.

Le fils du poète, M. Emile Roucher, qui pieusement conservait et assemblait les notes, lettres et manuscrits de son père, allant un jour chez son libraire habituel, fut bien surpris en entendant ce dernier : « Ah ! mon« sieur, lui dit-il, j'ai trois volumes que vous ne pouvez « laisser à d'autres ; ils viennent de la bibliothèque de « votre père et sont annotés de sa main. » Ce libraire disait vrai ; c'était un recueil de poésies latines : *Pœmata didascalia*, avec notes marginales d'Antoine Roucher. Au hasard des citations, en regard d'un passage relatif aux espoirs et aux déceptions des écoliers, lors des distributions de prix, on pouvait déchiffrer le commentaire que voici :

« Ces descriptions sont de la plus grande vérité ; j'en ai l'expérience : j'étais en quatrième, je n'eus pas de prix ; j'allai me cacher de honte sous le théâtre où je restai pendant deux heures, laissant tout le monde inquiet de moi et mon père surtout, qui, non moins honteux, se contraignit cependant pour me consoler, et le lendemain, lorsque les tambours de la ville publièrent, auprès de notre maison, le nom d'un de mes condisciples vainqueurs, je m'enfuis en pleurant et en sanglotant ».

Cet incident dut être pour le jeune collégien une leçon salutaire, puisque, dès lors, chaque année, son nom retentit au cours de la lecture du palmarès.

L'exemple servit également à ses cadets, si l'on en juge par l'extrait suivant d'une lettre que lui adressait, le 29 septembre 1782, un de ses plus intimes amis de jeunesse, l'abbé de Besplas :

« Vous avez un frère (Claude), qui a remporté le plus grand nombre de prix, cette année au collège ; il pâlit sur les livres et c'est un *Opéra* quand il faut le déterminer à venir prendre ses repas. Voyez, comme vous avez été contagieux pour vos frères... »

Le voici donc à Paris. La théologie n'aura bientôt plus de secrets pour lui ; mais déjà on pressent que la poésie va l'emporter. A quoi tiennent les choses ! Il aura suffi de la rencontre de quelques jeunes gens imprégnés de l'esprit du moment, c'est-à-dire des idées philosophiques qui rayonnaient sur les lettres, pour rompre avec ce que l'on pouvait croire une vocation naturelle. Son père qui l'apprend, s'en émeut. A sa prière, le fils docile se remet dans le droit chemin et, pendant une année encore, veut se persuader de la nécessité qu'il y a pour lui de pénétrer les mystères de l'exégèse.

Mais bientôt sa conscience se réveille, et avec elle, la tentation de caresser les Muses dont l'Almanach, alors en pleine vogue, alimenté par Dorat, Imbert, Pons de Verdun, Dupuy des Islettes, d'Ussieux et maint autre rimeur, abritera ses premières productions.

On conjecture volontiers, à défaut d'éléments précis sur ce point, que cette diversion ne dut pas être du goût de ses parents, du moins à son début ; et ce qui tendrait à le faire croire, c'est précisément cet éloignement prolongé où le poète demeure de son foyer d'enfance; c'est aussi l'empressement avec lequel, pour assurer son existence, il accepte une place de précepteur — sous le nom, il est vrai, de Rocher — dans la famille essentiellement bourgoise du jeune Emile Pannelier, dont les parents habitaient Compiègne.

Cette occupation qui l'absorba trois années, du 1er août 1768 au mois de septembre 1771, ne fut certes pas étrangère aux premiers élans de son âme vers le lyrisme bucolique. Au contact fréquent de la campagne et d'une existence toute de simplicité, il dut sentir en lui, de nouveau, le désir d'une existence familiale. Toujours est-il que moins de trois ans après, il épousait une jeune fille de son âge, native de Saint-Quentin, Mlle Marie-Agathe-Elisabeth Hachette, qui, si l'on se réfère aux *Remarques* insérées par l'auteur des *Mois* à la suite de son poème de « Juillet », descendait de Jeanne Hachette, la célèbre héroïne du siège de Beauvais.

Ajoutons, à propos de cet hymen, qu'il fut même préféré à deux partis qui semblaient cependant fort avantageux pour sa promise, et dont l'un était un M. d'Ansse de Villoison.

Un poète marié jeune et qui souhaite faire son chemin rapidement dans les lettres, a de tout temps escompté les relations utiles destinées à lui faciliter l'accès de la notoriété. Dès le début de son union, Roucher se trouvait lié avec quelques esprits d'élite. Il dut être heureux dans ses choix, puisque les intimités créées à la suite de ces premières rencontres ne s'éteignirent que par la mort.

C'était, entre autres, le poète Armand Berquin, de quatre ans plus jeune que lui, et qui à la veille de faire paraître son recueil d'*Idylles et Romances*, mettait la dernière main à ses *Tableaux anglais* et s'initiait aux éléments exotiques d'où devait sortir plus tard toute cette littérature enfantine dont il fut un des auteurs les plus goûtés, et qui fit école à la fin du XVIIIᵉ siècle. C'était encore un pays, Barthélemy Imbert, natif de Nîmes, qui en 1772 avait déjà conquis l'unique laurier de sa carrière avec son *Jugement de Pâris*.

Au reste, le « démon du Midi », comme se plaisait à l'appeler l'abbé Arnaud, témoin de la chaleur communicative et de la verve que mettait Roucher dans la récitation de ses œuvres, avait eu la bonne fortune d'être distingué, dès 1770, par un homme de bien dont la haute situation politique et le penchant pour les lettres devaient. beaucoup servir ce débutant, que ses grandes qualités de cœur, son talent plein de promesses et l'infaillibilité de sa mémoire de récitateur, faisaient rechercher dans la bonne société.

Turgot, alors intendant général de Limoges et très en faveur à la Cour, Turgot, qui se délassait de ses graves occupations et de ses travaux scientifiques en s'essayant à de petits vers fort bien tournés, avait remarqué l'auteur du poème : *La France et l'Autriche au temple de l'Hymen,* composé par Roucher en mai 1770, à l'occasion du mariage du Dauphin avec Marie-Antoinette. Et, lorsque, à l'avènement de Louis XVI, il eut pris en mains l'administration financière du pays, après celle de la marine qu'il ne garda que peu de mois, il se donna la peine de répondre à la sollicitation de son protégé dans les termes suivants, qu'on n'est plus guère accoutumé de trouver sous la plume des mécènes officiels :

« Je veux, mon ami, que vous puissiez travailler pour la gloire, elle seule, et que votre esprit soit au repos sur les besoins de votre famille; un commis à qui vous donnerez de modiques appointements pourra toujours vous remplacer et vous éviter un travail aride si étranger à vos goûts, à vos talents. »

Le travail aride consistait dans la recette du Grenier à sel de Montfort-l'Amaury. Quel merveilleux séjour se pouvait découvrir plus propice à l'inspiration, que ce coin d'Ile-de-France, évocateur de tant de souvenirs historiques, avec son vieux castel en ruines où naquit Simon de Montfort ?

Le gîte, la tranquillité de l'existence garantis pour lui et pour les siens, il ne lui restait plus qu'à terminer l'œuvre qui allait le désigner à l'attention du public et de la critique. Il consacra, à la parfaire, cinq années encore et n'oublia pas le couplet de reconnaissance, qui s'imposait, à l'adresse de son bienfaiteur ; souvenir rendu plus touchant encore, si l'on songe qu'à l'apparition du poème des *Mois*, divisé en douze chants, et dont la première édition fut mise au jour en 1779, Turgot était, depuis trois années déjà, rentré dans la vie privée, sacrifié par le roi à la malignité des courtisans.

On retrouve en effet dans le premier chant du poème (Mars), une touchante allusion à cette situation :

> Ministre de qui Rome eût adoré l'image,
> Au nom du laboureur, je viens te rendre hommage ;
> Ton éloge en ce jour me doit être permis.
> Quand la faveur des rois te faisait des amis,
> Je me suis tu ; mon vers suspect de flatterie
> Eût été vainement l'écho de la patrie ;
> Mais lorsque tu n'as plus d'autre éclat que le tien,
> Lorsque, de ton pouvoir, mon sort n'attend plus rien,
> Je puis, libre de crainte ainsi que d'espérance,
> Bénir mon bienfaiteur et l'ami de la France.

L'écho de cette disgrâce d'un puissant de la veille, ajouté au souvenir de la faveur dont il avait honoré le jeune poète, contribuèrent-ils à aiguiser la critique à l'égard du livre? Ou bien Roucher s'illusionnait-il sur l'effet produit dans les salons lorsqu'il y était admis à réciter ses morceaux les plus séduisants, dont le charme s'accentuait encore par la musique naturelle et le timbre prenant de sa voix? Les deux raisons sont également appréciables, pour expliquer le déchaînement de la jalousie confraternelle. Il y en eut cependant d'autres, que nous connaîtrons.

Le principal détracteur des *Mois* fut naturellement La Harpe, esprit agité, aigri, on ne sait par quel genre de déceptions, si ce n'est toutefois par l'insuccès persistant des tragédies qu'il fit jouer à la suite de ce *Warwick* dont l'accueil, grâce au talent de Le Kain, lui valut la notoriété dès sa vingt-troisième année. La Harpe, six mois durant, se complut à traîner littéralement dans l'ornière du *Mercure de France*, avec une partialité sans exemple, même chez lui, l'objet des méditations agrestes du plus inoffensif des poètes. On ne s'expliquait pas cette animosité venant de la part de l'écolier de Voltaire à l'égard du disciple qui magnifiait, à son tour, le maître et s'exposait même à la censure par quelques vers laudatifs, qu'on le força de retrancher de son volume. Mais telle attitude n'avait plus lieu d'étonner, lorsqu'au lendemain de la Révolution on vit que La Harpe n'hésitait pas à renier, à ridiculiser même, les idées dont il avait été publiquement l'un des fervents adeptes.

Aussi bien, malgré l'ode de Roucher sur le *Triomphe de Voltaire*, lue en mars 1778 par son auteur en la Loge des Neuf sœurs, et qui eût dû trouver grâce devant l'héritier présomptif de cette lumière du siècle, les *Mois* furent-ils condamnés sans appel, dès leur apparition.

Echappé à la guillotine de thermidor, La Harpe saisissait encore en 1799, l'occasion d'exercer, dans son

Lycée, son âcre vindicte contre l'œuvre de l'auteur qui, moins heureux que lui, avait été sacrifié en compagnie d'André Chénier.

« Le poème des *Mois*, y professait-il, n'a plus de lecteurs... Il n'a su ni concevoir un tout, ni distribuer les matériaux, ni choisir les ornements, ni lier les objets, ni les assortir...

« C'est un mélange confus de polythéisme, de mythologie, de philosophie irréligieuse, d'érudition allégorique, d'hypothèses fabuleuses, de traditions incertaines. »

Et rappelant en note explicative quelques faits relatifs à l'apparition des *Mois*, il leur porte ainsi le coup de grâce :

« Deux jours après la publication, ils n'avaient pas deux apologistes, personne n'avait pu en soutenir la lecture. Plusieurs de ceux qui avaient souscrit pour la magnifique édition in-4°, qui était de deux louis, dont un payé d'avance, aimèrent mieux, d'après le cri général, gagner le second louis que d'avoir l'ouvrage. Un seul homme, ami de l'auteur, M. Garat (ministre de la Justice lors du procès de Louis XVI, et depuis, membre de l'Académie), employa, non pas les discussions critiques, mais tous les moyens oratoires, à prouver au public dans un long article de journal, qu'il avait tort de s'ennuyer. Mais comme, avec tout l'esprit du monde, on ne peut pas plaider devant l'ennui général sans perdre sa cause, M. Garat n'a converti personne, et peut-être aujourd'hui l'est-il lui-même. »

A quoi, dans son rapport sur le grand prix décennal de l'Académie française, Marie-Joseph Chénier ne pouvait s'empêcher à son tour de répondre, encore qu'il parlât d'un de ses collègues :

« Les formes de son langage violent toute convenance. Comment ce poème qu'il déchire l'arrête-t-il plus longtemps que vingt autres poèmes ensemble ? Quel plaisir trouve-t-il à prolonger durant cent quarante pages, non seulement des chicanes minutieuses, mais encore les plus ignobles injures ? Comment les mots déraison, délire, absurdités, niaiseries, bêtise, tombent-ils à chaque instant de sa plume ? Ce ton convient-il à la vraie critique ? Est-ce là le style de Quintilien ? »

Il faut bien convenir, malgré tout, qu'en dépit de l'âpreté de ses réflexions et de la persistance désobligeante qu'il apportait à dépecer en quelque sorte, vers par vers, le malheureux ouvrage, La Harpe ne se défendit point de reconnaître, en les signalant, les passages qui témoignaient d'un réel talent, par exemple, la peinture des fleurs d'avril, les pluies de printemps, le tableau de l'aigle présentant ses petits au soleil, les glaciers des Alpes, qu'il tient pour le meilleur morceau du livre, et divers autres fragments. Il le fit même avec un esprit que n'eût pas désavoué un Sainte-Beuve, et une saveur trop souvent absente sous la plume de nos Aristarques actuels.

Ce qu'il ne pardonnait pas à Roucher poète, c'était les impropriétés de termes, les enjambements, que le romantisme devait plus tard mettre à la mode, les platitudes de rimes et de vers, le manque de goût et de sensibilité, l'ignorance de composer un livre, son infériorité d'imitation dans les emprunts qu'il faisait à d'autres poètes ; enfin, et jusque dans les Remarques consécutives à ses chants, l'erreur d'avoir voulu s'élever au-dessus de Louis Racine, traducteur des versets d'Isaïe.

Ces défauts littéraires n'étaient, en somme, guère plus sensibles que ceux des autres poètes de son temps, enchaînés comme lui par les lois d'une prosodie tyrannique et ne regardant la nature et la vie qu'à travers un fallacieux miroir.

A la vérité, cette inimitié avait dû prendre source dans une blessure d'amour-propre infligée à La Harpe en des circonstances qui d'ailleurs ne tournaient pas à son honneur. Roucher, en publiant son ouvrage, avait projeté d'ajouter, au long de ses Remarques, quatre lettres de Jean-Jacques Rousseau à M. de Malesherbes. Ces lettres étaient moins que tendres pour l'Académie. Craignant peut-être qu'elles n'eussent dans le public une répercussion fâcheuse pour le prestige de l'illustre Compagnie, le bureau de celle-ci entreprit d'offrir en sous-main à Roucher de renoncer à leur publication, en échange d'encouragements propres à le séduire. Le poète manifesta son étonnement d'un pareil procédé, d'autant qu'ayant été l'objet d'encouragements appréciables de la part du grand philosophe, il tenait à défendre sa mémoire ; il déclina donc les propositions qu'on lui faisait. Résolue à payer, s'il le fallait, d'un fauteuil et d'une pension de douze cents livres cette victoire sur la pureté de conscience du jeune écrivain, elle lui délégua de nouveaux émissaires parmi lesquels était La Harpe, qui se faisait fort de le convaincre. Après les flatteries et les artifices de la persuasion, il employa jusqu'aux menaces ; mais ce fut en vain, Et l'on s'explique dès lors comment il tint personnellement parole, et pourquoi Roucher, malgré ses mérites et ses attaches dans la place, ne fut point des Quarante. Par bonheur, des opinions d'un ordre tout différent le dédommagèrent de ces procédés. Le président Dupaty, auteur des *Lettres sur l'Italie*, prit courageusement sa défense. Une amitié profonde en résulta, soulignée par une *Ode* composée à la mémoire du président, mort en 1788.

On ne saurait dire si l'immixtion de la censure ecclésiastique fut également une conséquence de l'échec des démarches de l'Académie ; nous sommes cependant fondés à le supposer. Toujours advint-il qu'au moment de l'impression de son volume, le poète se vit encore, à la suite d'une lettre circonstanciée de l'archevêque de Paris, Christophe de Beaumont, — le même qui avait fulminé contre Jean-Jacques — obligé de supprimer huit vers sur un magistrat prévaricateur (dans le chant de novembre), et vingt-cinq autres sur le refus d'un tombeau à Voltaire (chant de janvier).

Mais, dans le même temps, il était admis grâce à l'entremise d'un autre ecclésiastique plus accommodant, son ami et parent l'abbé Gros de Besplas, aumônier du comte de Provence, à l'honneur de lire des fragments de son recueil à Son Altesse Royale, qui se piquait de poésie. Le prince, charmé de cette audition, fit offrir à l'écrivain de devenir son bibliothécaire. Mais, bien que fort touché de cette marque de sollicitude, Roucher préféra demeurer au sein de sa gabelle, dont le revenu lui paraissait plus assuré.

Quel que soit le préjudice causé à la renommée des *Mois* par le critique, si indulgent aux pauvretés de style, aux métaphores outrées de Jacques Delille, on est cependant bien obligé d'opposer à ce parti pris la variété du coloris et l'ingénuité descriptive de certains morceaux, que La Harpe lui-même avait mis hors de cause, tels que *les Glaces des Alpes, la Sensitive, le Chant du Rossignol*, où voisinent avec la pureté du style, la verve et la joliesse de mouvement. Ce n'est certes pas encore le bucolisme novateur d'André Chénier, qui, du reste, devança son époque ; mais de l'un à l'autre, il y a, dirait-on, comme un rapport comparable à celui qu'en peinture on pourrait établir à la vue des paysages d'un Hubert Robert, élevé dans le respect de l'école romaine, et laissant néanmoins transparaître, en ses tableaux, comme les prémices d'un art nourri à des sources plus naturistes, tel que sera celui d'un Bonington dans l'école anglaise, et plus tard, chez nous, d'un Corot.

Notre poète ne se jugea certes pas découragé par les attaques de ses ennemis, et s'il ne publia point d'autres recueils, se bornant à donner par intervalles divers morceaux à l'Almanach des Muses, il ne faut pas en conclure que celles-ci lui battaient froid. Mais les dispositions de son esprit, son désir de solitude et de recueillement beaucoup plus que l'amertume d'un insuccès, ses relations avec les philosophes, notamment Helvétius, le disposèrent à d'autres travaux.

La poésie, déjà si capricieuse avec ses élus, leur tient parfois rigueur lorsqu'ils modèrent l'ardeur du culte qu'ils lui vouèrent. L'inspiration, comme le génie, n'est souvent que la résultante d'une longue patience ; elle s'évapore dès que la tension de l'esprit n'est plus aussi constamment dirigée sur elle.

Et c'est pourquoi, sans doute, Antoine Roucher ne laissa que des ébauches de poèmes didactiques. Peut-être les eût-il achevés s'il lui avait été donné de survivre à la Révolution ; peut-être aussi, à l'instar de tant d'auteurs d'un premier livre, eût-il tourné exclusivement ses vues sur des œuvres de prose dont les circonstances n'auraient pas manqué de lui offrir le sujet. A son livre des *Mois* dont la première édition in-quarto, ornée de cinq gravures de grande valeur artistique, d'après les dessins originaux de Cochin le fils, de Moreau le jeune et de Marillier, sortit des presses de Quillau et fut suivie, la même année, d'une édition in-12, il convient d'ajouter pour résumer son bagage lyrique et ajouter si possible à l'intérêt documentaire de la présente étude, d'abord le poème manuscrit et inachevé des *Jardins*, divisé en six chants, dont les deux premiers étaient à peu près terminés et dont quelques fragments virent le jour par suite de l'indiscrétion d'un ami sollicité par Roucher de lui donner son appréciation ; puis, successivement :

L'Ode sur la France et l'Autriche au Temple de l'Hymen, 1770 ;

L'Hymne à la Nuit (Almanach des Muses, 1772) ;

Les plaisirs de l'Automme (inséré dans la Remarque de septembre) ;

Le Triomphe de Voltaire, mars 1778 ;

Le Chant de triomphe sur la ruine de Babylone et la mort de son roi (tiré de l'hébreu et inséré dans la Remarque de juillet) ;

Le Rétablissement de la Marine française, 1780 (Almanach des Muses, 1785) ;

La Navigation aérienne, 1783 (manuscrit) ;

Ode à La Fayette, à propos de l'émancipation américaine (jadis imprimée, mais dont le texte est demeuré introuvable aux héritiers de l'auteur) ;

Le Génie de la ville de Paris, ode à la gloire de Lepeletier de Morfontaine, prévôt des marchands, 1784 ;

L'immortalité de l'Ame, 1785 (Almanach des Muses, 1785) ;

Éloge du Prince Léopold de Brunswick-Lunebourg, noyé dans l'Oder en voulant se porter au secours des inondés, 1784 (manuscrit) ;

Ce poème fut composé en vue du concours de l'Académie pour le prix de trois mille francs mis à sa disposition par le comte d'Artois. Roucher n'eut pas le prix, qui fut décerné, presque sans discussion, à un chevalier protégé par la Dauphine, l'Académie pensant couronner dans cet envoi l'œuvre du comte d'Artois lui-même. A cette occasion, notre poète échangea avec l'abbé Maury plusieurs lettres fort intéressantes, où il préconisait la substitution d'une médaille à cette sorte d'aumône qu'il estimait blessante pour l'amour-propre d'un écrivain ; son avis eût été le nôtre.

Les Leçons de la Mort, chant funèbre composé en 1786 (Almanach des Muses, 1787) ;

Ode à la mémoire de Dupaty, 1788 ;

Enfin, quelques poésies fugitives, parues également dans l'Almanach des Muses, de 1772 à 1787 ; et *Thérèse et Faldoni, ou les Amants de Lyon*, poème en six chants, demeuré manuscrit parce que la famille de l'auteur estimait qu'avant de livrer cette œuvre de premier jet à l'impression il en eût corrigé maint passage.

Dans ses papiers on retrouva le plan, parsemé de quelques vers, d'une épopée qu'il voulait, sous le titre de *La Rhodéide*, consacrer à la prise de Rhodes par Foulques de Villaret, grand-maître des Hospitaliers de Saint-Jean-de-Jérusalem, contre Othman, sultan turc ; on découvrit aussi les traces du projet d'un *Gustave Wasa* et d'un poème sur l'*Astronomie*, dont le canevas datait de 1779 et dont une cinquantaine de vers manuscrits, qui en formaient le début, ont pu être recueillis.

*\
* *

Amené par les circonstances et les dispositions de son esprit à rechercher les moyens de contribuer au bien-être des peuples, Roucher avait reconnu, dans l'ouvrage du célèbre économiste anglais Adam Smith : *Recherches sur la nature et les causes de la richesse des nations*, certaines affinités avec ses propres vues sur cette matière, qui le conduisirent à offrir à ses compatriotes le fruit de cet instructif enseignement. Il savait fort bien l'anglais, et s'étant mis à l'œuvre, il publia en 1790 une première édition de sa traduction qu'il revit et paracheva durant son séjour à Sainte-Pélagie et à Saint-Lazare.

Au contact des philosophes, et peut-être aussi pour faire pièce à La Harpe qui dirigeait une entreprise du même genre, il avait projeté un vaste recueil : *Le voyage Universel*, sorte d'encyclopédie des voyages, qui, avec le concours de plusieurs hommes de lettres et sous le patronage de Condorcet, devait comprendre quatre-vingt-seize volumes. A l'instar de *Gustave Wasa* et de *l'Astronomie*, ce projet resta sur le papier, à l'état de simple esquisse.

Toutefois, secondé par son ami Dussieux, il avait entrepris une nouvelle édition de la collection des *Mémoires relatifs à l'histoire de France*, publiée par Dechesnay en soixante-sept volumes in-8° et celle-ci fut menée à bonne fin en 1791. Il l'enrichit de notices et d'observations personnelles qui attestent l'importance de sa part dans ce vaste labeur. Sa collaboration vint également à la *Bibliothèque des Dames*, petite encyclopédie de cent vingt-cinq volumes, dont il écrivit ceux qui furent, au nombre d'une vingtaine, consacrés aux voyages.

Cet entraînement vers les œuvres utiles et sociales devait naturellement amener dans l'arène politique le poète que sa droiture et sa bonté de cœur rendaient accessible aux idées nouvelles d'émancipation du peuple. Bien qu'il se confinât dans le rôle de publiciste et ne comptât dans aucune des grandes assemblées, se bornant à participer aux travaux de sa section, il s'y tailla cependant une réputation de nature à l'exposer aux irréductibles haines qui lui devaient être fatales.

Roucher entrevoyait, dans les idées philosophiques de son milieu, la régénération de la société, la fin de l'arbitraire et des abus, l'éveil de la pensée et sa liberté, l'économie instaurée dans les finances, l'égalité des droits devant la loi ; en un mot le programme rêvé d'une monarchie soumise au contrôle d'une constitution. De ce programme, il ne se départit jamais. On peut même dire qu'il mourut en le défendant et pour l'avoir soutenu.

Nous le voyons entrer dans la *Société de 1789*, sorte de club défenseur de la cause monarchique et dont le directeur, Malouet, avait l'oreille du roi. Là figuraient aussi Condorcet, Dupont de Nemours, Kersaint, Pastoret, de Pange, la Rochefoucauld, Guiraudet et André Chénier. Le manifeste de celui-ci : *Avis aux français sur leurs véritables ennemis*, devint la profession de foi de ces hommes résolus. Mais Condorcet, qui occupait dans ce groupe une place prépondérante, s'étant rallié par la suite aux Jacobins, son départ amena la dissolution de la *Société de 1789*, dont quelques éléments se retrouvèrent, au début de 1792, autour de la table de rédaction du *Journal de Paris*. Le supplément de cette feuille fut leur organe. Roucher y collabora, sans négliger de donner un libre cours oratoire à ses idées d'humanité, de raison et de justice, aux tribunes des sections. Ses discours, circonstanciés par les événements, ne restaient pas sans écho : notamment celui qu'il prononça en 1789, à l'assemblée communale du district de Saint-Etienne du Mont (1), à propos de la démission qu'avait donnée La Fayette de son grade de colonel des gardes nationales de Paris, et dans lequel il dépeignit l'effroi causé par cette nouvelle à tous les « bons citoyens », les invitant à faire triompher le principe de l'ordre ; — celui de 1791, qui exaspéra Danton, parce que Roucher voulait empêcher l'élection à l'Assemblée législative de citoyens qu'il jugeait trop exaltés.

De cette colère dantonienne surgit, dans la salle même de l'Assemblée, à l'Hôtel de Ville, le Club des Cordeliers.

En mars 1792, les Jacobins, maîtres de la situation politique, décidèrent de donner une fête en l'honneur des soldats suisses de Châteauvieux, qui, deux ans auparavant, s'étaient insurgés à Nancy contre leurs officiers et les

---

(1) Il habitait depuis peu le n° 33 de la rue des Noyers (aujourd'hui 57 boulevard Saint Germain), maison dans laquelle naquit, le 11 décembre 1810, Alfred de Musset, petit-fils maternel de Guyot-Desherbiers, avec lequel Roucher était fort lié, comme nous le montrons quelques pages plus loin, et qui demeurait au même endroit. Coïncidence non moins curieuse que celle qui fit de Musset le successeur académique du fils de Dupaty, l'un des meilleurs amis de Roucher.

gardes nationales du département requises avec plusieurs régiments de ligne, placés sous les ordres de M. de Bouillé, pour les ramener à l'obéissance. Cet événement, dont le souvenir inspira plus d'un artiste de l'époque, avait marqué la scission entre les Jacobins, partisans de révoltés, et les Constitutionnels, qui vouèrent un culte politique à la mémoire de Desilles, un officier de vingt-trois ans, appartenant au régiment du roi et tué dans l'insurrection.

Vingt-trois des rebelles avaient été condamnés à la peine de mort, quarante et un punis des galères et soixante-douze renvoyés à la justice de leur corps. La fête organisée en l'honneur des survivants allait suivre de peu le décret d'amnistie pris à leur sujet par l'Assemblée législative, dont la majorité était jacobine. Chargé par sa section de la représenter à cette fête, Roucher exprima courageusement son opinion. « J'accepte la députation, dit-il, mais à la condition que le buste du jeune Desilles sera porté sur le char de triomphe, afin que le peuple étonné puisse contempler l'assassiné au milieu de ses assassins. »

Publiée dans les journaux, cette réponse ne devait guère atténuer l'animosité de Danton et de Collot d'Herbois à l'égard du poète. Ainsi qu'André Chénier, on peut dire qu'il dut au « vil histrion », comme il appelait ce « personnage de roman comique », ce cabotin raté devenu démagogue, les persécutions qui s'acharnèrent contre lui et qui aboutirent à son arrestation, fin octobre 1793, à son procès et à son exécution.

Les péripéties angoissantes de son existence de bête traquée valent d'être relatées. C'est à leur début qu'il éprouva les étranges effets de la reconnaissance de Cabanis. Celui-ci, débarqué à Paris vingt ans auparavant, inconnu, sans ressources et malade, avait été recueilli et soigné par Roucher, qui l'avait conduit chez Helvétius et avait obtenu du grand seigneur philosophe qu'il le logeât dans son ermitage d'Auteuil, où la fréquentation des encyclopédistes l'allait mettre en lumière. Or, un jour de 1793, Roucher rentra bouleversé dans son foyer, les yeux en larmes et tout oppressé de douleur. Sa femme et sa fille s'émurent de son état et l'interrogèrent : « Qui vient, le croiriez-vous, répondit-il, de lever la canne sur moi et m'a menacé de me jeter dans le bassin des Tuileries? Cabanis! »

Tant il est vrai que nous sommes haïs des méchants en raison du bien que nous leur faisons et du mal qu'il nous font eux-mêmes (1).

Avec l'espoir d'échapper par l'oubli aux rancunes de ses ennemis, Roucher prit le parti de se confiner dans la solitude, de recouvrer la paix de l'âme en se consacrant à l'éducation de sa fille aînée Eulalie, qui entrait dans sa seizième année et donnait de belles promesses d'intelligence.

C'étaient de longues promenades d'herborisation à travers bois, durant lesquelles il développait ses connaissances en botanique et dont il revenait avec des espèces curieuses destinées à sa collection, C'étaient aussi des séances au Muséum, dont certains professeurs, demeurés célèbres depuis, Lacépède, Desfontaines, Geoffroy Saint-Hilaire, devinrent ses amis. Mais, comme il se devinait recherché par les émissaires de Collot, il alla demander asile rue Saint-Victor, à Perrin, le secrétaire général de la librairie, dont le siège était alors au bout de la rue des Noyers, proche des Mathurins et de la vieille église de Saint-Yves; puis, il s'en fut chez le peintre Pujos, qui avait dessiné son portrait(2) quand il avait trente ans, et dont l'amitié

---

(1) Cependant, Cabanis marqua plus tard son repentir à la mémoire du poète (Notes de Roucher fils).

(2) Offert à Carnavalet par M. P. Roucher, arrière-petit-fils du poète, ainsi que le portrait, également au crayon, tracé par Le Roy à Saint-Lazare.

lui était sûre. Des fenêtres de ce logis, situé rue des Postes, il entendit Manuel donner au peuple, en plein air, lecture de la proclamation de la Commune, après les massacres de septembre. Bientôt, une visite domiciliaire, faite à l'improviste, redoubla son angoisse. Mais Pujos, conservant son sang-froid, fit coucher son ami dans son lit avant l'entrée des policiers et le fit passer pour son père malade, ce que l'on crut volontiers en le voyant emmailloté de telle sorte qu'il avait tout à fait la mine d'un agonisant. Pourtant, il ne voulut pas compromettre plus longtemps son sauveur, qui s'efforçait de le retenir. Il revint au Muséum où sa présence fut bientôt signalée. Un jour, les grilles en furent closes et les bâtiments explorés à fond. Cette fois encore, grâce au dévouement de Desfontaines et de Geoffroy Saint-Hilaire, qui le cachèrent dans leurs propres caves, il échappa aux poursuites, mais préféra retourner chez lui.

C'est à son domicile que, pour la troisième fois, on vint l'arrêter. Il faillit cependant trouver le salut, puisqu'on le relaxa, grâce au témoignage favorable de son propriétaire, M. Dunoux, et de son voisin et ami, M. Guyot-Desherbiers (le grand-père maternel de Paul et d'Alfred de Musset), qui logeait un étage au-dessus de lui. Ces deux honorables citoyens se portèrent caution et s'engagèrent à le représenter dès qu'ils en seraient requis. Le 12 vendémiaire an II (30 octobre 1793), on revint, saisir Roucher. La disposition de son logement lui permettait une fuite aisée. Il préféra se livrer, et songeant au sort qui, sinon, attendrait ses répondants, il se laissa conduire à Sainte-Pélagie. Son calvaire dura neuf mois, partagé entre cette maison d'arrêt et celle de Saint-Lazare, où il fut transféré le 12 pluviôse (31 janvier 1794) et dont il ne devait sortir que pour comparaître devant le tribunal et attendre à la Conciergerie le moment de son exécution. A Sainte-Pélagie, il lia connaissance avec Cha-broud, ancien président de la Constituante, et avec le peintre Hubert Robert, lequel n'ayant pas suffisamment de clarté dans sa cellule, se contentait de peindre des assiettes, aujourd'hui fort recherchées.

Ce n'est pas sans un violent serrement de cœur qu'on relit les souvenirs qu'a laissés de ce séjour le fils du poète, M. Emile Roucher, mort vers 1868, et qui, tout enfant, venait souvent consoler son père dans la prison. On y apprend les mille stratagèmes inventés pour se créer un relatif adoucissement, pour s'isoler des contacts dépri-mants ou malsains. A l'aide d'un paravent et d'une table, (car à Sainte-Pélagie, les détenus, vu leur nom-bre, habitaient plus ou moins en commun), Roucher s'était organisé une façon de cabinet de travail, où il pouvait, tant bien que mal, s'occuper à ses tra-vaux habituels, avec le concours de sa chère fille Eulalie.

Vint le temps où l'entrée de la prison fut interdite à sa famille. Il demeura seul avec ses livres. Il se croyait oublié, s'accoutumant à son existence de laborieux cénobite. Un triste réveil l'attendait. Le 4 thermidor, ayant appris le départ de trois personnes de qualité qu'il avait parfois rencontrées dans la cour de récréa-tion, la maréchale de Noailles et ses deux filles : la du-chesse d'Ayen et la vicomtesse de Noailles, il se douta du sort qui leur était réservé et il se prépara lui-même à pareille fin.

Dans la matinée du 6, voulant laisser aux siens un souvenir, il fit faire son portrait, non par son compagnon d'infortune Hubert Robert, comme on l'a-vait cru jusqu'à présent, mais par un élève de Suvée, le peintre Leroy. Au bas du portrait, il transcrivit ces vers :

A ma femmè, à mes enfants, à mes amis.

Ne vous étonnez pas, objets sacrés et doux,
Si quelque air de tristesse obscurcit mon visage;
Quand un savant crayon dessinait cette image,
J'attendais l'échafaud et je pensais à vous.

Ce dessin, signé et daté à gauche du portait : *Leroy fecit* à Saint-Lazare, 6 thermidor an II, était resté dans la famille, ainsi que les cinq dessins originaux de la première édition des *Mois* et un exemplaire de cette même édition; ils ont été donnés au Musée Carnavalet par M. P. Roucher.

Le poéte avait joint à son portrait une mèche de ses cheveux qu'il avait pris le soin de couper lui-même. Cela fait, il se prépara à comparaître devant ses juges. Traduit le lendemain matin à la barre, vers onze heures, en même temps que Montalembert, Créqui de Montmorency, Loizerolles, André Chénier, le baron de Trenck et quelques autres, il était deux heures et demie lorsqu'il s'entendit condamner. A quatre heures il prenait place dans la sinistre charrette. Du moins eut-il dans ses derniers instants la triste consolation de faire route en compagnie d'André Chénier, son camarade de la *Société de 89* et du *Journal de Paris*. En chemin, la voiture fut rejointe par un ami, qui les reconnut et s'entretint courageusement avec eux.

— Ils vont me tuer, dit Chénier.

Et le doigt posé sur son front, il ajouta :

— Pourtant, il y avait quelque chose là.

Sur quoi Roucher lui fit remarquer que son propre sort n'était pas moins cruel, à cause de la digne veuve et des enfants à qui on allait l'arracher.

Et ils parlèrent ensuite de Racine, ils récitèrent même tous deux des pages d'*Andromaque* en se donnant la réplique. Arrivés à la Place du Trône renversé, ils s'étreigni-

rent une dernière fois et, avec un courage stoïque, livrè-
rent leur tête aux bourreaux. Ainsi furent fauchés, le
même jour, ces deux poètes dignes d'un meilleur sort et
qu'eût sauvés, le surlendemain, la chute de Robespierre
si le destin leur eût été favorable.

Leurs corps allèrent rejoindre ceux des suppliciés que,
depuis le 14 juin, on enfouissait dans une fosse creusée
au jardin des religieux à Picpus, près du chemin de Saint-
Mandé. L'année qui suivit l'installation du Directoire, le
champ renfermant cette nécropole improvisée, que rien
ne signalait plus à la vue, fut mis en vente et adjugé à
la sœur du prince de Salm, la princesse de Hohenzollern,
qui, sachant qu'on avait porté en ce lieu la dépouille mortelle de son frère, exécuté le 6 thermidor, en même temps
que celle du général Alexandre de Beauharnais, tenait à
cette acquisition.

Pour soustraire ce terrain à la curiosité publique autant que pour en garantir la propriété, elle le fit enclore
mais permit aux parents des autres victimes, lorsqu'ils
lui en faisaient la demande, de l'aller visiter. Ce que firent
un jour Mmes de Montagu et de La Fayette, les filles de la
duchesse d'Ayen. Après de longues recherches, Mme de
Montagu découvrit l'emplacement de la fosse commune
où reposaient son aïeule, sa mère et sa tante et qui demeurait parfaitement ignoré.

Il s'étendait au delà de la propriété de Mme de Hohenzollern sur le jardin des religieuses dont les bâtiments
tombaient en ruines. Avec sa sœur, elle effectua l'achat de
cette portion de terrain et, sur l'avis favorable de la
princesse, les deux parcelles furent réunies. On y éleva
une chapelle commémorant ces tristes souvenirs, et l'on
grava sur les murs intérieurs les noms des victimes les
plus connues, car il y avait là environ treize cents corps.
La dépense fut couverte par souscription et chaque année,

en fin d'avril, un service était célébré auquel assistaient les familles en deuil et le clergé. Un *Miserere* était chanté dans l'enceinte au milieu de laquelle s'élevait le tertre bordé de peupliers et de cyprès, et la croix de bois. Ainsi les descendants de Roucher, de Chénier, de Loizerolles et de tant d'autres pouvaient aller s'agenouiller en ces lieux avec la certitude que s'y trouvaient les chères reliques des victimes de la Terreur.

De son côté, le frère de Roucher, Pierre, le médecin, avait fait élever, dans sa propriété des environs de Montpellier, un mausolée ainsi décrit par son neveu :

« Dans un cabinet de cyprès est un tombeau à la romaine, surmonté du buste du poète. Sur ce tombeau l'on voit un laboureur assis sous un saule pleureur aux branches duquel sont appendus sa lyre et son chalumeau. La main armée d'un poinçon, il grave sur le saule cette épitaphe que Roucher s'était lui-même composée :

> « Flatteurs, qu'au lieu d'encens, de fleurs et d'hécatombe
> La main d'un laboureur écrive sur ma tombe :
> Il aima la campagne et sut la faire aimer. »

La vision du poète émerge de ces trois vers. Modeste, bon, se dévouant au bien de l'humanité, il mit le meilleur de sa pensée dans le poème des *Mois*. Si, respectueux des formes élimées de la technique de son époque, il ne s'est pas affranchi aussi radicalement qu'André Chénier de cette lourdeur et des artifices métaphoriques qui sont le lot du xviiie siècle, si le défaut de plan et de composition nuit à l'effet d'ensemble de son œuvre, du moins divers fragments témoignent-ils d'une réelle fraîcheur, d'une louable simplicité et d'une connaissance des poètes latins aussi avertie que celle de Chénier à l'égard des grands auteurs grecs.

On peut même, sans paraître se risquer, affirmer que si Roucher subit l'influence du goût de son temps, quant au genre consacré par Delille, s'il ne se garda pas d'une certaine ressemblance avec le bucolisme du traducteur de Virgile, il peut passer, en quelque sorte, pour le précurseur d'André Chénier, messie de la poésie contemporaine. N'était-il pas, d'ailleurs, son aîné de vingt ans, celui qui chanta si agréablement la beauté de la nature, la naissance du mois d'août, les ressources de l'hiver, la solitude et les ombrages de la petite fontaine de Budé, près d'Hyères, et n'eut que le tort, assez général en son temps, de former de ces morceaux délicats un ensemble imparfait, relié par des vers plats et souvent inutiles ou étrangers au sujet ?

Et Roucher baptisant son jeune compagnon, sous l'égide de Racine, au long du suprême voyage aboutissant à l'immortalité, quel beau sujet de toile pour un peintre de l'école historique! Hubert Robert en eût rêvé. Hélas! il n'y a point pensé.

UNE PAGE INCONNUE DE VOLTAIRE

Pointe de Voltaire à l'adresse de Rousseau. — Crébillon accessoirement maltraité. — Voltaire joue le *Droit du Seigneur*.

Une curieuse lettre autographe, acquise en 1908 par la Ville de Paris pour ses collections historiques, s'est offerte à notre attention. Datée du 25 juin 1762, sans nom de destinataire, sans signature, elle révèle et par l'écriture et surtout par le style, la personnalité qui l'a écrite.

En voici d'ailleurs le texte *in-extenso*, dont l'examen aidera nos commentaires, révélant aisément à l'esprit les formes épistolaires chères au patriarche de Ferney :

Mes divins anges, Jean-Jacques est un fou à lier qui a manqué à tous ses amis et qui n'avait pas encore manqué à Madame de Luxembourg.

S'il s'était contenté d'attaquer l'infâme, il aurait trouvé partout des défenseurs, car l'infâme est bien décrié. Il a trouvé le secret d'offenser le gouvernement de la bourgade de Genève en se tuant de l'exalter. On a brûlé ses *Rêveries* dans la bourgade, et on l'a décrété de prise de corps comme à Paris. Heureusement pour lui, son petit corps est difficile à prendre. Il est, dit-on, à Amsterdam. Je suis fâché de tout cela ; et que deviendra la philosophie ? Mes divins anges, ces messieurs de la Poste sont plus rétifs que leurs chevaux.

On va donc jouer *Socrate*. Dieu veuille que *Socrate* ne soit pas aussi froid que sa cigüe. Verra-t-on *Henri Quatre* à la Comédie, ne se contentera-t-on de l'avoir sur le Pont-Neuf ?

Le *Droit du Seigneur* est-il oublié ? C'est pourtant un beau droit, car il y avait une drôle de dédicace pour M. de Choiseul. J'ai accablé mes anges d'importunités et de mémoires pour des Suisses. Je leur en demande bien pardon.

Mais je les conjure plus que jamais de protéger de toutes leurs ailes la veuve du roué et la mère du pendu. Comptez que ces gens-là sont innocents comme vous et moi. Je ne doute pas que la veuve infortunée ne soit venue vous implorer. Ah! quel plaisir pour des âmes comme les vôtres quand vous aurez retiré de l'abîme une famille entière ; il ne vous en coûtera que de parler. Vous serez comme les enchanteurs qui faisaient fuir les démons avec quatre mots.

Mes anges, c'est une étrange pièce que cette *Zelmire*, et le parterre est un étrange parterre. Est-il vrai que M. le duc et duchesse de Choiseul étaient en grande loge au triomphe de Palissot, et que Palissot avait donné à Bellecour un discours à prononcer quand on demanderait : l'auteur ! l'auteur ! l'auteur ?....

Et que dites-vous de cet autre Palissot de Fleuri qui crie tant contre la tolérance, et qui dit que Jean-Jacques écrit contre l'existence de la religion chrétienne ? Quel est le plus fou de Jean ou d'Omer ? Ah! quel siècle ! quel siècle !

Mes divins anges ! — Ouvrons le recueil de correspondance générale de l'écrivain dont la plume sait émouvoir, transporter ou faire frémir toute l'Europe qui lit et qui pense. Nous retrouverons cette formule initiale et familière toutes les fois qu'il s'agit de M. et Mme d'Argental. Le comte d'Argental, conseiller au Parlement, et qui consacrait volontiers ses loisirs à l'examen des ouvrages dramatiques, fut, en effet, pendant soixante ans le confident des pièces inédites de Voltaire, qui les lui adressait avant de les livrer aux artistes, dont la plupart étaient à sa dévotion.

Dès le début de la lettre, voici une pointe acérée à l'adresse de Rousseau, le seul philosophe dont l'influence ait pu offrir quelque contrepoids à l'athéisme élégant du vieux malade que soignait efficacement l'exquise Mme Denis.

Or, le même jour, dans la correspondance générale précitée, voici ce qu'il écrit à son ami et disciple Damilaville, ce premier commis au Vingtième qui poussa la haine de la divinité au point de publier quatre ans plus tard, sous le nom de Boulanger, le *Christianisme dévoilé*, livre condamné au feu par le Parlement:

Ce petit livre (il s'agit du *Contrat Social*), a été brûlé à Genève dans le même bûcher que le fade roman d'*Emile*, et Jean-Jacques a été décrété de prise de corps comme à Paris.

Ce *Contrat Social*, ou insocial, n'est remarquable que par quelques injures dites grossièrement aux rois par le citoyen du bourg de Genève et par quatre pages insipides contre la religion chrétienne. Ces quatre pages ne sont que des centons de *Bayle*. Ce n'était pas la peine d'être plagiaire. L'orgueilleux Jean-Jacques est à Amsterdam, où l'on fait plus de cas d'une cargaison de poivre que de ses paradoxes.

Rien d'étonnant à ce que ce petit événement ait été narré à deux corréspondants différents, et susceptibles de s'y intéresser chacun dans sa sphère respective. Et puis ne saurait-on y voir la marque d'un genre d'obsession assez fréquent chez les vieillards (Voltaire avait alors la pleine verdeur de ses soixante-six ans, et ne jouait au malade que pour détourner le courroux des puissants), et qui consiste à se répéter inconsciemment ?

Chez notre écrivain cependant, la répétition a sa raison d'être. Il savait qu'à son époque, comme du reste en notre temps, on n'obtient ce qu'on veut qu'en lassant la patience de ceux auxquels on le demande.

Le passage relatif au *Droit du Seigneur* en est un frappant exemple. Cette fois, pas de doute, c'est bien

Voltaire, ce ne peut être que lui qui écrit, ou sinon, en l'espèce, dicte le texte à son secrétaire Wagnère.

Ce *Droit du Seigneur*, médiocre retapage de *Nanine* ou le *Préjugé vaincu* qu'il fit jouer en 1749, il l'a dédié au duc de Choiseul son protecteur, et du jour où il en a terminé le manuscrit, en 1761, il ne cesse d'en parler à tous ses amis, bien qu'il se défende, pour éviter le parti pris de la critique de Paris, d'en être l'auteur.

Qu'importe, écrit-il à d'Argental, le 28 septembre 1761, que M. le duc de Choiseul ait la marine ou la politique, Mellin de Saint-Gelais, auteur du *Droit du Seigneur*, ne peut-il dédier sa pièce à qui il veut ?

Et le 11 octobre suivant, au même :

Quant au *Droit du Seigneur*, je n'ai jamais pris Ximénès pour mon confident. Quiconque l'a instruit a mal fait ; mais Crébillon fait encore plus mal. Le pauvre vieux fou a encore les passions vives ; il est désespéré du succès d'*Oreste*, et on lui fait croire que son *Electre* est bonne. Il se venge comme un sot.

Je n'avoue point le *Droit du Seigneur*, mais il est bon qu'on sache que Crébillon l'a refusé parce qu'il l'a cru de moi. Il renouvelle son indigne manœuvre de *Mahomet* par laquelle il déplut beaucoup à Mme de Pompadour. Il est sûr qu'il déplaira beaucoup plus au public et qu'il fera grand bien à la pièce.

Il entretiendra ce doute jusqu'au moment où la pièce jouée à Paris, il en escompte le succès. Succès d'estime, hélas ! et qui équivalut à celui des *Guèbres* et d'autres fours notoires. Un jour même, il adresse à sa nièce, Mme de Fontaine (février 1762), cette phrase typique :

Le *Droit du Seigneur* n'a été livré aux comédiens que pour procurer quelque argent à Thuriot (correspondant et éditeur de quelques ouvrages de Voltaire), qui n'en dira pas moins de mal à la première occasion, quand mes ennemis voudront se donner ce plaisir-là. Il doit avoir la moitié du profit, et un jeune homme qui m'a bien servi doit avoir l'autre.

Mais peut-on penser que l'égoïsme coutumier de Voltaire se fût accommodé d'un tel concert de réclame, et soudain eût fait place à l'altruisme le plus surprenant, quand on apprend, au cours de cette même correspondance, que sur son théâtre de Ferney, il a joué lui-même cette pièce devant plus de trois cents personnes venues des plus lointains environs ?

Goûtons en effet le charme spirituel de cette lettre du 8 mars 1762, écrite à ses amis d'Argental :

Je n'en puis plus, je sors du bal, ma tête n'est point à moi. Un bal, vieux fou, un bal dans tes montagnes ? Et à qui l'as-tu donné, aux blaireaux ? Non, s'il vous plaît, à très bonne compagnie ; car voici le fait : nous jouâmes hier le *Droit du Seigneur*, et cela sur un théâtre qui est plus joli, plus brillant que le vôtre assurément.

Là, tous les mots supprimés sur le texte qui devait être joué à Paris étaient rétablis ; trois cents personnes venues de Lyon, Dijon, Turin, applaudissent Mlle Corneille, la petite nièce du grand tragédien dont Voltaire s'était fait le tuteur, et lui-même y jouait le rôle du bailli, et, dit-il, « ne vous déplaise, à pouffer de rire ».

A l'entendre, cette pièce, qui est bien désormais sa pièce, doit devenir le *refugium afflictorum*, au lendemain de nos désastres :

Ce n'est pas la faute de M. le duc (de Choiseul) si les Anglais nous ont pris la Martinique et s'ils vont peut-être détruire la seule flotte qui nous restait : mais ces événements funestes doivent percer le cœur des deux ministres que vous aimez ! et auxquels je suis attaché. Que faire ? jouer le *Droit du*

Seigneur. Il n'y a pas d'autre parti à prendre après le saint temps de Pâques. (Lettre à d'Argental, 4 avril 1762).

Il enverra d'ailleurs la pièce à son correspondant, le 10 avril suivant :

Daignez recevoir pour vos œufs de Pâques ce *Droit du Seigneur* que je crois dans son cadre. Je vous demande en grâce qu'il soit joué tel qu'il est.

Quand la générosité fleurissait dans le cœur de Voltaire, c'était pour des causes d'un retentissement plus propice à le servir lui-même. La suite de la lettre inédite qui nous fut l'heureux prétexte de ces quelques commentaires nous démontre en effet que le procès de Jacques Calas occupait son esprit. On sait qu'après avoir soulevé l'opinion du monde civilisé sur l'arrêt inique du Parlement de Toulouse qui condamna ce malheureux à être roué vif et brûlé pour un crime qu'il n'avait pas commis, (crime compliqué d'une accusation formelle d'impiété par les fameux pénitents blancs du Languedoc), Voltaire parvint à faire réhabiliter la mémoire de cet innocent. Il bénéficia donc, lui-même, d'une belle part des fruits de cet élan généreux, qui le plaça au rang des bienfaiteurs de l'humanité, satisfaction qui devait largement compenser l'insuccès du *Droit du Seigneur*, en ajoutant un étincelant fleuron à sa couronne de gloire littéraire et philosophique.

BEAUMARCHAIS
ET L'HÔTEL DE HOLLANDE

Origines de l'hôtel de Hollande. — Un souvenir de la jeunesse de Beaumarchais. — Figaro batailleur et philanthrope. — Figaro propriétaire.

Parmi les nombreux hôtels qui évoquent encore aujourd'hui le passé brillant et fastueux de cette région parisienne du Marais, centre du bon ton et de la haute société des dix-septième et dix-huitième siècles, l'hôtel de Hollande, qui occupe l'actuel numéro 47 de la rue Vieille du Temple, n'est pas l'un des moins fertiles en souvenirs.

Construite, ou plutôt raccommodée dans sa structure présente par l'architecte Pierre Cottart, — ainsi que l'écrivait lui-même ce contemporain, émule de Lemercier et de Le Paultre, dans le préambule qui figure en tête des dessins par lui publiés en 1686, — cette élégante demeure était alors la propriété de Jean-Baptiste Amelot de Biseuil, maître des Requêtes. L'architecte avait fait entrer dans ses plans plusieurs bâtiments déjà existants et qui donnaient, l'un sur cour, l'autre sur la vieille rue des Singes. Cette rue, devenue depuis la rue des Guillemites, rappelait le souvenir d'une enseigne que portait encore au quinzième siècle une maison contigüe à l'hôtel de Rieux. Or cet hôtel de Rieux, habité entre 1400 et 1418 par le maréchal Jean de Rieux, compagnon d'armes de Duguesclin, était précisément bâti sur l'emplacement actuel de l'hôtel de

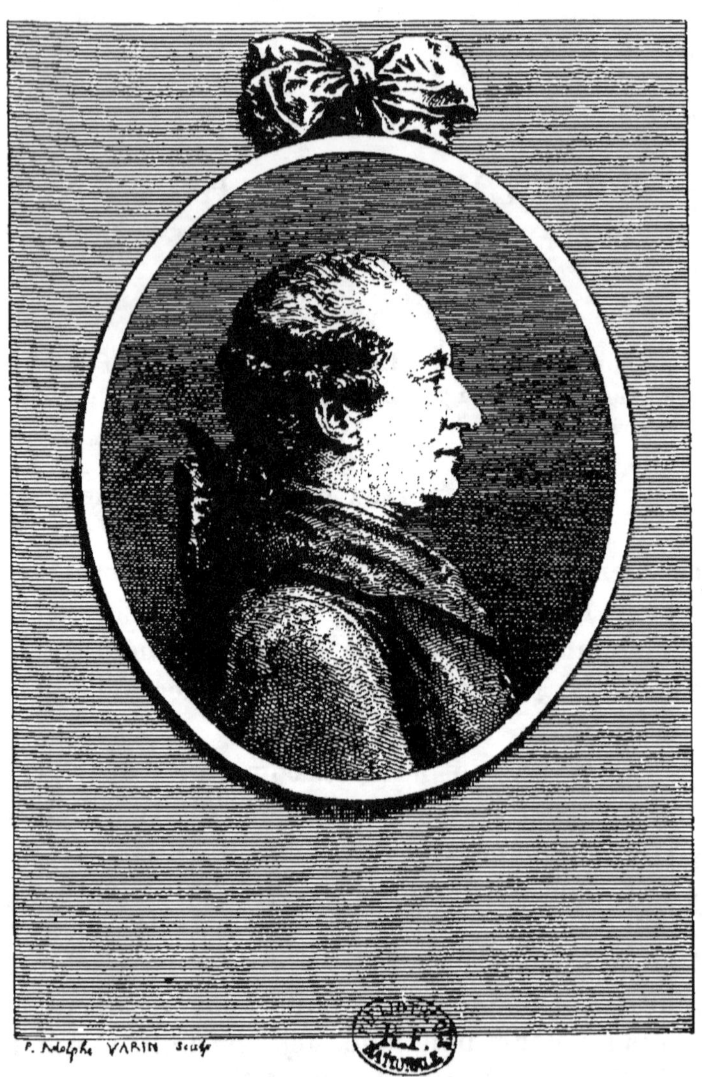

P. Adolphe VARIN Sculp

BEAUMARCHAIS

Imp. G. Dubesque, Paris

Hollande. Il dépendait de la censive du prieuré du Temple, et avait été acquis au prix de six cents livres par le maréchal. A deux pas de là, le frère du roi Charles VI, Louis d'Orléans, fut assassiné, le 23 novembre 1407, par les émissaires de Jean sans Peur, duc de Bourgogne. On voit encore, dans la rue des Francs-Bourgeois, l'impasse Barbette où se perpétra ce crime; et les vieilles masures qui bordent cette voie sont, avec l'hôtel de Sens, d'entre les derniers vestiges de l'habitation privée de cette époque, subsistant à Paris. Pendant les guerres civiles qui désolèrent la capitale au début du règne de Charles VII, l'hôtel de Rieux, dépourvu d'entretien, se désagrégea peu à peu. Mis en criée en 1440 par les religieux du Temple auxquels la redevance annuelle était restée impayée, il ne trouva même plus d'amateurs. De 1450 à 1638, il passe successivement par bail à Gratien Mulart, bourgeois de Paris, à Nicolas de la Chesnaye, écuyer-maître d'hôtel du Roi, à Nicolas Le Hardy, prévôt de l'hôtel du Roi, dont le petit-fils, François Le Hardy, maréchal de camp, tué en 1638 au siège de Saint-Omer, avait épousé Henriette de Coulanges, la propre tante de Mme de Sévigné. C'est, si l'on s'en réfère aux archives d'époque, d'où émanent les renseignements ci-dessus, la veuve Le Hardy qui, le 28 juin 1638, vendit l'hôtel à Amelot de Biseuil, seigneur de Chaillou, père de celui qui fit restaurer, et en grande partie, reconstruire l'immeuble.

Germain Brice et les planches de l'architecte Blondel signalent les œuvres d'art qui avaient été aménagées en cet hôtel, et notamment les sculptures dont Biseuil était fort amateur. Il suffit de voir encore aujourd'hui la porte d'entrée dont le cintre se rehausse de deux *Renommées*, de Regnaudin (1627-1706), le bas-relief de *Romulus et Rémus allaités par la louve*, du même artiste, les vantaux de la cour, et les bas-reliefs de Cérès et de Flore pour s'en

rendre compte. La décoration en avait été aussi fort recherchée, ayant été confiée à Poerson le père (1609-1665), à
Dorigny (1617-1665) : *Le Temps découvrant la Vérité*, plafond de la grande salle du premier étage ; à Simon Vouet,
beau-père du précédent (1690-1649), premier peintre du
roi, dont quatre tableaux carrés figuraient des enfants ;
etc., etc. C'était notamment encore une *Nativité* où le
peintre Lafosse représente, sous les traits de la Vierge, Mlle
Béguin sa fiancée ; neuf tableaux relatifs à l'*Histoire de
Psyché*, œuvres de J.-B. Corneville (1646-1695), deux plafonds de Louis Boullogne, *Le Mariage d'Hercule avec Hé-
bé et Minerve* ; des panneaux de Van Boucle, élève de l'a-
nimalier flamand Snyders, des bas-reliefs de Jacques Sar-
razin (1598-1660), etc.

La plupart de ces décorations ont disparu pendant le
dix-huitième siècle, et ce qui en reste, comme le plafond
de Boullogne dans la chambre italienne, les trumeaux de
Van Boucle, quelques paysages dans le salon du premier
étage, ne représente qu'un bien faible reliquat de la splendeur de l'hôtel durant le grand siècle.

Trois des tableaux de l'*Histoire de Psyché* adhèrent encore à un plafond, invisiblement masqués par un faux
plancher, et disparaîtront peut-être, parce que tel est le
sort habituel des richesses d'art tombées en des mains
profanes. Cependant, au dix-huitième siècle, de nouvelles
œuvres picturales vinrent s'ajouter aux précédentes, ou
les remplacer, comme nous le verrons par la suite. La
veuve d'Amelot de Biseuil étant morte en 1688, sa fille
cadette, Angélique Charlotte, mariée à Jean-Baptiste du
Deffand, marquis de la Lande, père de la spirituelle marquise, devint propriétaire de l'hôtel et mourut en 1714.
En 1728, son mari le vendit à Marie Lubin d'Harvilliers,
veuve de Guillaume de Millet, conseiller au Parlement
de Toulouse, qui le céda le même jour au profit de Claude

Miotte, ancien greffier au Conseil d'Etat. Ensuite il passe successivement à un conseiller des finances de l'électeur de Bavière, nommé Daniel Kolly, au financier Jean Pingault, qui le garde jusqu'en 1752, époque de sa mort. En 1759, il est adjugé par décret forcé à Charles Cousin, procureur au Châtelet, moyennant 60.100 livres, outre le cens, toujours dû au Temple, et autres charges. Quinze jours après cette vente, déclaration est passée au profit de Louis le Tellier, maître maçon à Paris, qui mourut architecte du roi en 1785. Diverses cessions à intervalles fréquents, depuis cette époque jusqu'à la Restauration, ont fait échoir l'hôtel de Biseuil ès mains de M. Le Coq, négociant, dont les descendants le possèdent encore actuellement.

Comment l'hôtel fut-il amené à porter le nom d'hôtel de Hollande, au cours du dix-huitième siècle? C'est ce qu'il nous a semblé intéressant de signaler ici. Cette dénomination remonte à peu près vers 1713, c'est-à-dire entre les périodes d'exercice de propriété de la fille d'Amelot de Biseuil et de Miotte ou Kolly. Vers ce même temps, en effet, si l'on s'en réfère au plan de Blondel et à ses indications, l'hôtel avait été loué à l'ambassade de Hollande, non pour loger cette dernière, comme on aurait pu le supposer, mais afin d'y établir une succursale de la chapelle protestante de l'Hôtel de Hollande, sis faubourg Saint-Honoré, (habité par la suite sous la Révolution par le général Moreau), chapelle qui était devenue insuffisante à l'affluence des fidèles lorsque officiait le ministre Guitton. Comme il advient parfois, la tradition populaire conserva ce vocable d'Hôtel de Hollande, bien qu'en 1750 Pingault l'eût loué aux fermiers des bouchers de Paris qui y tinrent bureaux et assemblées pendant neuf ans.

Mais la location la plus intéressante au titre littéraire et qui motive surtout l'objet de cette petite étude, fut à coup sûr celle que fit en 1776 le maçon Le Tellier, suivant bail passé le 9 octobre devant Cordier et Caiez, notaires au Châtelet, de cette maison « appelée vulgairement *Hôtel de Hollande* », à Maître Pierre Augustin Caron de Beaumarchais, — écuyer, conseiller secrétaire du roi, contrôleur de sa chancellerie du Palais à Paris, et lieutenant-général des chasses de sa varenne du Louvre, demeurant à Paris, 23, rue de Condé [1], faubourg Saint-Germain, paroisse Saint-Sulpice, moyennant le prix annuel de six mille six cents livres.

De la rue de Condé, où il avait écrit le *Barbier de Séville*, Beaumarchais était venu émigrer en ce quartier du Marais, parmi ces mêmes gens de qualité dont ses pièces devaient s'annoncer comme une critique spirituelle et incisive, à la veille de la Révolution.

C'est donc à l'Hôtel de Hollande qu'il composa son *Mariage de Figaro*. On sait comment naquit en son esprit le sujet de cette pièce, et les difficultés qu'il éprouva avant de voir autoriser sa représentation sur la scène de la Comédie-Française, le 27 avril 1784.

**

Au lendemain du « *Barbier* », le Prince de Conti qui estimait Beaumarchais [2] l'avait mis au défi de montrer son *Figaro* une deuxième fois sur la scène.

---

(1) Il était propriétaire de cet immeuble, ainsi qu'en témoigne notamment une quittance signée de sa main, au nom de Mlle Devienne, sa locataire.

Ce document existe dans les collections d'autographes de Carnavalet.

(2) Cette estime avait pris naissance au lendemain d'un procès où le prince s'était vu condamner par Beaumarchais, président du tribunal de la Varenne du Roi, pour abus d'autorité à la chasse.

Beaumarchais, piqué au jeu, et alors dans sa pleine expansion d'écrivain, mit en œuvre toutes ses qualités d'esprit et ses instincts d'observation. Il n'avait qu'à regarder autour de lui. Mais comme on disait alors, il lui fallait plus d'esprit pour faire jouer le *Mariage de Figaro* que pour l'avoir composé. Il dut se munir à la fois d'entregent et de patience ; car, malgré les appuis qu'il trouva auprès des courtisans, et particulièrement de ceux qu'il avait le plus criblés de ses sarcasmes, (M. de Vaudreuil, notamment, et la princesse de Polignac), il mit sept ans à triompher de l'opposition du roi, de la magistrature et du lieutenant de police, qui avaient interdit l'accès du théâtre à sa pièce.

On est allé jusqu'à insinuer que le petit horloger d'autrefois, devenu personnage de qualité par l'adjonction à son nom patronymique Caron, de celui, plus sonore, de Beaumarchais, tiré d'un modeste domaine qu'il tenait de son premier mariage, n'était pas l'auteur ou le seul auteur du *Mariage de Figaro*.

Si l'on consulte, en effet, le *Journal de l'Institut historique*, de 1833, on y découvre un article de M. Mary Lafon, évoquant un manuscrit du poète Collé au cours duquel l'auteur licencieux de *La Vérité dans le Vin* relatait que dans ce même hôtel de Hollande où logeait Beaumarchais habitait aussi un auteur dramatique nommé Gudin de la Brunellerie, obscur collaborateur du grand écrivain.

Ce Gudin, qui d'ailleurs a écrit une *Histoire de Beaumarchais*, se serait flatté de loger incognito à l'hôtel, et une fois tous les visiteurs habituels du Maître sortis de son cabinet, d'y descendre afin de mettre avec lui la dernière main au travail qu'il lui préparait. Gudin de la Brunellerie, que Voltaire avait jadis dissuadé de chercher sa voie dans les lettres, a pu habiter quelque temps l'hôtel, de même que son frère Gudin de la Ferlière qui, ainsi qu'en témoignent les papiers de Beaumarchais relatifs à l'édition de Kehl des œuvres complètes de Voltaire, était le propre caissier de l'écrivain, doublé, comme on sait, d'un infatigable brasseur d'affaires.

Cette édition de Kehl, dont il fut l'entrepreneur durant son séjour rue Vieille-du-Temple, n'était pas l'un des moindres soucis de Beaumarchais. Pour la mener à bien, il avait dû requérir un immense local au fort de Kehl, ainsi que des vieilles papeteries des Vosges qu'il fit restaurer. Il n'était guère d'opération susceptible de bénéfices qui ne tentât son activité. Son cerveau admirablement doué se prêtait à toutes sortes d'assimilations et de travaux. L'ambition, le souci du gain, la soif de cet argent qui tout autant qu'aujourd'hui exerçait son pouvoir magique sur le monde de l'ancien régime, et donnait au moins autant de considération au traitant millionnaire qu'au gentilhomme râpé, avaient, de tout temps, influé sur l'âme de Beaumarchais.

Dès sa prime jeunesse, le fils de l'horloger de la rue Saint-Denis, près la rue de la Ferronnerie, avait marqué ses sentiments ; alliés à ce don d'invention s'adaptant chez lui aux sciences les plus diverses, ils le font pressentir tel qu'il apparaît en sa pleine splendeur. Nous le voyons à l'hôtel de Hollande, fastueux, prodigue, dissipé, mais capable des plus audacieuses tentatives pour drainer l'or nécessaire au luxe de son existence.

Horloger lui-même, apprenti et compagnon de son père, le modeste Caron, il avait inventé un nouvel échappement à repos pour les montres, grâce auquel on put désormais confectionner les plates savonnettes à la mode. Présenté à la Cour, il charma les filles du roi par ses talents de musicien, enseigna la guitare à Mme Victoire, et gagna en même temps les bonnes grâces de la Pompadour, en lui offrant une montre dans une bague, la plus petite qu'on eût vue jusqu'alors.

Rien ne donne une idée plus curieuse de l'étrange caractère de Beaumarchais, que le contrat aux conditions duquel son père, calviniste outrancier, feignant tout d'abord de le chasser du logis pour quelques peccadilles de jeune homme (vente d'objets à l'insu paternel, petits détournements de caisse, etc...), consentit à le reprendre.

Certaines de ces clauses méritent d'être reproduites :

« Vous ne ferez, ne vendrez, ne ferez rien faire ni ven-
« dre, directement ou indirectement, qui ne soit pour
« mon compte, et vous ne succomberez plus à la tenta-
« tion de vous approprier chez moi rien, absolument rien
« au-delà de ce que je vous donne.

« Vous ne recevrez aucune montre de rhabillage ou au-
« tres ouvrages, sous quelque prétexte et pour quelque ami
« que ce soit, sans m'en avertir ; vous n'y toucherez jamais
« sans ma permission expresse ; vous ne vendrez pas
« même une vieille clef de montre sans m'en rendre compte.

« Vous vous lèverez, dans l'été à six heures, et dans
« l'hiver à sept ; vous travaillerez sans répugnance à tout
« ce que vous donnerai à faire ; j'entends que vous n'em-
« ployiez les talents que Dieu vous a donnés qu'à deve-
« nir célèbre dans votre profession. Souvenez-vous qu'il
« est honteux et déshonorant pour vous d'y ramper, et
« que si vous ne devenez pas le premier, vous ne méri-
« terez aucune considération , l'amour d'une si belle pro-
« fession doit vous pénétrer le cœur, et occuper unique-
« ment votre esprit.

« Vous ne souperez plus en ville, ni ne sortirez plus
« les soirs ; mais je consens que vous alliez dîner les di-
« manches et fêtes à condition que je saurai toujours
« chez qui vous irez et que vous serez toujours rentré
« absolument avant neuf heures.

« Dès à présent, je vous exhorte même à ne jamais
« me demander permission contraire à cet article, et je
« ne vous conseillerais pas de la prendre vous-même.

« Vous abandonnerez totalement votre musique et
« surtout la fréquentation des jeunes gens ; je n'en souf-
« frirai aucun. Cependant, par égard à votre faiblesse,
« je vous permets la viole et la flûte mais à condition
« que vous n'en userez jamais que les après-midi des
« jours ouvrables, et nullement dans la journée, et que ce
« sera sans interrompre le repos des voisins et le mien.

« Je vous donnerai ma table et dix-huit livres par mois
« qui serviront à votre entretien. Si vous vous livrez,
« comme vous le devez, au plus grand bien de mes affai-
« res, et que par votre talent vous en procuriez quelques-
« unes, je vous donnerai le quart du bénéfice de tout ce
« qui viendra par votre canal. Méritez que je vous fasse
« plus de bien que je ne vous promets, mais souvenez-
« vous que je ne donnerai rien aux paroles ; je ne con-
« nais plus que les actions. »

Et, contrit, ou paraissant l'être, le jeune Pierre-Augus-
tin répondait par le message suivant :

« Monsieur et très honoré cher père,
« Je signe toutes vos conditions dans la ferme volonté
« de les exécuter avec le secours du Seigneur ; mais que
« cela me rappelle douloureusement au temps où toutes ces
« cérémonies et ces lois étaient nécessaires pour m'enga-
« ger à faire mon devoir. Il est juste que je souffre l'humi-
« liation que j'ai vraiment méritée, et si tout cela, joint à
« une bonne conduite d'ailleurs, me peut procurer et mé-
« riter le retour de vos bonnes grâces et de votre amitié,
« j'en serai trop heureux. En foi de quoi je signe tout ce
« qui est convenu dans cette lettre. »

A. CARON, fils.

On juge aisément avec quelle fidélité ces prescriptions furent suivies, quand par la suite on retrouve Beaumarchais à la Cour, où sans doute il ne devait pas déranger le sommeil paternel, en délaissant la belle profession qui devait uniquement occuper son esprit, pour enseigner viole et guitare à Mesdames, se lier avec le financier Pâris-Duverney et réaliser, au moyen d'opérations fructueuses, les premiers éléments d'une fortune considérable. L'une des plus fameuses, sinon des plus lucratives de ces opérations, fut l'approvisionnement de fournitures d'armes et de munitions des insurgés des Etats-Unis qui luttaient, avec l'appui de la France, pour arracher leur indépendance à l'Angleterre. A cette affaire se rattache peut-être la coïncidence du succès enthousiaste qui salua, le soir de la première du *Mariage de Figaro*, l'apparition dans une loge, du bailli de Suffren, dont les exploits, au cours de cette guerre, avaient fait trembler la marine anglaise. Naturellement, ces succès financiers comportaient l'entretien constant d'un crédit qui dura jusqu'au lendemain de la Révolution et qu'affermissait la participation de Beaumarchais aux œuvres publiques les plus diverses, comme l'établissement de la pompe à feu de Chaillot, celui de la Caisse d'Escompte, la direction des Ballons, l'exploitation de la scène du Théâtre du Marais rue Culture-Sainte-Catherine, inaugurée le 1ᵉʳ septembre 1791, et sur laquelle fut représentée le 26 juin 1797, pour la première fois, sa pièce : *L'autre Tartuffe* ou la *Mère coupable*, suite moins heureusement inspirée, au *Mariage de Figaro* (1).

———

(1). Il essaya d'y démontrer que les conséquences des fautes passées d'Almaviva et de Rosine, devenus des personnages modèles, faisaient peser leurs effets sur les enfants malheureux qui les ignorèrent, cependant que Figaro, de valet fripon qu'il était jadis, devenait un serviteur imposant et très attaché, formé par l'expérience du monde et des événements.

Ce théâtre du Marais, clos sous le premier Empire qui, en 1807, supprima la liberté des théâtres, devint sous la Restauration un établissement de bains, destination que son emplacement garde encore aujourd'hui, sous le nom de Bains Sévigné.

*
* *

C'est donc à l'hôtel de Hollande que se déroulèrent les grands projets littéraires dont la réalisation devait assurer à Beaumarchais la célébrité.

Les plafonds de Vien, *Zéphire et Flore*, et ces autres petit Zéphyrs demeurés encore intacts aujourd'hui, les ornements divers du salon et du cabinet de travail de l'écrivain, devaient reposer de leurs fraîches visions son esprit en perpétuel mouvement, dont les évolutions ingénieuses triomphèrent, à la longue, des mauvaises dispositions du roi à l'égard de Figaro.

Le contrôleur de la chancellerie royale, écuyer, conseiller secrétaire du roi, etc... qui devait s'élever si fort contre la vénalité des charges, n'en avait pas moins accumulé le plus possible sur son nom pour en tirer un profit de considération et gagner la protection des grands seigneurs. D'ailleurs l'état des mœurs prêtait alors à cette manière, en ce sens que la mode était de se moquer de soi-même et des gens de sa propre caste, comme si l'on eût voulu en précipiter la ruine, à la suite de Voltaire, de Rousseau et des Encyclopédistes.

Déjà, fort d'une approbation verbale du comte d'Artois, Beaumarchais était parvenu à faire répéter sa pièce, le 12 juin 1781, sur le théâtre même du roi, aux Menus-Plaisirs de Versailles. Mais, sous peine d'encourir l'indignation de Sa Majesté, ainsi qu'en témoignait l'injonction du duc de Villequier, il dut se résigner à laisser suspendre la représentation publique, et à faire jouer sa pièce chez M. de Vaudreuil, à Gennevilliers. C'est ce jour-là, conte Mme Lebrun dans ses mémoires, que Beaumarchais courait de tous côtés comme un homme hors de lui-même et, comme on se plaignait de la chaleur, sans prendre la peine d'ouvrir les fenêtres, cassait les carreaux avec sa canne, ce qui faisait dire, après la représentation qu'ils avait doublement cassé les vitres. Mais comme une petite pièce interdite court grand risque d'être jouée tôt ou tard, à raison du bruit qu'elle sait provoquer, l'auteur en dépit de M. Le Noir, lieutenant de police, eut gain de cause, le 27 avril 1784, et les mémoires secrets du temps nous ont dit le bruit scandaleux que souleva cette mémorable grande première. Plus de cent représentations devaient la suivre dont le succès fut alimenté, de temps à autre, par quelques-uns de ces moyens de réclame dont Beaumarchais, après Voltaire, détenait magistralement le record.

Les *battoirs* — ces précurseurs des *romains* du parterre — affluaient et, autant pour le plaisir de voir la pièce que pour être vus, princes et princesses s'y montrèrent. La princesse de Bourbon dépêchait, dès le matin de la première, des valets de pied pour attendre la distribution des billets qui devait se faire à quatre heures de l'après-midi ; des femmes de qualité s'enfermaient dans les loges des actrices afin d'être bien placées et d'éviter la cohue ; plus d'une de ces belles dames laissa ses scrupules en son boudoir, pour venir occuper le balcon, jusque-là monopolisé par les Ninons et les Carlines de l'époque. La Harpe assurait que trois cents personnes avaient dîné à la Comédie, dans les loges d'artistes, afin d'être sûres d'avoir des places ; et à l'ouverture des bureaux, la presse fut si grande que trois mortels furent, dit-on, étouffés. Un de plus que pour *Scudéry*.

La représentation, fort tumultueuse, dura plus de

quatre heures et l'on n'en sortit qu'à dix ; ce qui était
d'autant plus inaccoutumé que la pièce de Beaumarchais remplissait à elle seule le spectacle, et la critique
ajoute que c'était même une sorte de nouveauté de
plus.

De ce bruit l'auteur songea naturellement à tirer le
meilleur parti en le faisant durer. Les ressources de son
imagination ne se démentirent pas. Dès la quatrième
soirée, en effet, des centaines d'exemplaires d'une chanson
satirique contre la pièce, et qu'on attribuait secrètement
à Monsieur (le comte de Provence, depuis Louis XVIII),
furent répandues dans la salle. Puis ce fut une lettre de
l'auteur que l'on disait adressée à un duc et pair, lequel
lui avait demandé une loge grillée pour des dames de la
Cour. Celles-ci désiraient voir, sans être vues, *le Mariage
de Figaro*, et Beaumarchais répondait par un refus motivé,
en disant qu'il avait donné sa pièce au public pour l'amuser et pour l'instruire, non pour offrir à des bégueules
mitigées le plaisir d'en aller penser du bien en petite loge
à condition d'en dire du mal en société.

La vérité est que ce refus s'adressait simplement à
un ami de l'auteur, le président Dupaty, qui d'ailleurs,
eut le bon esprit de ne s'en point formaliser. Mais le
résultat n'en était pas moins efficace, et le public
mordant à l'hameçon, se précipitait de plus belle au
théâtre.

Aux approches de la cinquantième, ce fut un nouveau
bluff, comparable, par son ingéniosité, aux ressorts à
échappement du jeune horloger d'autrefois, et qui assura
le roulement certain jusqu'à la centième. Beaumarchais
mit en œuvre la bienfaisance publique, très à la mode, et
fit annoncer que cette cinquantième serait consacrée au
profit des pauvres mères nourrices. Or l'Institut de
bienfaisance de ces déshéritées avait son siège rue Vieille

du Temple à l'hôtel de Hollande, et l'auteur du *Mariage* en était le directeur. (¹)

Et soudainement inspiré, Beaumarchais songe à associer Figaro à ce beau projet. Il a prévu de réciproques utilités :

« Et moi donc, n'y mettrai-je rien ?
« Quand je devrais encore être traité d'homme vain, de « méchant et de sot auteur, j'y mettrai tout mon Figaro. « C'est de l'argent qui m'appartient, que j'ai gagné par « mon labeur à travers des torrents d'injures imprimées « ou épistolaires ».

Et en effet, la multitude accourt à cette soirée pour laquelle le dramaturge poète à ses heures avait ajouté un couplet de circonstance au vaudeville de la fin. Et Bridoison put s'écrier :

> Que d'bell'chos' on peut écrire
> Contre tant d'joyeux ébats,
> Nos cri-itics n'y manqu'ront pas.

———

(1) On retrouve dans le *Journal* de Paris du 15 août 1784, la lettre où il traçait le plan de cette œuvre dans laquelle toute femme reconnue pauvre et inscrite à sa paroisse pouvait venir avec son enfant et l'attestation du curé, et dire :

« Je suis mère et nourrice, je gagnais vingt sous par jour, mon enfant m'en a fait perdre douze. »

« Vingt sous par jour font trente livres par mois ; offrons à cette « nourrice neuf francs de charité ; les neuf livres que son mari ne « donne plus à l'étrangère: en voilà dix-huit de rentrées. La mère aura « bien peu de courage si elle ne gagne pas huit sous par jour en atten- « dant; voilà trente livres de retrouvées. Mais où donc est le bénéfice? « Sur cent pauvres enfants qui naissent, le nourrissage étranger en « emporte soixante, le maternel en conservera quatre-vingt-dix. Chaque « mère aura nourri son fils ; le père n'ira plus en prison pour mois de « nourrice non payés ; ses travaux ne cesseront plus. Les femmes de « pauvres seront moins libertines, plus attachées à leur ménage ; peu à « peu on se fera une honte d'envoyer ses enfants au loin ; la nature, les « mœurs, la patrie y gagneront également ; soldats, ouvriers et matelots « en sortiront de toutes parts. On ne fera pas plus d'enfants, il s'en élè- « vera davantage. Voilà le mot, il est bien important. »

Le lendemain, une épigramme courait Paris, qui se terminait par ces mots :

Il paye du lait aux enfants
Et donne du poison aux mères.

*
* *

Ce qui tend à prouver que Beaumarchais établissait un lien solide entre ces combinaisons tantôt dramatiques et tantôt philanthropiques, c'est qu'il ne manqua pas l'occasion de happer les oboles à leur sujet. Par exemple, dans le même *Journal de Paris*, cité précédemment, un amateur ayant eu l'idée de poser une question relative à la petite Figaro, dont il avait été parlé dans le *Barbier*, par la bouche de Rosine, et de s'étonner qu'il n'en fût pas soufflé mot dans la nouvelle pièce, l'auteur répondit qu'il convenait de garder le silence sur cette enfant adoptée par Figaro à Séville, dans un sentiment de pure humanité. Car elle était, ajoutait-il, devenue une brave mère de famille qui, ayant épousé un honnête garçon, gagne-denier sur le port Saint-Nicolas (près le Carrousel) et nommé Lécluse, avait été réduite depuis peu de temps au plus triste veuvage, après que son mari s'était fait écraser misérablement par une machine de décharge des bateaux. La pauvre femme allaitait un enfant de huit jours, bien que très malade et manquant de tout, et elle en élevait un autre de treize mois. Et la réponse se terminait comme suit : « Les camarades de son mari, touchés « de son triste sort, se sont tous cotisés pour la faire « vivre un moment. Ils m'ont invoqué ce matin par la « plume de leur inspecteur. Je me suis joint à eux avec « plaisir, et je ne doute pas, Monsieur, que vous n'en « fassiez autant. J'ai donc envoyé un louis pour elle à « M. Merlet, inspecteur du port Saint-Nicolas, et j'en « joins deux autres à cette lettre... »

Et la bienfaisance de s'exercer comme par miracle, au profit de la pauvre femme, tandis que Figaro poussait gaillardement vers la centième.

On sait les suites curieuses de cette affaire. Une nouvelle lettre parue au *Journal de Paris,* — et inspirée, sinon rédigée par Monsieur, dont l'esprit inclinait fort vers l'ironie — s'exclama, sous la signature d'un ecclésiastique, contre le peu de discrétion appporté à cette forme de charité et contre le ridicule insultant susceptible de peser sur l'infortunée qui en était victime. La réponse animée de Beaumarchais suscita le mécontentement royal, et le 7 mars 1785, Louis XVI, au cours d'une partie de cartes, griffonna sur un sept de pique l'ordre d'incarcérer sur-le-champ le bruyant écrivain, non à la Bastille, mais simplement à Saint-Lazare, au milieu des mères et des filles coupables. Toutefois la revanche ne se fit pas longtemps désirer pour le prisonnier. Il avait été arrêté dans sa demeure, tandis qu'il soupait en compagnie du prince de Nassau, de l'abbé de Calonne et autres amis fort titrés. Six jours après il fut relâché et pourvu d'une ordonnance de comptant de deux millions cent cinquante mille livres, montant d'avances qu'il avait faites à la caisse royale, lors de la guerre de l'Indépendance américaine. Il est vrai qu'en même temps, la clabauderie des jaloux s'était exercée par des caricatures montrant l'auteur battu de verges par un lazariste, et qu'il en fut profondément blessé au moral. On croirait presque que la verve du lettré en fut amoindrie, car depuis, il ne donna plus une seule pièce de la valeur de *Figaro.* Et ni le *Tarare,* opéra qu'il fit jouer en 1787 — et dont notamment il dédia un exemplaire à Bailly qui était de l'Académie française, en l'accompagnant d'une lettre figurant aujourd'hui dans les collections d'autographes de Carnavalet, — ni la *Mère coupable,* jouée en 1792 au théâtre du Marais, ne connurent les succès enthousiastes des œuvres précédentes.

L'homme d'affaires avait pour ainsi dire absorbé le littérateur ; et puis l'opinion préférait à la formule, du verbiage frondeur l'action décisive et révolutionnaire. Peut-être aussi les aventures de Beaumarchais avec la femme du banquier Kornmann, qu'il avait voulu séduire, les débats judiciaires menés plus sévèrement par l'avocat Bergasse qu'ils ne l'avaient été jadis par l'avocat Goezman lors du procès des héritiers Pâris-Duverney, sans amener d'aussi amers résultats, influèrent-ils sur la destinée du dramaturge. Car si les *Mémoires* contre les sieurs Goezman, Lablache, Marin et d'Arnaud avaient pu déchaîner dans toute l'Europe le ridicule contre le Parlement Maupeou, ceux de l'adultère déjà mûr contre ce Kornmann, sorte de Bartholo financier, durent apporter quelques obsédants tracas dans les habitudes journalières du directeur de l'Institut des Mères nourrices. On retrouve cependant trace de la durée de ce projet d'Institut philanthropique dans l'*État actuel de Paris*, par Watin fils, et dans les Almanachs royaux de 1787 à 1790. L'essentiel est que cette idée, à laquelle se rattachent diverses créations modernes, comme la Pouponnière, la maison de Villepinte, l'Allaitement maternel et le service des *Mères nourrices* de l'Assistance publique de Paris, loin de sombrer dans les limbes de l'oubli, a porté au contraire, à un siècle d'intervalle, d'indiscutables fruits.

En 1784 l'écrivain, veuf pour la seconde fois, s'était remarié en troisièmes noces avec une demoiselle Marie Thérèze Willer-Mawlas, légitimant par surcroît une enfant qu'il avait eue d'elle auparavant ; elle avait nom Eugénie, cette autre petite Figaro dont il ne parlait pas en public, mais qui peut-être avait dû contribuer bien innocemment aux expansions philanthropiques de l'auteur de ses jours.

De plus, autre mine de soucis absorbants et funestes parfois, le locataire de l'Hôtel de Hollande était devenu propriétaire. Le remboursement inattendu de ses créances lui avait suggéré l'idée, sans doute, d'un solide et plus sûr placement immobilier, et il s'était rendu acquéreur, moyennant une vingtaine de mille francs, par adjudication du 26 juin 1787, d'une maison avec dépendances d'une étendue d'environ quatre mille mètres carrés, sur l'emplacement de laquelle il chargea l'architecte Lemoine de lui édifier un hôtel élégant et confortable. Cet hôtel eut façade sur le boulevard Saint-Antoine vis-à-vis la prison de la Bastille, et se limitait, sur le fond, par les rues Daval et Amelot.

Vendu en 1818 à la ville de Paris, par M. Delarue de Beaumarchais, il fut démoli en vue du percement du canal Saint-Martin, et sur la partie du terrain restant disponible, on établit un Entrepôt des sels qui fut à son tour abattu en 1841. Des maisons de rapport l'ont remplacé qui subsistent encore au long des boulevards Beaumarchais et Richard-Lenoir.

A défaut de cette dernière habitation, seule, la plaque indicatrice du boulevard rappelle aujourd'hui le souvenir de son illustre propriétaire. Le 47 de la rue Vieille-du-Temple est donc tout naturellement le lieu désigné pour une commémoration de son séjour d'ailleurs appréciable puisque long de près de douze années, c'est-à-dire depuis fin 1776 jusqu'en 1788. Celui qu'il fit dans la rue de Condé au n° 23, avait duré neuf ans environ, entre 1767 et 1776.

On a vu plus haut que si le temps et le vandalisme des ignorants avaient effacé la plupart des œuvres d'art qui paraient l'hôtel de Hollande, occupé notamment sous la Révolution par un bal public, quelques unes y sont encore demeurées.

Au siècle précédent, les nécessités de divers aménagements industriels et commerciaux ont suggéré des divisions locatives et des adjonctions de contiguité propres à ruiner l'effet imposant de ce logis seigneurial d'autrefois, et il n'est pas jusqu'aux armoiries primitives qui, effacées en 1792, n'aient été remplacées en 1833 par les initiales plébéiennes du propriétaire d'alors. Balustrades, colonnes et balcons du grand siècle ne sont plus, ou presque ; la porte d'entrée elle-même a vu l'une des têtes de Méduse de ses vantaux mutilée par une main criminelle. Mais, détail significatif, les cadrans solaires de Truchet, gravés sur les murs de la cour, ont été jusqu'à présent l'objet de soins particulièrement attentifs.

Quoi qu'il en soit, et comme l'exprimait si judicieusement un savant archéologue parisien aux travaux duquel cette étude doit une bonne part de sa documentation, il nous a paru très justifié de rappeler en quelques pages l'histoire de cette intéressante demeure. Il convenait aussi d'attirer l'attention des lettrés, comme celle des amis de notre chère cité parisienne, sur ces vestiges imposants et sur le séjour mémorable dont l'illustra ce Parisien pur sang, véritable et génial gavroche de notre littérature, consacré dans l'histoire parmi ses gloires dramatiques, sous le nom qu'il avait su faire sien, et imposé à l'opinion, chose plus difficile qu'on ne le saurait penser : le nom de Beaumarchais.

MARAT PRUSSIEN

Curieuse ascendance de J-P. Marat ; diaprures de ses convictions politiques. — Une supplique excipant d'un motif inattendu.

La carrière de certains hommes politiques n'est qu'un tissu de contradictions. Il suffit de jeter un regard sur notre époque pour s'en rendre compte. Mais, a dit un sceptique, il n'y a que les imbéciles qui ne changent pas d'avis. A ce compte, parmi les hommes de la Révolution, nombre de constituants et de conventionnels pourront servir d'exemples : les circonstances, l'égoïsme, l'amour-propre, et souvent aussi l'influence des femmes, ayant amené la plupart des survivants de la Terreur et des proscriptions du Directoire à bénéficier des faveurs, charges et dignités qui leur furent offertes par l'Empire et par la Restauration.

Siéyès, Talleyrand, Fouché, Cambacérès, Lebrun, Régnier, notamment seraient des génies alors que Carnot, Cambon, Vadier, demeurés patriotes et préférant la retraite ou l'exil aux honneurs qu'ils auraient pu recueillir sous les nouveaux régimes, passeraient pour avoir totalement manqué de savoir-faire.

Ceci peut amener à penser quelle aurait été la destinée d'un Robespierre, d'un Danton ou d'un Marat, s'ils avaient survécu à la tourmente. Ces farouches pasteurs de peuples avaient des âmes de dictateurs, et la violence qu'ils apportaient dans l'exercice du pouvoir, les eût sans doute amenés à tenter de s'assurer les moyens de le conserver. De toutes façons, ils seraient arrivés quand même à s'entre-tuer. Comme cela eût très probablement coûté la vie de quelques autres dizaines de milliers de citoyens, mieux valait-il encore qu'ils périssent avant qu'après. Ce n'est ici qu'induction, il est vrai. Mais on peut croire que Marat, n'eût pas montré force scrupules à renier ses convictions du moment pour réaliser son ambition.

*
* *

Du passé d'un homme public les probabilités relatives à son avenir sont aisées à établir lorsque les documents y pourvoient.

Or, Jean-Paul Marat, farouche patriote et ami du peuple français, député de Paris à la Convention, naquit à Boudry, village de la principauté de Neuchâtel qui ne comptant parmi les vingt-deux cantons suisses que depuis 1848, appartenait dès 1707 à Frédéric 1er, roi de Prusse, par l'héritage de la maison d'Orléans-Longueville. Ladite enclave ne devint passagèrement française que de 1806 à 1814, Napoléon 1er se l'étant fait céder pour la donner au maréchal Berthier.

Ainsi donc, Marat, né à l'étranger de parents non Français (¹) serait demeuré moitié suisse, moitié prussien, si,

---

(1) Le Dictionnaire de la Révolution du Dr Robinet donne Jean-Paul Marat comme fils de Jean Mara (sic) prosélyte de Cagliari en Sardaigne, et de Louise Cabrol, de Genève ; né le 24 mai et baptisé le 8 juin 1743. (Registre des baptêmes de la paroisse de Boudry. (In F. Chévremont : J.P. MARAT) Les Marat étaient d'origine espagnole, Jean Marat, ayant abjuré le catholicisme, dut se retirer à Genève, où il exerça la médecine et prit femme ; puis il s'installa à Boudry, après avoir été naturalisé citoyen de Genève le 10 mars 1741. Ses enfants, Jean-Paul et Albertine Marat qui ajoutèrent un t à leur nom, pour le franciser, pouvaient donc exciper, selon les circonstances, de la nationalité sarde, suisse ou prussienne.

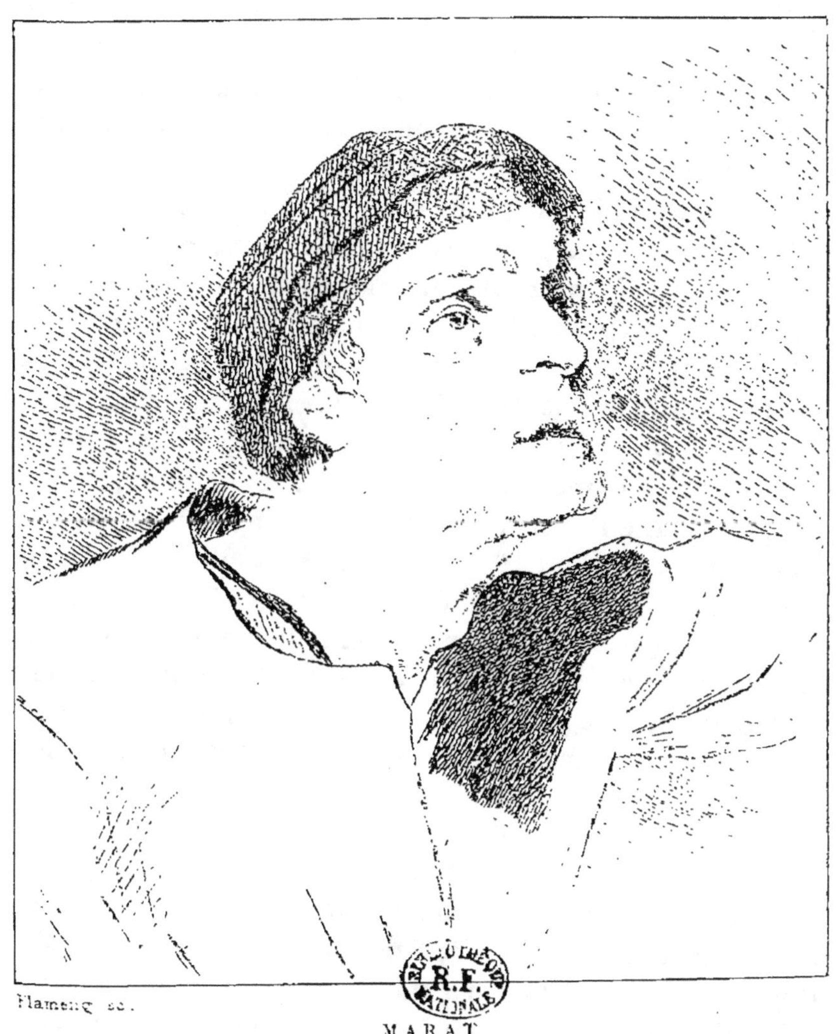

MARAT

d'après Daniel, tiré de la collection Vignères.

par le hasard de quelque généreux appui trouvé à la Cour de Versailles, il n'avait obtenu un brevet de médecin des gardes du corps du comte d'Artois, ce qui, paraît-il, suffisait à lui constituer une manière de naturalisation, puisqu'il devenait, de ce fait, sujet du roi de France.

On voudra bien se rappeler, d'autre part, que ce tribun auteur d'un *Traité contre la peine de mort*, prépara dans la suite, avec Danton, les massacres de septembre ; qu'après avoir accepté les bienfaits de la famille royale, il lui manifesta sa reconnaissance par son acharnement à réclamer la tête de Louis XVI. Et l'on ne devra pas oublier non plus qu'il publia en 1790 un *Projet de Constitution* dans lequel il démontrait la nécessité d'une monarchie en France. Peut-être, crut-il s'entrevoir un instant dans la peau d'un Jean-Paul 1er, roi des Sans-Culottes, le jour où, sorti absous du tribunal révolutionnaire, il fut porté en triomphe à la Convention. Solennellement inhumé au Panthéon, après le coup de grâce de Charlotte Corday, sa dépouille, à l'égal de celle des monarques, connut les outrages posthumes, tardive satisfaction offerte au demi-million de prisonniers victimes de la loi des suspects.

*
* *

Mais un défaut des plus typiques de cette existence d'arriviste outrancier, théoricien du collectivisme de la propriété, dont le Parti n'a fait en somme que s'inspirer, réside dans l'argument que Marat invoquait, vers 1780, à l'appui d'un mémoire adressé par lui au Prévôt des Marchands, à cette époque, Lepeletier de Morfontaine, dans le but de se voir exonéré de l'impôt de la capitation.

Il nous a été loisible de consulter le manuscrit de cette supplique, dans le fonds d'archives des Collections Historiques de la Ville de Paris. Une note marginale, datant de l'époque, indique ledit mémoire comme devant être

appuyé d'un extrait de l'acte de baptême du « suppliant »
et des quittances de la capitation pour 1778 et 1779. Mais
cette note ajoute toutefois que l'extrait de baptême n'a
pas été fourni.

Et voici le texte de cette singulière demande en décharge :

« Le sieur Marat a l'honneur d'exposer à monsieur le
Prévôt des Marchands qu'il a été imposé à la capitation
et qu'il n'est pas contribuable, en *sa qualité d'étranger non
établi en France.*

« Il est vrai que peu après son arrivée à Paris, quelques personnes de la Cour, désirant l'attacher à Mgr le
comte d'Artois, obtinrent pour lui un brevet de Médecin
de ses gardes ; mais un brevet pur et simple, sans pension, sans exercice. La qualité de Médecin des gardes
d'Artois n'a été pour lui qu'un titre honorifique, depuis
huit ans qu'il est enfermé dans son cabinet, occupé à l'é-
tude.

« Il y a même fort longtemps que ses affaires le « rap-
pellant » à Londres, il a remis son brevet. Ainsi, n'exer-
çant aucun état, il doit être considéré comme tout autre
étranger, voyageant pour s'instruire.

« Ignorant que les étrangers sont exempts de la capitation, le sieur Marat l'a payée les deux premières années
de son séjour à Paris. Sa fortune ayant souffert dès lors
plusieurs échecs, et ne lui permettant plus aucun sacrifice,
l'oblige aujourd'hui à réclamer les privilèges accordés aux
étrangers. Il espère donc de la justice de M. le Prévôt des
Marchands qu'il voudra bien le décharger de la capitation
pour les années échues, qu'on lui « repette » ; et donner
en même temps des ordres pour qu'il ne soit plus compris
dans le rôle de cette imposition, pendant tout le temps
qu'il pourra rester encore à Paris. Sa reconnaissance
égalera ses vœux pour M. le Prévôt des Marchands.

Le Prévôt des Marchands, s'il prit connaissance de ce-
mémoire, dut évidemment esquisser un sourire, à la pensée de ce médecin, déjà connu par ses ouvrages, et qui
affectait d'ignorer les principes élémentaires de la capitation, devenue de nos jours, comme on sait, la contribution personnelle et mobilière.

Quoi qu'il en soit, une note, suivie d'un paraphe illisible, commenta la supplique de telle sorte que la commission d'alors dut passer évidemment à l'ordre du jour :

« Quand il serait vrai que le sieur Marat serait étranger, ce qu'il ne justifie pas, il ne pourrait pas réclamer
le privilège de l'exemption, attendu qu'ayant été attaché à
la Cour comme médecin des gardes de Mgr le comte d'Artois, il est par là naturalisé Français et devenu sujet du
roi de France, et, en cette qualité, il est assujetti à l'imposition. De plus, M. Marat exerce la médecine à Paris. »

Marat reniant la nationalité française et se cachant
d'exercer la médecine à Paris, afin d'échapper à l'impôt,
n'est-ce pas comme un prélude édifiant à la théorie de ces
tribuns qui veulent l'égalité devant la loi de tous les citoyens, à l'exception de ceux qui la décrètent ?

En tout cas, le document ci-dessus était précieux à
connaître et à publier.

LA VÉRITÉ SUR LA DÉMOLITION
DE LA BASTILLE

Bien avant 1789, la Bastille était condamnée. Projets divers conçus et établis en vue de sa démolition. — La sage-femme du lieu. — La vie de Bastille était parfois la vie de château. — Les vainqueurs du 14 juillet enfoncèrent un peu des portes ouvertes.

Il est des légendes historiques dont la destruction s'avère impossible. Celle de la démolition de la Bastille est du nombre. L'érudit qui s'essaierait à vouloir démontrer que l'originalité de cet acte héroïque ne revient pas au peuple français, risquerait fort d'être taxé de lèse-civisme.

Pourtant, un savant archiviste, M. Fernand Bournon, qui s'est appliqué à rétablir l'ordre des faits, dans son *Histoire de la Bastille*, publiée sous les auspices de la Commission des travaux historiques de la Ville de Paris, a démontré, preuves en mains, qu'à l'exemple de la fable de Bertrand et de Raton, le peuple français n'avait fait en somme, en prenant d'assaut et en rasant la forteresse, que réaliser, plus activement il est vrai, un projet qui depuis plusieurs années était à l'étude dans l'entourage de Malesherbes et de ses successeurs au ministère.

Il ne faut donc pas s'étonner outre mesure, si cette démonstration n'a trouvé jusqu'à présent que de faibles échos dans le monde politique. Mais on sait que, longtemps avant 1789, la Bastille était l'objet d'attaques violentes. Sous Louis XV, l'abus des lettres de cachet l'avait discréditée dans l'opinion, ainsi qu'en témoigne la comédie de Voltaire : *l'Ingénu*, jouée en 1767.

Comme jadis l'auteur de la pièce, *l'Ingénu* avait connu les rigueurs de cette prison habitée par tant d'illustres et d'obscurs personnages, depuis Hugues Aubryot, le prévôt des marchands qui dirigea sa construction, jusqu'au chirurgien Danry, dit Latude, qui poussa aux extrêmes limites l'abus de la réclame au sujet de sa longue captivité. Et *l'Ingénu* ne cachait pas son horreur :

> De cet affreux château, palais de la vengeance,
> Qui renferme souvent le crime et l'innocence.

On connaît le sujet, et l'épilogue de cette pièce à clef : la maîtresse de l'Ingénu obligée de se livrer au caprice passionné du ministre pour obtenir l'élargissement de celui qu'elle aime.

Afin de pallier le déplorable effet de ces critiques sur le peuple, Malesherbes avait d'abord fait abolir les lettres de cachet, puis transmis au gouverneur de Vincennes, de l'autorité duquel dépendait la Bastille, l'ordre de ne refuser aux détenus ni livres, ni encre, ni papier.

Dès ce moment, il fut très vivement question de supprimer les prisons. En 1780, on ferma celle de Saint-Eloi, rue Saint-Paul. Et le 30 août de la même année, une déclaration du Roi porta que désormais le Grand Châtelet et la Conciergerie seraient les seuls lieux d'incarcération des criminels et la Force réservée aux autres détenus.

Trois ans plus tard, parurent les *Mémoires* de Linguet, dont le retentissement fut immense. L'auteur, en substance, s'adressait au cœur pur et sensible du Roi, disant « qu'à sa voix, on verrait s'écrouler les murailles de cette « moderne Jéricho, et que le prix de ce noble effort serait « la gloire de son règne. »

Une gravure, servant de frontispice au volume, figurait la Bastille frappée par la foudre, et une statue de Louis XVI s'élevant sur ses ruines. L'idée traduite en ce symbole fit son chemin, puisque M. de Breteuil, ministre de la Maison du Roi, donna l'ordre d'enlever la décoration qui entourait l'horloge du château, et, ajoute M. Bournon dans son ouvrage, « il n'est pas douteux qu'il songea dès lors à provoquer la disparition totale de l'édifice. »

« Cette horloge, raconte en effet Linguet, au cours de « ses mémoires, donnait sur une cour. On y avait pratiqué « un beau cadran, mais devinera-t-on quel en est l'orne- « ment ? Des fers parfaitement sculptés. Pour support « deux figures enchaînées par le col, par les-mains, par « les pieds, par le milieu du corps. Les deux bouts de ces « ingénieuses guirlandes après avoir couru tout autour « du cartel reviennent sur le devant former un nœud énor- « me, et pour prouver qu'elles menaient les deux sexes, « l'artiste, guidé par le genre du lieu ou par des ordres « précis, a pris grand soin de modeler un homme et une « femme. Voilà le spectacle dont les yeux d'un prisonnier « qui se promène sont récréés. »

Détail intéressant, en effet, la Bastille avait abrité des femmes entre ses murailles meurtrières, et notamment Mlle d'Oliva qui fut impliquée dans le fameux procès du Collier, étant coupable de s'être fait passer pour la reine Marie-Antoinette.

Ce fut même à propos de cette prisonnière qui, enfermée le 12 septembre 1785, fut prise des douleurs de l'enfantement au mois de mai suivant, qu'on décida de doter la Bastille d'une sage-femme agréée.

Mme Chopin, sage-femme du voisinage, ayant procédé à l'accouchement et présenté sa quittance se montant au prix fabuleux de 240 livres d'honoraires, plus 18 livres pour le baptême, fut pourvue à titre définitif de cette

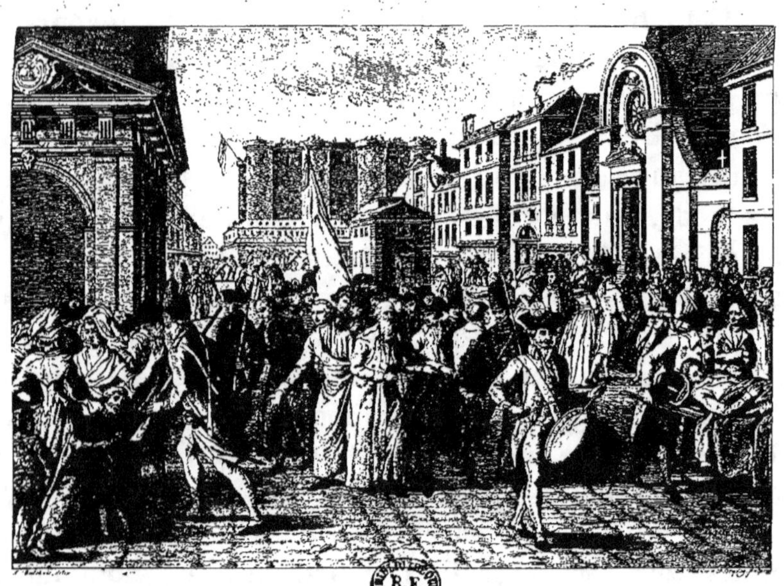

LA DÉLIVRANCE DES PRISONNIERS DE LA BASTILLE
DRAMATISÉE PAR UNE ESTAMPE ALLEMANDE

Imp. G. Dubergier, Paris

sinécure, moyennant le traitement annuel plus raisonnable de 150 livres, payables à raison de 37 livres 10 sols par quartier. (Lettre de M. de Breteuil, 28 juin 1876. Bibl. de l'Arsenal, mst. 12.609).

D'autre part, les prisonniers de la Bastille étaient traités avec des égards excessifs, si l'on en juge par ce fragment de lettre du lieutenant de police à M. de Launay :

« L'intention de M. le maréchal de Castries étant que
« le sieur Guillotin, détenu à la Bastille, y jouisse de tous
« les adoucissements qui seront conciliables avec la sû-
« reté de sa personne, je vous prie de faire donner à ce
« prisonnier des livres, du papier, de l'encre et des plu-
« mes, et de lui permettre l'usage de la promenade. (Bibl.
« Arsenal m. 12.517.) »

Puis on créa une bibliothèque. Mieux encore, douze gentilshommes bretons, captifs à cette époque, se virent pourvus d'appartements abandonnés à leur intention par les officiers de l'état-major ; c'était la vie de château plutôt que la vie de prison, et il n'était pas jusqu'aux femmes des prisonniers qui n'obtinssent, comme par exemple, Mme de Pelleport, un secours annuel de trois cents livres payé sur la cassette royale jusqu'au 30 juin 1789.

Mais voici venir des faits probants qui justifient l'intention royale très arrêtée de désaffecter la Bastille, bien avant que sa destruction coûtât la vie au gouverneur de Launay et au major de Losme, qui en avait la garde avec le concours des fameux Invalides.

En 1784, un an après la publication des *Mémoires* de Linguet, un architecte, inspecteur des bâtiments de la Ville de Paris, nommé Corbet, dressa un plan qui comportait un projet de place publique à la gloire de Louis XVI, sur l'emplacement de la Bastille, ses fossés et dépendances. Ce projet inspiré, sans nul doute, par le retentissement de l'ouvrage d'ailleurs très impartial de Linguet, existe encore aujourd'hui en double exemplaire original au Cabinet des Estampes de la Nationale et à la Bibliothèque de la Ville.

Il est indiscutable qu'un architecte du gouvernement n'aurait pas pu se permettre de donner de sa propre autorité un caractère officiel à un travail aussi considérable, qui ne comportait pas moins que la suppression d'une forteresse symbolisant en quelque sorte l'autorité absolue de l'ancien régime.

Grâce à l'érudit dont les patientes recherches ont amené la lumière sur ce point important de notre histoire sociale, on peut donc affirmer que la Bastille était, du moins administrativement, destinée à disparaître à bref délai, puisqu'on n'y adressait plus de prisonniers, ceux-ci étant dirigés sur Saint-Lazare.

A titre de preuve, on pourrait encore invoquer le rapport rédigé par un des officiers, M. du Puzet, exposant la nécessité de raser le château pour une foule de raisons, d'en vendre les terrains, et d'affecter Vincennes à l'usage des détenus.

Mais de tels projets élaborés dans le secret des cabinets et des bureaux étaient encore un mystère pour le public, puisque les cahiers des Etats généraux de 1789, ceux du Tiers-Etat principalement, inscrivaient presque tous la démolition de la Bastille dans le programme de leurs revendications,

Si les représentants avaient été informés du plan de Corbet, ils auraient sans nul doute modifié leurs textes impératifs, tendant à la démolition de la Bastille et à l'édification d'un monument comportant la statue du Roi, avec, au bas, cette inscription : *A Louis XVI, roi d'un peuple libre.* Il suffit de parcourir, pour s'en rendre compte, les cahiers des districts des Mathurins, des Théatins, des Récollets, de Saint-Joseph et même quelques uns de ceux de la noblesse, qui comptait encore en 1789 un des siens, le comte de Solages, originaire d'Albi, parmi les prisonniers.

D'ailleurs, quelques semaines avant le 14 juillet, paraissait une brochure in-12, de 24 pages : *Projet d'un monument sur l'emplacement de la Bastille, à décerner par les Etats Généraux à Louis XVI, restaurateur de la liberté publique, et à consacrer à la Patrie, à la Liberté, à la Concorde et à la Loi* ; présenté à l'Académie d'architecture en séance du 8 juin 1789, par Davy de Chevigné, conseiller du Roi, auditeur ordinaire en la Chambre des Comptes (Bibl. nat. L. P. 39. 1825.)

Il n'y avait donc pas que le sentiment de haine contre la tyrannie et l'oppression qui guidât les esprits sur ce sujet, mais bien encore, au préalable, une question de voirie et d'embellissement de Paris. L'auteur du projet ajoutait que celui-ci permettait de relier, par la construction d'un pont dans l'alignement du boulevard (actuellement Henri IV), la place ainsi édifiée au Jardin du Roi (Jardin des Plantes).

C'était aussi l'avis du ministère. Mais ce dernier entendait poursuivre cette mesure de son propre gré sans y être contraint par les grondements populaires, et cela explique comment, au lendemain de l'émeute pendant laquelle on saccagea les magasins du fabricant de papiers peints Révillon, faubourg Saint-Antoine, on prit de sérieuses, bien que vaines précautions pour assurer l'inexpugnabilité de la vieille prison d'Etat.

Car il ne fallait à aucun prix que le peuple parisien se mît en tête de devancer les intentions du pouvoir et d'accomplir lui-même ce que les autorités avaient d'assez mauvaise grâce consenti à entreprendre.

Et ce simple conflit d'attributions fut peut-être la cause de « l'avènement de la liberté en France ».

LE DERNIER
GOUVERNEUR DE LA BASTILLE

Un commandant donné à la Bastille conquise. — Extraordinaires tribulations de ce fonctionnaire à travers lesquelles apparaît Beaumarchais. — Afflux de commandants. — Comment le vrai commandant manqua d'être pendu.

On croit assez généralement que la Bastille, une fois conquise par le peuple de Paris et son gouverneur le marquis de Launay massacré, la symbolique forteresse, devant être démolie, n'avait plus lieu d'être régie par un mandataire du roi ou de la chose publique ; cette croyance semblerait se justifier par le fait d'une délibération de l'assemblée des électeurs de Paris (¹) inscrite au registre de ses procès-verbaux à la date du 19 juillet 1789, séance du soir. Aux termes de ce vote, il fut décidé, en effet, sur la proposition de MM. Jallier de Savault, Delapoize et de Montyzon, électeurs et architectes, et de Poyet, architecte de la Ville, qu'ils seraient autorisés à employer, sans égard pour les matériaux, le moyen qu'ils jugeraient convenable pour détruire cette forteresse le plus rapidement possible. De plus, le lendemain, cette assemblée sur les observations des commissaires nommés pour la recherche des papiers de la Bastille, et afin d'empêcher l'affluence des curieux, ordonnait que le public serait invité à ne pas

---

(1) 2 vol. in-8⁰ chez Baudoin, imprimeur de l'Assemblée nationale 1790.

se présenter à la Bastille jusqu'à ce que les papiers intéressants pour la nation eussent été recueillis et mis en sûreté et jusqu'à ce qu'on eût déblayé les décombres obstruant les passages. Pourtant, le besoin s'était fait sentir de préposer à la garde de la Bastille un citoyen, depuis le moment de la prise, et la commission en avait été donnée au citoyen Soulès, électeur, en qualité de commandant de la forteresse, par le marquis de la Salle, député de la Constituante et ami de la Fayette. Ce commandement qui tenta de s'exercer pendant deux ou trois jours à peine fut toutefois si fécond en péripéties qu'il nous a semblé intéressant de les esquisser ici sur la foi des documents résumés dans le cours des susdits procès-verbaux.

Le 18 juillet, à la séance du soir, le lendemain de la séance consacrée à la visite du roi à l'Hôtel de Ville et après divers discours de Moreau de Saint Méry, président de l'assemblée des électeurs, d'Ethis de Corny, procureur du roi et du comte de Lally-Tollendal, le citoyen Soulès déposait un rapport relatif à sa fonction de commandant de forteresse. Il déclarait que s'étant présenté le 14 juillet au soir au district de Saint Paul, il n'avait pu obtenir de Thuriot de la Rosière, commissaire de ce district, les cent hommes qui lui étaient nécessaires, ce dernier n'en ayant même pas assez pour la garde de sa paroisse ; Soulès avait trouvé, dans la salle du comité de ce district, M. Desfontaines d'Estourneaux, chargé d'approvisionner le château, et apprit de lui qu'il n'y avait plus dans la prison aucun bourgeois mais bien cent cinquante gardes françaises, avec M. de Laizert, officier aux gardes, et habillé en simple soldat.

Craignant quelque trahison, Soulès était revenu avec M. Desfontaines à la Bastille, tous deux munis des provisions qu'ils avaient pu trouver. Ils y entrèrent à une heure du matin, et Soulès montrant sa commission à M.

de Laizert lui avait réclamé le commandement de la forteresse. L'officier s'y refusa déclarant qu'il en était posses-
seur avec un détachement de la brigade de Thomé et ne
s'en voulait point dessaisir ; tenant cette fonction pour lui
et pour le bien public il la défendrait jusqu'à la dernière
extrémité. Sortant du fort, Soulès et Desfontaines décidèrent d'attendre jusqu'au jour pour faire leurs sommations,
et devant le nouveau refus de Laizert, le commandant com-
missionné assembla la garnison sur la place de l'intérieur
en faisant battre la générale. Les gardes françaises consul-
tées s'accordèrent à reconnaître pour chef le citoyen qui
était muni d'un mandat régulier, et s'attirèrent les repro-
ches de leur officier. Mais voulant concilier les choses Soulès jugea que de Laizert, qui paraissait aimé de ses soldats, pouvait se rendre fort utile en embrassant la cause du
peuple, et le pria de rester, ajoutant qu'il lui céderait avec
plaisir le commandement si tel était l'avis du comité permanent. Sur ce, il envoya un électeur, le comte de Piquod
Ste-Honorine demander des instructions audit comité.
Mais le délégué revint sans réponse, ayant trouvé le comité
surchargé d'affaires pressantes.

Là-dessus, le nouveau commandant s'en fut sur les
tours de la Bastille examiner l'état des lieux, il trouva à
son grand étonnement les canons déchargés, quarante livres
de poudre à peine dans le fort. Pris de défiance, il fit alors
placer des sentinelles à tous les postes et redescendit.
Quelle ne fut pas sa stupéfaction de rencontrer, sortant
d'un des souterrains, Beaumarchais en compagnie de de
Laizert. Comme il avait ordonné de ne laisser entrer personne jusqu'à ce que la situation fut tout à fait réglée, il
questionna l'écrivain sur le motif de sa présence. Celui-ci,
apprenant de son interlocuteur qu'il parlait au nouveau
commandant, lui répondit avec forces excuses. Protesta-
tions de de Laizert qui revendique à nouveau cette qualité,

puis saute sur le drapeau des gardes, disant qu'il voulait l'emporter, et obtient de Soulès de se faire accompagner jusqu'à son domicile par un détachement.

Beaumarchais questionné de nouveau par Soulès lui dit que sachant la prochaine démolition du fort il était venu retirer, pour les soustraire au pillage, les effets de Mme de Launay, mais le commandant réclamant un ordre du comité permanent, l'auteur du *Mariage de Figaro*, se retira.

Au moment où le calme allait se rétablir, survint sur les deux heures de l'après midi, un soi-disant aide de camp du marquis de la Salle, nommé de Bottetidou, suppléant de Bretagne à l'Assemblée nationale, accompagné de deux cents hommes de la Bazoche, lequel demanda à parler au commandant, et lui présenta une commission l'autorisant à prendre possession de la Bastille, commission signée également de M. de la Salle. En présence d'une telle contradiction dans les ordres donnés, tous deux s'étaient transportés à l'Hôtel de Ville, où le marquis, après avoir fait des excuses à Soulès sur cette méprise due à une simple confusion, l'avait confirmé dans son commandement.

Mais pendant sa courte absence, le flot populaire s'étant porté vers la Bastille, plus de dix mille personnes en avaient franchi les barrières, saccageant tout ce qui se trouvait à leur portée. Le commandant, à son retour, pensa remédier au désordre en faisant fermer la première barrière et lever le pont. Mais devant une telle multitude, il lui parut plus prudent de l'abaisser à nouveau, et de faire tant bien que mal évacuer la place.

Le lendemain, 16 juillet, nouveaux incidents. Etant sorti vers trois heures du matin hors du fort sur le premier pont, pour examiner l'extérieur, il se vit accosté par des hommes à fusils, dont le chef, appartenant au distric des Cordeliers, prétendit s'introduire dans la Bastille. Ce détachement paraissant plus nombreux que la garnison elle-même, Soulès s'y refusa, déclarant que seul le gouverneur d'un fort avait qualité pour en ordonner les patrouilles. Mais sur le vu de la commission, qui ne devait plus sans doute quitter ses poches, l'envoyé des Cordeliers traita de «chiffon» ladite commission et, se saisissant du commandant, le conduisit de force au district.

Là, on sonna le tocsin, puis le district assemblé, on dressa procès-verbal des événements. Certains électeurs voulant voir en Soulès un coupable, on le conduisit dans un fiacre, sous la garde de trois fusiliers, comme un criminel de lèse-nation, jusqu'à l'Hôtel de Ville. Durant le parcours, il entendit de temps à autre crier autour de lui qu'il était le «second gouverneur de la Bastille», qu'il fallait le pendre ou lui couper la tête ; les pointes de deux ou trois épées même, sur la place de l'Hôtel-de-Ville, effleurèrent sa poitrine.

Heureusement, apprenant sa situation La Fayette et de la Salle vinrent à son secours. La Fayette le prit par la main, et dit au peuple assemblé qu'il faisait de sa délivrance une question personnelle.

Relâché aussitôt, et son épée lui ayant été rendue au bas de l'Hôtel du Ville, Soulès prit le parti le plus sage. Cette fois, de sa propre volonté, il remit son commandement et rendit sa commission, déclarant qu'il n'en voulait plus, puisqu'il suffisait, pour en paralyser les effets, qu'une patrouille de district pût enlever à son poste un commandant muni d'ordres authentiques de la Commune.

Comme Soulès demandait justice de l'insulte qui lui avait été faite, on délibéra le dimanche 19 juillet, en séance du soir, de lui rendre témoignage de sa conduite. L'Assemblée le reconnaissait pour un citoyen aussi zélé qu'ami de la liberté, et improuvait hautement la conduite tenue à son égard par celui dont il avait voulu, par délicatesse, ne pas indiquer publiquement le nom, (il s'agissait du chef de la patrouille des Cordeliers). Expédition du procès-verbal fut transmise à l'intéressé qui, depuis rentré dans l'ombre, jugea sans doute prudent de n'en plus sortir.

Comme on le voit, son mandat de gouverneur, ou plutôt de commandant de la Bastille, n'avait duré que deux jours. Mais ce court laps de temps, plus fertile en incidents que la carrière tout entière de plus d'un gouverneur de l'ancien régime, méritait bien une petite place dans les annales de l'histoire anecdotique de la Révolution et de la séculaire Bastille.

UN POÈTE A LA TOUR DU TEMPLE

(J.-A. BERTHELEMY)

Comment le 13 août 1792, Louis XVI et sa famille sont gîtés dans les Archives du Temple. — Un garde d'archives austères plutôt gai.— Fleurettes et gaillardises là où devaient se former tant d'angoisses. — L'archiviste dépouillé par les circonstances doit s'estimer content de peu.

Ce soir-là, qui était celui du 13 août 1792, deux carrosses pénétrèrent escortés d'une foule compacte et houleuse dans la cour d'honneur du grand prieuré du Temple, illuminée comme pour un soir de fête.

Ce n'était pourtant plus le prince de Condé qui, au mépris des ordres de la Cour offrait un spectacle libertin à ses amis, au premier étage de la petite tour où il avait fait établir son théâtre, et aidé Lekain à se produire pour ses débuts dramatiques. C'était Louis XVI accompagné de sa famille ; c'était la Majesté déchue de la veille, et qui, après trois journées d'angoisse passées dans la loge du logotachygraphe de l'Assemblée, venait, chassée des Tuileries par cette même populace qui le 5 octobre 1789 l'y avait menée de force, occuper, par ordre de la Commune, un logis en apparence digne d'elle, mais en réalité propre à lui servir de geôle jusqu'à l'issue du procès de la royauté.

Louis XVI était accompagné de la Reine, du Dauphin, de Madame Royale sa fille, de Madame Elisabeth, sa sœur, Mmes de Lamballe, de Tourzel et quelques autres courtisans ou serviteurs qui, peu de jours après, durent céder la place au seul Cléry, ainsi qu'au ménage Tison, installé à dessein dans le but de surveiller non seulement les prisonniers, mais aussi leurs gardiens. Petion, Manuel et plusieurs municipaux servaient de guide à ce cortège.

Dès son arrivée, le roi parcourut les appartements du prieuré, les distribuant à chacun de ses compagnons selon leurs préférences et leurs commodités. Mais à peine le Dauphin eut-il été conduit dans sa chambre — il était environ onze heures du soir — qu'on vint chercher Louis XVI afin de le mener dans le bâtiment de la petite Tour, qui comportait trois étages, assez correctement meublés, dont il devrait se contenter pour lui et les siens.

Très vite s'en allait l'espoir un instant caressé de séjourner dans le palais des Grands Prieurs, où, durant quelques instants, le roi avait eu loisir d'examiner la somptuosité architecturale de Mansart, chargé vers 1660 par M. de Souvré de la reconstruction de ce bâtiment.

Le modeste appartement qu'on assignait à la famille royale avait été aménagé depuis une dizaine d'années environ, à l'usage du garde des Archives de l'Ordre de Malte. Cet ordre succédait, comme on sait, aux Hospitaliers de Saint-Jean de Jérusalem auxquels avaient été dévolus, par bulle apostolique, les biens des Templiers au lendemain de la suppression de l'Ordre de ces derniers, en 1312.

Les archives du Temple et de Malte étaient en effet déposées dans la tour du Donjon, et conservées par un secrétaire qni recevait à cet effet une pension de trois cents livres.

En 1774, ce fonctionnaire, qui avait nom Poirier, fut remplacé par Jean-Albert Berthélemy, (1) licencié en droit,

---

(1) G. Lenôtre a inséré une intéressante étude de J. A. Berthélemy dans la IVe série de ses *Vieilles maisons et vieux papiers* (Perrin, édit. 1910) ; il nous a semblé intéressant, néanmoins, de relever d'autres curieux aspects du personnage et d'insister à propos de son œuvre de poète libertin conçue dans un logis voué à l'abri de tragiques destins.

inscrit au barreau des avocats de Paris depuis 1770, après
avoir prêté serment selon l'usage au Palais, à sept heures
et demie du matin, en noir, et payé les droits habituels
à la femme Durand qui louait les robes aux récipiendai-
res, près la Porte du Parquet de MM. les gens du roi,
(droits de chapelle et de bibliothèque, vingt-cinq livres ;
droits pour l'hôpital général, dix livres ; droits de greffe,
huit livres dix sols.)

Berthelemy, qui habitait 54, rue de Bretagne, s'inté-
ressait au classement des archives dont il déplorait le
manque de garde et de surveillance. Aussi obtint-il, huit
ans après son entrée en fonctions, du grand bailli de
Crussol, sur délibération du grand conseil du Temple,
l'autorisation de s'établir un logement à vie dans la petite
tour, à charge toutefois par lui, de l'aménager, et de laisser après lui sa demeure à ses successeurs.

Toutefois, pour l'aider à réaliser son installation, l'Ordre lui alloua une subvention de six mille livres et de
nombreuses ferrures et boiseries.

Jean-Albert Berthelemy qui était né le 6 janvier 1745,
à Saint-Maurice, diocèse d'Angers, n'avait donc que trente
sept ans, lorsqu'il prit possession de ce nouveau et confortable logis. Estimant sans doute qu'il serait appelé à y
faire un assez long séjour, il apporta de notables changements à la disposition antérieure de la petite tour. Au rez-
de-chaussée, presque au sous-sol, était le bureau de ses
commis, auquel attenait une cuisine ; au premier
étage, antichambre, salle à manger et cabinet, avec
bibliothèque dans la tourelle ; au deuxième, antichambre, salon et chambre à coucher, avec cabinet dans la
tourelle ; au troisième, diverses chambres, enfin le bel-
védère.

Il consacra, si l'on en juge d'après les mémoires des
fournisseurs et les pétitions diverses qu'il adressa par la

suite au gouvernement, plus de seize mille livres à ces modifications. Il avait, à la vérité, doté les diverses pièces d'un mobilier d'apparence luxueuse, tapissant son cabinet de tentures de soie jaune avec application de bordures cramoisies, le salon en taffetas bleu broché, avec fauteuils de tapisserie, fauteuil à la reine, en lampas bleu et blanc ; dans la chambre du second trônait un lit d'étoffe brochée, fond blanc à fleurs ; on y voyait cabriolets et chaises de même étoffe, d'autres tapissées de velours d'Utrecht bleu et blanc, un bureau de Boulle, un secrétaire de bois de rose et, aux murs, diverses gravures encadrées, notamment *la Chaste Suzanne*, *le Bain de Diane* et *le Coucher*, dont l'allure devait effaroucher la pudeur de Louis XVI, quand il pénétra dans cette demeure où la présence des enfants de France n'avait pas été prévue.

Cet intérieur coquet avait été pourtant disposé de telle sorte, que son locataire n'eût rien à y changer, ou presque, pour le cas où il viendrait à rompre le célibat. Il s'annonçait propice à l'inspiration des Muses, attirées de préférence, en ce temps-là, vers les élégantes solitudes.

Volontiers, en effet, M. Berthelemy se reposait avec elles de la monotonie laborieuse de ses classements d'archives. C'est ainsi que pour exprimer sa reconnaissance au chevalier de Crussol auquel il devait ce charmant logis, il lui dédia une fable allégorique : *La Souris et le Castor*, où

> Certaine petite souris
> Je dit petite, mais dodue,
> Pour son bien assez entendue,
> Un jour recueillant ses esprits,
>
> De l'intérêt en parcourant le code,
> Trouva qu'un logement commode,
> Surtout quand il ne coûte rien,
> Valait au moins un trou qu'on payait bien.

Ce n'était pas aussi ingénu qu'une fable de Florian, mais cet amateurisme sans prétention payait aimablement le don du trou de souris dont le poète s'estimait si heureux. D'autres fois, il cultivait le genre leste, avec esprit et délicatesse, comme dans cette chanson de *La Petite Affaire* qui semble préluder aux plus aimables gaudrioles de Béranger et du Caveau.

Nous citerons volontiers *in extenso* cette pièce, entre autres poésies fugitives composant les œuvres de Berthelemy, restées entièrement inédites, et qu'il se contenta durant ses loisirs, de recopier, ou de faire transcrire par un de ses scribes calligraphes, de la plus belle écriture, sur des manuscrits élégants, qu'il fit relier en veau plein, avec petits fers spéciaux, raretés de l'époque et qui seraient fort appréciées des amateurs.

LA PETITE AFFAIRE

Un procès est chose amère
Mais sans craindre le combat
Babet chez son avocat
S'en va lui dire en colère :
— A quoi songez-vous donc ?
— Je songeais à votre affaire
— Bon Dieu, que vous êtes long !

— Sans vous que pouvais-je faire,
Lui dit-il, jeune Babet ?
Car je veux me mettre au fait.
Découvrez-moi ce mystère.
— Mais que voulez-vous donc ?
— Examiner votre affaire.

Alors devant la bergère,
Damon se met à chercher.
Babet voudrait se fâcher,

Mais on ne l'écoute guère.
— Mais que cherchez-vous donc ?
—Taisez-vous, c'est mon affaire.

Comme elle se désespère
Et croit son dossier perdu,
Il lui met la main dessus;
Babet qui le considère :
— Mais dépêchez-vous donc ?
— Taisez-vous, c'est mon affaire.

Pour apaiser sa colère,
D'abord il traite le droit.
Damon n'est pas maladroit,
Babet peut le laisser faire.
— Mais que faites-vous donc ?
—Je me mets à votre affaire.

Pour achever de lui plaire,
Le voilà qui passe au fait,
— Hé ! mais dit-elle en effet,
C'est à moi qu'il fait la guerre.
Mais que faites-vous donc ?
— Je travaille à votre affaire.

Tout gros de la satisfaire,
Damon veut aller au fond.
Qui n'aurait changé de ton ?
Babet devient moins sévère :
— Mais modérez-vous donc !

Pour un coup si téméraire,
Mais modérez-vous donc !
On ne peut être assez long.

Certain cotillon, sur l'air : *Tournez-vous toutes*, évoque aisément le « Petit mari, bien gentil, tout petit », qui faisait fureur le siècle passé; et *l'Envoi de Jacques à Jacqueline le jour de sa fête*, n'est pas sans brio.

Ces pièces courtes ne composaient pas l'unique bagage du poëte dont les œuvres manuscrites ne comportent pas moins de six volumes, et qui s'exerçait encore avec succès dans le vaudeville et le divertissement allégorique.

Dans ce dernier genre, *les Vendanges*, qui datent de 1783 et durent servir de hors-d'œuvre à quelque soirée d'amateurs, associent non sans charme les allures du symbole aux personnages réels. C'est de la bergerie, aux atours mythologiques, teintée d'un avant-goût de réalisme. On ne nous saura pas mauvais gré d'en rappeler le sujet, décrit par l'auteur, au début de sa pièce : Bacchus arrive pour célébrer la fête des vendanges ; il apprend que les Plaisirs sont malades, et fait part du chagrin qu'il éprouve de ce contre-temps. — La Folie venant pour le même sujet, fait son possible afin d'égayer le dieu du vin. Il lui dit le motif de son affliction ; elle le plaisante. Il se courrouce contre elle et lui déclare qu'il va s'en retourner aux cieux. — La Folie, de son côté, dit qu'elle laisse le champ libre à la Raison, qu'elle va aussi partir. — Arrivée des Plaisirs avec la Santé. — Bacchus et Folie changent de résolution, marquent leur joie, et se disposent à célébrer la fête, sujet de leur voyage.

Le Sentiment, époux de la Santé, vient ensuite, prendre part à l'allégresse commune. — Bacchus et la Folie sortent pour aller ranimer les espérances des buveurs et des danseurs, qu'ils se proposent de ramener avec eux pour rendre la joie plus complète. Pendant ce temps le Sentiment et la Santé dansent un menuet, chacun guidé par un Plaisir.

Bacchus revient avec une troupe de buveurs, la Folie avec une troupe de danseurs. Ronde, pendant laquelle Jean Baudoin, un des buveurs, tombe d'ivresse. — La Folie éclate de rire et lui conseille de boire pour mieux se soutenir. Le Sentiment va voir s'il ne s'est pas fait mal, et la Santé le caresse pour le faire relever. — Les Plaisirs, pendant ce temps, vire-voltent autour de lui. — Bacchus impose silence aux buveurs qui bavardent, et ordonne qu'on danse un cotillon, chanté par le Baudoin un peu dégrisé. Puis, Bacchus donne le ton aux acteurs qui disent chacun leurs couplets.

Ce Jean Baudoin, dit l'auteur, n'est pas tout à fait un personnage emprunté ; il existe, au hameau de la Barre, un ivrogne de ce nom, qui, dimanches et fêtes, fait mille extravagances dans le pays.

Parfois, des couplets égrillards émaillent ce lyrisme de boston.

Ainsi, notamment, les Plaisirs chantent un menuet en reprise des violons, sur l'air : *Au dortoir, sur le soir*, et dont s'accommoderaient volontiers nos amateurs de café-concert :

> Pas à pas,
> Près d'Hylas,
> Marchait Lise.
> Du plaisir de vendanger
> Sans courir de danger,
> Son âme était éprise
>
> Son amant,
> Par moment,
> Lui découvre
> Une grappe qu'à ses yeux
> Un feuillage ennuyeux
> Recouvre,
> La vigne lui semble belle :
> Le raisin est gros, dit-elle
>
> N'en va pas
> Perdre, Hylas,

> Pourrais-tu trouver liqueur
> Qui flattât plus mon cœur ?
> J'en doute.
>
> Mon panier
> Tout entier
> Je te prête ;
> Mets-y tout car tout est bon
> Le moindre grapillon
> Me fête.

Tel pot-pourri qui complète un des volumes manuscrits que nous avons eu l'occasion de parcourir, *la Folle journée de Busagnis*, s'accommode d'un couplet terminus sur l'air du « Bonsoir », digne de nos fins de revues :

Les figurants éternuent, et chantent ensuite :

ATCHIT

> Que le plaisir vous assiste
> De la table jusqu'au lit,
> Et sans être moliniste,
> Employez bien votre..... atchit,
> Employez bien votre nuit.

Berthelemy avait pour commensal un commandeur de Chevru, dépendance de l'Ordre de Malte, située à treize kilomètres de Coulommiers dans la Brie, le chevalier de Godeheu, qui rivalisait parfois avec lui dans ce genre badin.

Bibliophile avéré, l'archiviste de Malte s'était composé une bibliothèque personnelle importante pour son époque, puisqu'elle se montait à près de quinze cents volumes, la plupart d'hstoire, de philosophie et de morale. On y trouvait notamment l'*Histoire Universelle*, par une Société de Gens de Lettres, l'*Histoire ancienne*, l'*Histoire Romaine* et l'*Histoire Moderne* de Rollin, les *Vies des Hommes Illustres* de Dauvigny, que Louis XVI, durant sa captivité, aimait à parcourir, ainsi que les *Spectacles de la Nature* ; les œuvres de Montesquieu, Rousseau, Montaigne, La Rochefoucauld, Rabelais, nombre d'œuvres poétiques et dramatiques des auteurs les plus appréciés de l'époque, Molière, Quinault, Marivaux, La Chaussée, Diderot, Crébillon, Destouches, Panard, Collé, Saint-Lambert, Colardeau et jusqu'au *Mariage de Figaro* de Beaumarchais. Voltaire, chose curieuse, n'était représenté que par son *Histoire générale* et *la Pucelle*.

Après dix ans de cette existence enviée des poètes et des philosophes, pourquoi fallut-il qu'une bizarre, inexplicable décision de la Commune de Paris, s'arrogeant le droit de fixer le sort de la famille royale, en attendant sa mise en jugement, lui assignât précisément pour logis cet appartement ? Evidemment parce que de tous ceux de l'ancien prieuré, c'était le mieux approprié à l'isolement et à la surveillance constante qu'on voulait imposer aux augustes prisonniers.

Certes, au lendemain des événements du 10 août, le secrétaire de la Commanderie dut se demander si, en présence du refus opposé au transfèrement du roi au Luxembourg, il n'allait pas avoir pour voisin, dans le Palais du grand Prieur, le représentant de la monarchie déchue. Mais son étonnement dut être sans mesure, lorsque dans la soirée, il reçut l'ordre soudain d'évacuer son logement sans en rien distraire, mais sous promesse d'indemnité.

Ainsi donc, loin de procéder en toute hâte à quelque aménagement de bric et de broc, ainsi que l'ont supposé divers historiographes de ces fameuses journées, on allait utiliser un mobilier, suffisant, au regard de la municipalité, pour le ci-devant monarque et sa famille.

On dut, il est vrai, regarnir quelques pièces dont Berthelemy avait déjà transporté le mobilier, entre le 10 et 13 août, dans le palais du prieuré ou dans le donjon. On dut aussi installer quelques lits et meubles de toilette empruntés à d'autres dépendances.

Mais l'archiviste n'en était pas moins frustré de son logis. Aussi entreprit-il de rentrer en possession de son mobilier, ou d'en être indemnisé. Ses nombreux mémoires rédigés dans cette intention, ne furent pas, à la vérité, jetés impitoyablement au panier, mais le résultat de leur examen et de leur discussion par la Commune fut à peu près équivalent.

Cet homme essentiellement méthodique, qui apportait le même soin au classement de ses propres archives qu'à celles dont il avait la garde, justifia par les factures et les règlements de tous ses fournisseurs du montant total des dépenses qu'il souhaitait voir remboursées : dépenses d'aménagement de son logis, quittances d'abonnements aux journaux du temps, notamment le *Point du Jour*, et la *Feuille Villageoise*, notes acquittées de nombreux ouvrages, et l'état détaillé de tous ceux qui composaient sa bibliothèque lorsqu'il dut en abandonner la jouissance.

Mais il comptait sans les ruses machiavéliques d'un gouvernement plus riche de promesses que de numéraire. Après plus de quatre-vingts démarches et pétitions au cours desquelles il risqua d'être inscrit au nombre des suspects, parce qu'ayant reçu, en 1787, la demi croix de Malte, il avait été un instant inquiété en raison de la loi du 27 germinal sur la noblesse — il ne parvint guère que vers le début de l'an IV à recouvrer ce qui restait de ses meubles, et qu'il put ajouter au petit nombre de ceux que, dans la journée du 13 août, il eut le temps d'emporter, malgré les prescriptions municipales, dans son nouveau logement de la rue des Prêtres Saint-Paul, aujourd'hui rue Charlemagne.

Ce fut d'ailleurs grâce à l'empressement d'un de ses amis le citoyen Lofficiat, en relations avec Couthon et Barère, qu'il obtint de ces derniers, le 26 floréal an II, un sauf-conduit signé d'eux au pied d'un duplicata de la pétition par lui adressée au Comité de Salut Public. Il était ainsi libellé :

Là croix que le pétitionnaire a portée, ne donnant pas même la noblesse personnelle, et le pétitionnaire n'ayant pas pris d'ailleurs le titre de noble, d'écuyer ou autre, caractérisant la noblesse, n'est pas compris dans la loi du 27 germinal sur la police générale.

Signé : COUTHON, BARÈRE.

Une note des *Annales républicaines*, du 14 juin 1793, confirmée d'ailleurs par un autre journal comtemporain, le *Thermomètre*, se réfère d'autre part à la suite donnée à la demande d'indemnité de M. Berthelemy. En voici le texte :

Commune de Paris. — Un membre de la commission du Temple présente le tableau des dépenses faites par les prisonniers. Il communique ensuite les réclamations du citoyen Berthelemy, ancien archiviste et bibliothécaire de l'Ordre de Malte, qui avait son logement dans la Tour du Temple, et qu'il a été obligé de céder aux détenus. L'indemnité qu'il demande est de vingt-quatre mille francs. Le conseil prononce l'ajournement sur la réclamation du citoyen Berthelemy.

Un mémoire par lui présenté, en date du 30 frimaire an II, donne, à la fois, d'intéressants détails sur les modifica-tions qu'il avait apportées dans l'intérieur de la petite Tour, et sur les mille prétextes et subterfuges contradictoires allégués par la Commune pour éviter de donner une suite favorable à ses demandes.

Comme Berthelemy s'était montré disposé à accepter a restitution en nature de ses livres, il fut à peu près satis-

fait de ce côté, sauf à faire son deuil des volumes qui'
ayant dû occuper les loisirs des municipaux de garde,
étaient sortis du Temple pour n'y plus jamais revenir.

Quant aux meubles, beaucoup avaient été détériorés,
d'aucuns étaient passés avec le roi dans le donjon du
Temple où il avait été transféré à partir du 29 septembre
et, d'ailleurs, jamais la moindre indemnité ne compensa
ce véritable abus de la propriété privée.

Avec ce qui restait, Berthelemy se constitua un petit
musée, précieux pour lui, dans un domaine qui formait le
siège de la Commanderie de Chevru, où jadis avait résidé
son ami le chevalier Godeheu, et qu'il avait lui-même admi-
nistré. Il s'y était installé définitivement avec sa pupille,
Mlle Valder de Manneville, qu'il avait épousée en l'an IV
et dont il eut une fille qui devint Mme Blavot ; la commanderie de Chevru demeura dans la suite, par voie
successorale, la propriété de la famille Blavot.

Ce n'est que le 25 août 1907, que la veuve du docteur
Blavot, petit-fils du poète archiviste de Malte, fit mettre en
adjudication les bâtiments et les terres de la Commanderie, et offrit à la Ville de Paris qui les accepta pour
ses collections historiques, ces touchants souvenirs mobi-
liers du Temple, en partie aliénés au cours d'une vente qui
eut lieu en 1882, après la mort de Mme Blavot mère.

Il nous a été donné, dès leur arrivée, de pouvoir examiner en détail ces vestiges qui font à présent l'objet d'une
attrayante reconstitution d'une pièce de la tourelle du
Temple, pendant le séjour de ses illustres hôtes.

Le lit de Mme Elisabeth, avec son sommier, ses bou-
lons et plaques de rechange, deux chaises paillées à la
lyre, une table de toilette avec des flacons d'époque, la
bibliothèque, les collections de journaux, de documents
et les cartes géographiques à l'étude desquelles Louis XVI
aimait tant initier son jeune fils, précocement doué pour

cette science, les instruments de physique et de dessin favoris du monarque, sextant, boussole, rapporteur, niveau d'eau, et jusqu'à son porte-fusain, des pinces de cheminée, un fragment du couvre-lit de la reine, des glands provenant de différentes pièces, la boîte de Loto-Dauphin, avec ses tableaux garnis de leurs fichets et jetons, le sac de numéros qu'on tirait à l'aveuglette, et jusques au cadre d'une gravure de Van Loo que la modestie royale avait retournée contre la muraille, s'offrent à la curiosité des amateurs de pieux souvenirs historiques, dans le musée révolutionnaire qui est, comme on sait, l'un des sujets d'orgueil les mieux qualifiés de notre grande cité parisienne.

Et c'est aussi, pour les poètes, un non moindre sujet d'intérêt, qu'un des leurs, parmi les plus ignorés, ait eu le mérite de préserver d'une destruction complète des objets que le culte du passé rend doublement précieux. Du moins, à défaut de l'indemnité qu'il sollicitait, y aura-t-il gagné d'être, à son tour, sauvé de l'oubli posthume auquel selon toute vraisemblance, il eût été voué, sans cette heureuse coïncidence qu'il nous a été agréable de signaler à l'attention publique.

LETTRES INÉDITES D'UN TÉMOIN
DES GRANDES JOURNÉES DE 1793

Le jugement de Louis XVI ; effet qu'il produit à la Convention et dans Paris. — Prédictions, dans l'ordre politique, du délégué périgourdin ; ses opinions sur les partis adverses. — Récit du meurtre de Le Peletier et de la décapitation du roi. — Portrait de Danton. — Singulier projet de monument anti-tyrannique soumis aux Jacobins. — Funérailles pittoresques de Le Peletier.

Les documents que nous soumettons ici à l'attention du lecteur évoquent une page tragique de notre histoire : les derniers débats du procès de Louis XVI, la mort de Le Peletier de Saint Fargeau, l'exécution du Roi, la chute de Roland, le triomphe de la Montagne et l'état d'esprit d'un citoyen raisonnable en présence de ces multiples événements. Ils n'apportent pas de faits nouveaux, mais simples récits épistolaires narrés avec une évidente sincérité par un témoin qui semble avoir été clairvoyant, ils confirment en quelque sorte, sur plus d'un point, la lucidité de vision et de jugement d'historiens dignes de foi, bien que divergents quant aux opinions. Ceux-ci, pour se guider dans leur tâche, ne disposaient, à vrai dire, que de pièces d'archives difficilement accessibles, d'ouvrages et d'écrits plus au moins contradictoires, publiés pendant la première moitié du dix-neuvième siècle sur ce vaste sujet. Ils se sont orientés entre ces éléments et la tradition épisodique léguée par nos pères et dénaturée sous l'influence des passions populaires ou du parti pris officiel selon le régime imposé au pays.

Le mérite des Michelet et des Louis Blanc réside peut-être autant dans l'acuité des visions qu'ils ont eues de cette grande époque, de ses cataclysmes et de ses héros, que dans l'attrait de leurs ouvrages. Et c'est pour nous une véritable joie de constater parfois, preuves en mains, la concordance de leur présentation des idées ou des faits avec les impressions de tels modestes et obscurs contemporains de bon sens, dont le hasard a, par bonheur, prolongé jusqu'à nous la pensée. Cette pensée, ils l'ont exprimée sur quelques feuillets demeurés manuscrits, enfouis dans un vieux meuble de famille ouvert fortuitement un siècle plus tard.

Les papiers que voici, reliques d'une correspondance personnelle, désormais abrités sous la sauvegarde d'une collection publique, (¹) émanent d'un excellent citoyen, nommé Jean-Baptiste Sirey, natif du Périgord, sur lequel la célébrité n'a pas rayonné, mais qui avait dû, à tout le moins, justifier la confiance de ses concitoyens membres de la *Société des Amis de l'Egalité et de la République*, siégeant à Périgueux, puisqu'ils le déléguèrent à Paris dans l'instant où l'agitation des esprits, causée par le procès du roi, imposait aux départements français le devoir de s'éclairer sur les débats de l'Assemblée.

Or, ce Jean-Baptiste Sirey s'acquitta de sa mission avec une scrupuleuse ponctualité par des lettres substantielles, écrites avec simplicité, mais pleines de bon sens et d'observations curieuses qu'on ne découvre point ordinairement dans les livres d'histoire.

Les cinq missives qu'il nous a été donné de recueillir sont toutes datées de l'Hôtel de Lyon, sis au 14 de la rue

____

(1) Collections historiques de la Ville de Paris, Autog. et Archives. I. G. A. 5002 (1 à 5).

de Grenelle Saint Honoré (rue J. J. Rousseau,) où il résida durant son bref séjour à Paris.

Notre délégué s'acquitta en conscience de sa tâche, et le choix de cette résidence n'est certes pas étranger à son désir de suivre avec assiduité les séances de la Convention. A l'issue de chacune d'elles, il trouvera les minutes nécessaires à résumer les débats, à leur adjoindre la succincte narration des faits du jour, pour la meilleure information de ses mandants.

La première de ces cinq lettres, datée du 17 janvier an II (1793) et dont le début révèle l'existence et l'envoi de missives antérieures, malheureusement absentes, se rapporte à la séance au cours de laquelle les 721 membres présents de l'Assemblée furent appelés à se prononcer, d'abord sur la culpabilité du roi, puis sur l'appel au peuple, enfin sur la peine à fixer.

Ecoutons maintenant le témoin, sinon tout à fait impartial, (car il était trop près des événements qu'il raconte pour les mesurer à leur exacte proportion d'importance politique) du moins sincère en son récit :

Le 17 janvier (1793) an II, R. F.

Frères et amis,

Depuis ma lettre d'avant-hier je n'ai pas bougé de la Convention. La séance a duré trente-six heures : Louis Capet a été déclaré coupable de conspiration presque unanimement ; 346 voix contre 284 ont déclaré que son jugement serait sans appel. Enfin, il a été condamné à mort par une majorité absolue de cinq voix, les votants étant je crois 681 ou 691 (¹). Les défenseurs de Louis ont présenté

---

(1) Les chiffres sont erronés et démontrent que le narrateur s'était évidemment contenté des renseignements verbaux qu'il avait pu recueillir à l'issue de la mémorable séance. Il y avait ce jour-là, sur

de lui un appel au peuple, conçu en ces termes : *il impor-te à mon honneur et à ma famille que je ne souscrive point au jugement de la Convention, et que j'en appelle au Peuple français. En conséquence, je charge MM. Malesherbes Tronchet et de Sèze de poursuivre cet appel et m'en repose sur leur fidélité.* Ils ont fondé cet appel : 1° sur la faiblesse de la majorité ; 2° sur l'importance de donner à l'accusé tous les moyens de salut compatible avec la justice, 3° sur ce que le jugement de la Convention, le recueillement des voix n'ont pas été faits selon la forme de la procédure cri-minelle. Robespierre s'est opposé à l'appel et la Conven-tion a passé à l'ordre du jour. Personne n'a proposé d'a-journer cette grosse question : l'intérèt national exige-t-il de commencer ou de retarder la peine qu'a mérité Capet ? (¹) Sur la motion de Robespierre, la Convention a passé à l'ordre du jour. De sorte qu'aujourd'hui on va déterminer le jour où sera mis à mort Louis et il paraît que ce sera incessamment, peut-être dans les vingt-quatre heures.

Le ministre des affaires étrangères (²) présente un

---

les 749 membres de l'Assemblée, 721 présents et 28 absents dont 8 par maladie et 20 par commission. Sur la culpabilité de Louis, 689 se prononcèrent pour l'affirmative, 33 formulèrent des réserves et 5 se récusèrent. Sur l'appel au peuple il y eut 423 non et 281 oui, plus 17 ab-tentions ; enfin, sur la peine à prononcer, 387 députés votèrent pour la mort sans condition, et 334, pour la détention ou la mort condition-nelle, soit une majorité absolue de 26 voix, au regard du nombre des votants, et de 12 voix, au regard de l'Assemblée tout entière. (cfté Bulletins de la Convention, séances des 17 et 19 janvier 1793.

(1) Nous avons tenu à respecter intégralement l'orthographe de l'époque et même les fautes grammaticales de J. B. Sirey lesquelles offrent, sur divers points, des rapports avec les tolérances officiellement consacrées depuis 1902.

(2) Pache, fils du suisse de l'hôtel de Castries. Destitué de son poste ministériel le 2 février 1793, devient bientôt maire de Paris. Traduit devant le tribunal révolutionnaire d'Eure-et-Loir après le 9 thermidor, fut acquitté. Il mourut obscurément à Charleville, en 1823.

paquet de la cour d'Espagne pour la Convention. Sur la motion de Danton et de Guadet, la Convention en ajourne la lecture jusqu'après tout jugement sur Capet, et la Convention entière parut s'offenser qu'une cour étrangère parût vouloir influencer les représentants de la nation française. Quelcun m'a dit avoir lu chez le ministre un paquet semblable à celui de la Convention. L'Espagne propose la paix à la République, pour elle et toutes les cours de l'Europe, pourvu que Louis ne fût pas mis à mort. Deux parties dans l'Assemblée s'accusent à l'occasion de ce décret. D'une part la Montagne accuse Gensonné, Vergniaux, *(sic)*, Brissot, Guadet, Buzot, d'avoir été vendus aux Cours étrangères, d'avoir voulu sauver le roi : ceux-ci accusent Robespierre et la Montagne d'avoir précipité la mort de Louis pour élever d'Orléans sur les débris du trône et d'avoir violenté les opinions. Je serais bien téméraire de prononcer au fonds contre ces Messieurs. Ce que je sais c'est que les premiers ont d'abord voté pour l'appel au peuple, puis pour la mort exécutable après l'acceptation de la Constitution par le peuple, ou après l'expulsion de Dorléans, ou même pour la Commutation de la peine. — Quelcun qui n'aime ni les Brissotins ni les Robespieristes, m'a dit ; « Tu ne crois point que ce parti ait voulu sauver le roi. Je crois qu'il a peur des suites de sa mort, et que comme Pilate, ils vouloient s'en laver les mains, s'en décharger sur le peuple ». Barbaroux et tous les Marseillais ont été plus rondement. Après avoir voté pour l'appel au peuple, ils ont voté simplement *la mort du tyran*, et Barbaroux a ajouté « mais également ennemi de tous les tyrans, je voterai bientôt l'expulsion de Dorléans. »

Robespierre et la Montagne ont tous voté contre l'appel au peuple et pour la mort sans restriction. Dorléans a déclaré *Louis* coupable ; rappelé par Manuel à la décence, au cri du sang, il a dit : *Rien ne peut m'empêcher de faire mon devoir ; je vote contre l'appel au peuple.* Enfin sur la 3me question il a dit : *Persuadé que tout homme qui a conspiré ou qui conspirerait à l'avenir contre la souveraineté du peuple mérite la mort, je vote la mort.*

J'ai observé que Sillery, le bon ami de Dorléans, a voté pour *l'appel* et pour la *détention.* Etoit-ce conviction ? Étoit-ce désir de prouver qu'entre Dorléans et lui il n'y avoit point d'accord, de collusion, qu'il n'y avoit aucun complot formé par eux ? Je n'en sais rien. Mais ce que je sais c'est que les tribunes ont été dans le plus grand calme à une petite scène près, qui ne signifie rien. Les votants ont joui de la plus grande liberté dans la tribune. Plusieurs ont parlé de poignards et d'assasins. Mais vraiment ils n'ont persuadé guère personne, et ils ont été soupçonnés de vouloir se donner un air de courage et voilà tout. Pendant ce jugement, la Convention était gardée simultanément par les Parisiens et les fédérés des départements, car ils y ont été admis sans difficulté. Que signifient donc toutes ces accusations ? Il n'est pas aisé de le voir. De loin, on nous trompe, de près, on ne peut pas voir. Je ressemble ici à un homme qui, pour lire, met son livre tantôt trop loin tantôt trop près des yeux. En province je ne voyais rien, ici, les objets ne se classent pas aisément, ils sont difficiles à distinguer.

Voici cependant des faits ; avant hier on a crié dans la Convention que les barrières étoient fermées, qu'on vouloit égorger tous ceux qui ne voteroient pas la mort. Marat a dit que les députés qui vouloient tous les barrières ouvertes étoient peut-être complices de Louis. Il a demandé que tout député arrêté hors des barrières fut de bonne prise. Le Conseil exécutif, consulté sur l'état de Paris, Garat a dit que tout étoit tranquille : le maire a dit qu'en effet, beaucoup de citoyens quittant Paris, dans

quelques sections on « avoient » proposé de fermer les
barrières, qu'il avait même été question de se tranporter
aux prisons, comme au 2 septembre ; mais que Santerre
y avoit mis ordre ; que cependant, il existoit beaucoup
de fermentation dans Paris, qui s'appaiseroit à ce qu'il
espéroit. De tout cela, il n'en résulte clairement que ceci :
il y a du ferment dans Paris. Et beaucoup de citoyens qui
ont peur s'enfuyent. Pour mon compte, j'ai vu les spectacles déserts en comparaison d'autrefois ; j'ai vu les grou-
pes du Palais-Royal, nombreux, mais muets sur les affaires du jour ; on chuchotoit, et j'en ai conclu que les
Parisiens s'en vont, qu'ils ne sont pas contents, qu'ils
ont peur ainsi que beaucoup d'étrangers.

Le départ de ceux-ci s'est compensé par l'arrivée de
beaucoup de fédérés ; on ne voit qu'eux au Palais-Royal.
Ils sont bien reçus des Parisiens qui espèrent être déli-
vrés par là des Marat et de tous les auteurs du 2 septembre. Les Jacobins les voient sans peine, disent-ils,
parce qu'ils sont sûrs que de nos patriotes se rangeront
avec eux. La Convention, par trois décrets, a résolu : 1°
qu'on s'occuperait d'une force départementale après le
Jugement de Louis. 2° que les fédérés seraient admis à
partager de suite la garde de la Convention avec les Parisiens. 3° elle y a reçu en effet les fédérés pendant le
jugement de Louis ; ils sont donc aussi bien reçus de la
Convention.

Il en résulte, frères et amis, que vous seriez bien reçus
de toute part, ceux d'entre vous qui viendront à Paris.
Mais je ne me repens pas encore, de ne vous avoir pas
annoncés à la Convention. D'abord parce que son escla-
vage ne me paraît pas aussi clair ici qu'en province.
Ensuite, parce qu'arrivant ici contre le vœu de presque
toute notre députation, il en seroit résulté un mauvais
effet, au lieu que appelés par la loi et par vos députés.

appelés pour garde d'honneur de la Convention et point pour vous battre contre les Parisiens, ce départ sera bien plus agréable sous tous les rapports.

J'attends avec impatience une lettre de vous qui m'apprenne votre manière de voir sur ma conduite. Je sens que ce sera une lettre d'approbation. Quoiqu'il en soit, je serai toujours également, et dans les mêmes dispositions.

Votre frère et ami.
J. B. SIREY.

Cette narration en somme assez froide de la mémorable séance, se poursuit le lendemain dans une deuxième lettre où, glissant cette fois sur les faits officiels, Sirey communique à ses amis de la *Société prévoyante de l'Egalité* ses impressions sur l'attitude politique de Robespierre et de Danton, et son opinion sur les projets prêtés à Philippe Egalité :

Le 19 janvier an 2, R. F.
et le 20 au matin.

Aujourd'hui, frères et amis, je ne vous dirai rien de l'Assemblée, de tout ce que devront vous dire les papiers publics ; j'ai bien d'autres choses à vous dire.

Enfin Louis Capet est condamné, sans appel et sans sursis.

Lundi sa tête tombera sous le couteau meurtrier... au Carrousel. (¹)

Hélas ! je le pleurai lorsque j'entendis son arrêt....

---

(1) On sait que l'exécution eut lieu sur la Place de la Révolution (aujourd'hui place de la Concorde)

Ce n'est cependant qu'un homme, ou moins qu'un homme, puisque c'est un tyran.

Point d'appel, peine de mort, point de sursis, voilà trois victoires de la Montagne qui est donc autre chose qu'une faible minorité,

Cette triple victoire ne seront pas les seules (sic). je vous prédis la chute très prochaine de Roland et peut-être de Clavière (1); déjà les Jacobins s'en sont occupés : Robert a prédit que le *peuple chasserait Roland* ; et j'ai entendu Chabot dire : *Amis, quand le temps sera venu de faire mouvoir l'action publique, je vous dirai le mot.*

Déjà le bruit court que Roland a voulu s'évader et quelques sections ont songé à s'y opposer. Mais ce n'est pas tout encore. Les Jacobins disent, et Chabot l'a presque démontré, que les Brissotins et les Girondins sont coupables de machination ; ils espèrent que le roi parlera ; ils assurent par leur conduite dans le jugement de Louis que leurs physionomies annoncent leur embarras, et je m'attends à voir faire le procès à Brissot, Vergniaux, Gensonné, Guadet. etc.. (2) Que Barbaroux ne compte plus sur ses Marseillais, on lui en a enlevé la moitié.

Que Buzot ne parle plus de force départementale, elle est nulle, ou plutôt elle est toute jacobite. Les sections ont pris pour cela des mesures infaillibles. J'en connois tous les détails ; à peine ai-je assez de temps pour en retenir note. Je vous les ferai connaitre dans le temps.

Le 17 du courant, tous les patriotes des sections, toute la force armée, Santerre à la tête, la Commune et le Département se sont réunis au Carrousel avec les Marseillais et les fédérés de tous les départements.

Ils ont juré de venger le sang de leurs frères versé dans

____

(1) Ministre de l'intérieur et de la justice,

(2) Une ligne rayée et qu'un minutieux examen permet de reconstituer: «peut-être même Barbaroux et Buzot.»

ce lieu pour le tyran : ils se sont donnés le baiser frater-
nel et se sont rendus aux Jacobins crier *Vive la sans culo-
terie.*

Ainsi, voilà les Jacobins plus forts que jamais. Les
anciens dominateurs tremblent. Manuel a donné sa démission, Kersaint a annoncé la sienne, Roland, dit-on,
veut s'évader, Manuel prétend que les Girondistes veulent
s'évader aussi. On impute encore à ceux-ci d'avoir donné
de Sèze pour défenseur à Louis, d'être convenu avec lui
qu'il ne les compromettroit pas et qu'eux parleroient pour
le roi : on les accuse surtout de vouloir faire assassiner
le roi, crainte qu'il ne parle et la Commune a dit hier
que le feu avait été mis au Temple, près la chambre de
Louis, et que l'on avait fait éteindre.

Que résultera-t-il, frères et amis, de ce triomphe de
la Montagne, de cette expulsion de Roland et autres ?

Ce sont peut-êtres des intrigants, dignes de leur abais-
sement. Mais ne seront-ils pas remplacés par d'autres
intrigants ? Leurs successeurs avaient certainement
moins de talens, auront-ils plus de vertus ? Feront-ils
mieux observer les lois ? Je tremble que non. Je tremble
que la Patrie ne soit successivement trahie et ruinée
par des scélérats qui mèneront des hommes purs, mais
simples.

Ce que je ne crains pas c'est le règne de Dorléans. S'il
en fesoit semblant, ici mille Brutus l'immoleroient. Je
craindrois davantage la dictature de Robespierre ou de
Danton, sous le nom de ministre de l'intérieur. Mais je
n'oserois pas dire qu'ils y portassent des instructions
perverses.

Frères et amis, laissons intriguer, dominer et anéantir tous les hommes ambitieux ou cupides. Ne nous pas-
sionnons pour aucun, ni contre aucun. Chérissons la li-

bertè. Détestons la tyrannie sous toutes les formes. Ayons des mœurs et respectons les lois : le temps fera justice, nous finirons par être libres et heureux.

J'étois aux jacobins le jour où parvint votre lettre à la Société : vous demandiez le procès verbal de leur Séance ; je leur demandai, de plus. tous les bons écrits du moment qu'ils avaient fait imprimer, et vous recevrez le tout. Vous voulez savoir quel mal ont fait Manuel et Péthion : Mes amis, ce sont des Brissotins, des Rolandistes. Or, dans la Société-mère c'est un peu plus qu'aristocrate, comme chez nos fanatiques, un catholique *intrus* est un peu plus scélérat qu'un prêtre juif.

Pour mon compte, j'avoue avoir vu Manuel parler modération et honorer Roland, d'une manière qui me déplut, à moi qui j'espère, ne suis ni un enragé ni un ennemi de Roland.

Péthion, c'est autre chose ; je l'ai vu parler principes, parler prudence ; il me parut un peu moins roide qu'autrefois.

Mais, lorsqu'il faut édifier la machine sociale, il ne faut peut-être plus parler et agir comme lorsqu'il s'agissait de renverser, et de détruire le colosse de la tyrannie.

Vous voulez savoir s'il vous convient d'être encore affiliés à la société mère : il serait difficile de l'abandonner au moment de son triomphe. Si vous n'étiez pas affiliés, je vous dirais : point d'affiliations, elle sent l'infériorité. Vous êtes affiliés, je pense qu'il faut y rester, parce que cette rupture ne produirait aucun bon effet. Il y a des vérités bien importantes et assez dures à dire aux jacobins, je vous les communiquerai dans le temps.

En voilà assez pour aujourd'hui, frères et amis. Je vous embrasse de tout mon cœur.

J.-B. SIREY.

P. S. Encore un mot : Barbaroux et Buzot voient de tous les yeux de leur animation Dorléans sur un nouveau trône ; ils voudroient le faire chasser, mais cela ne passera pas. Si Dorléans a machiné, que son procès soit fait : c'est dans l'ordre, mais l'ostracisme, mais un acte arbitraire sur un homme qu'on n'accuse pas, voilà qui allarme. Les Parisiens n'y consentiroient jamais, les sans-culottes, parce qu'ils le vénèrent, les artistes et bourgeois, parce qu'ils regrettent la présence des riches.

Cette deuxième lettre témoigne chez son auteur d'une certaine clairvoyance. L'esprit prudent de J. B. Sirey en a voilé les formes, les a nuancées parfois d'un adverbe dubitatif.

Il veut bien s'associer à l'idée nationale et chasser le tyran, mais il est ému devant les votes qui le condamnent et rejettent toute pitié à son égard, en lui refusant le sursis. Ces victoires de la Montagne sont à ses yeux de mauvais augure pour les Girondins, pour Roland, Buzot, Péthion, Vergniaud, et même pour le marseillais Barbaroux. Et en cela il voit juste. Le pays sera la proie des factieux prêts à s'entre-déchirer les uns les autres, Philippe Egalité pourra mesurer la distance qui sépare le Capitole de la Roche Tarpéienne, et après lui Danton et son parti, Robespierre et ses lieutenants. Serait-il donc vrai que les républiques n'aient jamais accumulé que des ruines, selon le mot d'un historien, que les plus nobles élans d'un peuple sincère et confiant dans ses mandataires, ne servent qu'à le perdre au profit des ambitieux ? Si notre épistolier, qui a dû lire Montesquieu, ne se fait plus d'illusion sur la portée des événements dont il est le témoin, il a raison d'être prudent. Peut-être même ne l'est-il pas assez, lorsqu'il donne à ses compatriotes son avis sur leur affiliation au club des Jacobins.

Oublie-il, bien que cependant il ait assisté au scrutin, ainsi qu'il y paraît, que les mandataires de la Dordogne, et parmi eux Pinet aîné, Elie-Lacoste, Roux-Tazillac, ont tous voté la mort du roi, à l'exception de Meynard, auquel la détention provisoire a semblé suffisante ? Et s'il garde encore des illusions sur l'habileté de Péthion le vertueux, que sa participation, mal dissimulée, aux émeutes du 20 juin et du 10 août, (ainsi qu'aux massacres de septembre), désignait à la méfiance des hommes de bien, on aimerait à le voir moins hostile à Roland, moins indulgent à Philippe-Egalité, puisqu'il convient de l'utilité qu'il y aurait à dire leur fait aux Jacobins. La lettre qui suit va nous éclairer sur les intentions des chefs de la Montagne, après un bref aperçu de l'impression causé par l'assassinat de Lepeletier Saint-Fargeau et l'exécution du roi.

22 janvier an II, R. F.

Vous devez avoir appris, frères et amis, l'assassinat du jacobin *Pelletier St Fargeau*, pour avoir voté la mort du tyran. Un courrier extraordinaire doit avoir apporté la nouvelle de cet attentat à la souveraineté nationale. En voici les circonstances. St Fargeau dînoit chez Février, au Palais Royal. Comme il payait son dîner à la dame traiteuse, un ci-devant garde du corps, Paris, lui demande : Etes-vous Pelletier ? — Oui. — Quelle a été votre opinion dans le jugement du roi ? — J'ai suivi l'impulsion de ma conscience. J'ai voté pour la mort. — Tiens b.... voilà ta récompense ; et d'un coup de sabre, il lui perça les flancs. J'ai vu le corps sanglant de Pelletier sur son lit de mort, et, tout auprès, les patriotes allaient jurer la mort de l'assassin : haine aux rois et à ceux qui en désirent. J'ai vu la Convention s'écarter d'une loi qu'elle avoit faite et lui décerner l'honneur du Panthéon.

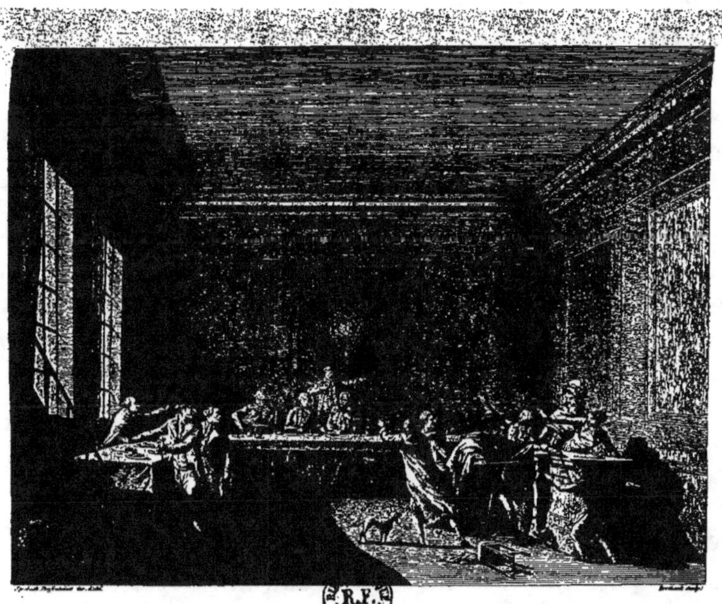

ASSASSINAT DE LE PELLETIER, MAISON DE FÉVRIER RESTAURATEUR
le 20 Janvier 1793. ou 30 Nivôse, An Ier de la République.

J'ai vu le cadet St Fargeau jurer aux Jacobins de se dévouer comme son frère à la cause de la liberté et de braver, de provoquer même les poignards des assassins. J'ai vu les Jacobins, plus sages peut-être que la Convention, refuser d'admettre, sans scrutin préalable, le cadet St Fargeau, invoquer le règlement contre l'enthousiasme. Et demain je l'espère, je verrai Pelletier placé dans le Panthéon à côté de ce Mirabeau, qui eut plus de talent, mais moins d'honnêteté que lui.

Qu'ils soient confondus, qu'ils se taisent à jamais, les détracteurs du peuple, les soi-disant amis de la paix !

Cazalès et Maury (¹), les meurtriers de la liberté, les ennemis du peuple, reçurent les respects dus à leur caractère. Le premier attentat contre un représentant à la nation a été commis par un soi-disant ami de l'ordre, un homme à naissance et à fortune ; et cet attentat, commis de sang-froid, sans provocation, a eu pour objet l'homme le plus calme, le plus paisible, le plus doux. Qu'on dise encore que le fer des assassins étoit suspendu sur les têtes de ceux qui n'ont pas voté la mort du roi, et que le décret est l'effet de la crainte !

Je ne veux pas dire cependant qu'il parût y avoir du danger à voter la mort du roi. Plusieurs députés des deux partis se sont plaints de menaces. Mais dans le fait, je crois que nul n'avoit lieu de craindre, et que le meurtre de Pelletier sort des chances ordinaires, qu'il est l'effet de causes, de mouvements incalculables. Le meurtrier n'est pas arrêté encore. (²)

Est-ce donc dans le peu de jours que je passerai à Paris que doivent avoir lieu les événements les plus frappants ?

------

(1) Ils avaient émigré après le retour de Varennes et s'étaient mis au service du comte de Provence.

(2) Il se tua quelques jours après à Forges-les-Eaux, au moment d'être appréhendé.

J'ai vu la tête du malheureux Capet tomber sous le couteau fatal.

Je l'ai vu sur l'échaffaud cherchant des yeux un visage qui parût le plaindre et ne rencontrer que des physionomies froides, immobiles, sous l'armure du soldat. Je l'ai non pas entendu, mais vu, dire aux spectateurs, qu'il appelait son peuple : *Je pardonne à mes ennemis, je meurs innocent. Puisse mon sang être versé pour le bonheur de la nation !* Je l'ai vu, voulant peut-être apitoyer le peuple, contrarié par *Santerre* et attiré par le bourreau vers l'instrument meurtrier. J'ai entendu les soldats crier : *Vive la République,* à la vue de la tête qui leur fut montrée... ; j'ai vu son tombeau, à côté des patriotes du 10 août. (¹) Dieu ! que n'ai-je pas vu, que n'ai-je pas entendu ! Puisse la vue de cet événement terrible être pour moi une leçon salutaire sur l'inutilité des avantages terrestres. Sans cela, j'aurais bien à regretter de toutes les angoisses, de tous les frémissements que mon cœur a éprouvés durant ce triste spectacle.

L'observateur aura remarqué que cette matinée, nul carosse ne roula dans les rues, que l'on n'y vit presque que les soldats de section et quelques citoyens peu fortunés. J'en entendis un dire : *Tant mieux qu'il périsse, nous ne pouvons pas être plus mal ; peut-être serons-nous mieux.*

Laissons-là les réflexions, je dois les garder pour moi, et vous présenter des faits.

De là je fus à la Convention ; quel spectacle nouveau. Cette Montagne naguère si décriée, étoit pleine comme un œuf ; l'extrémité opposée étoit presque déserte. Les Buzot, les Barbaroux, Brissot, Guadet, Gensonné, Louvet,

---

(1) Au cimetière de la Madeleine d'où ses restes et ceux de la famille royale furent exhumés en 1816, et transférés à Saint Denis.

se tiennent constamment bouche close. Je ne sais même s'ils y étoient. Chaque décret fut rendu à la majorité de trois ou quatre cents contre soixante ou quatre-vingt ; et cependant quels décrets !

Suppression d'un bureau d'esprit public (1) établi par Roland ; sommation à Roland de rendre compte des deniers qu'il a reçus pour cet objet. Suppression de l'ancien Comité de surveillance de trente, création d'un nouveau seulement de douze, élus par appel nominal, et sans doute dans cet instant, élus dans le plus ardent jacobinisme.

Robespierre a demandé net la destitution de Roland et n'a pas excité de murmures.

Danton — A propos, vous avès vu un décret portant qu'on poursuive le meurtrier du 2 septembre : c'est ce qu'on appelle un acte de convenance ; jamais ce procès n'aura lieu. — Danton a prouvé que les événements du 2 septembre avoient été impossibles à prévenir, à empêcher ; il ne les a pas excusés, il a trop d'adresse. Ensuite, il a reproché à Roland l'acrimonie de son caractère, qui le rend inhabile à concilier les esprits. Il a rendu hommage à ses bonnes intentions, il a rappelé la déférance qu'il avoit eue pour lui au conseil ; il a dit que Roland effrayé des dangers qu'il avoit couru lui-même au 2 septembre, n'avoit cessé d'exaspérer les cœurs à ce sujet, qu'il avoit dénigré les Parisiens, provoqué l'insurrection des départements contre Paris, pour en sortir lui-même avec le ministère ; qu'un ministre dans de telles circonstances étoit incapable d'opérer le bien à Paris ; — il n'a point demandé le renvoi, mais un prompt rapport sur l'organisation du ministère. Dans cet instant, Roland n'a tenu à rien, et peu s'en est fallu que la prédiction

____

(1) C'est-à-dire la Censure.

de ma dernière lettre se réalisât. Mais cela n'ira pas loin ; et déjà vous le voyez clairement.

Jusque là, j'ai écouté sans surprise et sans peine. Mais mon cœur a été bien serré, lorsqu'à propos de la guerre, j'ai entendu Danton parler de donner aux soldats une énergie nouvelle , avec un général unique et au pouvoir exécutif une direction plus sûre, plus rapide, en le confiant éminemment à un seul ministre. Quand je me rappelle l'air froid, insensible, de la Convention à une proposition si dangereuse, je ne puis en croire mes oreilles et je me persuade avoir mal entendu.

Mes amis, rapprochés ces idées, un seul général, un chef ministre, un Comité de surveillance de douze, dont huit peuvent visiter les domiciles et arrêter à leur gré ; et tout cela bien d'accord : si ce n'est pas là le triumvirat le plus funeste de la liberté, mes idées en politique sont bien singulières, bien fausses ; au surplus, je vous prie de douter encore, car vraiment, je ne crois pas moi-même avoir bien entendu.

Mais ce sur quoi je ne me trompe pas, c'est dans le portrait de Danton. C'est un homme d'une haute stature, de grosse corpulance, figure grosse et pleine, traits bien prononcés et fort laids, voix de taureau, des yeux qui lancent la foudre ; une éloquence forte, rapide : point de mots, mais de choses.

Cet homme a un ascendant dominateur ; sans être un génie, il subjugue ; Robespierre et Péthion paraissent des nains en comparaison. Pour vous le faire connaître, en un mot, Mirabeau disoit de lui que c'était la seule âme révolutionnaire qu'il connût. Mes amis, il me paraît démontré que cet homme va jouer un rôle. Dieu le préserve de chercher à détruire la liberté ! De quel masque qu'il se couvrît, j'espère qu'il seroit reconnu et précipité dans l'abyme.

Je dois vous faire part d'un projet des Jacobins : ils veulent ériger un monument où l'on verra une couronne dans le haut, une guillotine dans le bas, symbole qui attend quiconque tentera d'usurper le pouvoir souverain. — Avis à d'Orléans : il était à la Convention le jour qu'on guillotina Louis.

Je le vis avec son air ordinaire ; il lorgnoit une jolie femme ; un pareil être me paroît bien plus méprisable que dangereux.

Frères et amis, je vous embrasse de tout mon cœur, j'attends avec impatience de vos nouvelles.

J. B. SIREY.

P. S. Si par cas quelqu'un avoit blâmé mon opération de ne pas présenter l'adresse que j'avois portée : dans ce moment, il doit voir combien il seroit agréable d'avoir déclaré la guerre aux *Montagnards*. J'ai vu Bellin et Saulnié bien portans. Celui-ci va au pays : il part demain.

Ainsi le bon citoyen qui n'hésite pas à communiquer ses impressions à ses amis périgourdins ne se fait aucune illusion sur les desseins politiques de Philippe-Egalité et de Danton. Au vrai, c'est un esprit perspicace qui démêle, bien plus commodément que ne le sauraient faire de nos jours les familiers des comités, l'orientation des partis et les desseins secrets de leurs chefs. Il comprend que la situation de Roland n'est plus tenable au ministère ; qu'Egalité se vante d'être bâtard pour capter la crédulité populaire et se berce de l'espoir de recueillir la couronne de Louis XVI, mais que cet espoir est bien fragile en présence de l'ambition démesurée de Danton qui, lui, vise la présidence de la Convention et avec elle, peut-être, la dictature. Car Danton, ce Mirabeau de la populace, la manipule à son gré, afin qu'elle serve à ses projets, passivement, comme toute multitude. Rien d'étonnant à ce que l'avocat d'Arcis-sur-Aube, use de tous moyens, comme dit Mignet, sans qu'ils lui paraissent condamnables, dès lors qu'ils peuvent lui être utiles, pour atteindre son but. Ce patriote exalté dont le verbe enflammé contribue au salut du pays à l'heure de l'invasion, est au fond un jouisseur prodigue et capable de dilapider une bonne part des quatre millions qui lui seront confiés pour aller révolutionner la Belgique. Et si, mis en demeure par les circonstances de se prononcer entre les Girondins qui lui imputent les massacres de Septembre et les Montagnards qui lui reprochent ses abus de confiance, c'est vers les premiers qu'il se tournera, sous prétexte qu'en révolution l'autorité doit appartenir aux plus scélérats. Malheureusement la correspondance de J. B. Sirey, ou du moins ce que nous en avons pu trouver, ne s'étend pas au-delà des événements de janvier 1793. Mais on dirait volontiers qu'elle projette une lueur révélatrice sur les faits ultérieurs, ainsi qu'on en pourra juger par les deux dernières lettres qui suivent :

Le 25 janvier an 2, R. F.

Enfin mes amis, Roland n'est plus ministre ([1]). Cédant, dit-il, au désir de n'être plus un sujet de division parmi les députés, il a fait sa démission, qui a été acceptée. Il a offert de correspondre avec les départements jusqu'à son remplacement. Cette proposition n'a pas été goûtée. Le porte-feuille a été remis *intérim* au ministre de la justice, Garat ; et la Convention a ordonné un prochain rapport sur l'organisation du pouvoir exécutif.

Ses ennemis même conviennent que son administra-

---

(1) Il détenait le portefeuille de l'intérieur depuis mars 1792, avait été renversé en juin, puis réinvesti le 10 août.

tion alloit bien et rendent hommage à la pureté de ses intentions. Cependant il emporte peu de regrets, même parmi ses partisans, soit parce que son austère vertu le rendoit peu aimable, soit qu'en effet il eût des torts envers Paris, soit enfin, parce que cet objet de division enlevé, on espère que tout ira mieux dans la Convention.

Les Brissotins défaits, on n'a plus craint de les voir accaparer la place du nouveau régime. Et la Convention a rapporté le décret qui excluait les députés de toutes places pendant six ans.

Cette Montagne, jadis si décriée, me paroît renfermer les principes populaires et l'amour de la classe indigente ; il n'y pas de grands talents ; mais qui veut fortement le bien trouve toujours moyen de le faire : désirons que rien ne s'y oppose. Le club des Cordeliers, pour battre le fer tant qu'il est chaud, va présenter une adresse à la Convention, pour qu'elle fasse porter l'impôt bien plus sur le riche que sur le pauvre ; pour qu'elle prenne des mesures afin que, sans blesser la justice, le sort de la classe indigente soit amélioré. Je verrai les membres chargés de ce travail et je vous communiquerai leur péti- tion quand elle sera faite, afin que vous fassiez autant si vous le jugez à propos.

Qu'il étoit majestueux, frères et amis, le convoi funè- bre que j'ai vu aujourd'hui. Toutes les autorités consti- tuées, toutes les troupes de Paris, les sociétés populaires conduisant, avec une musique lugubre, le corps à demi nu et apparent de Pelletier (St Fargeau) ! Ses habits ensanglantés au bout d'une lance, sa plaie découverte sem- bloit confondre ses ennemis, les ennemis de la liberté et lui appeller des vengeurs. Le cortège parti de la place Vendôme à dix heures du matin et passant par le Pont- Neuf, après six stations, dont deux devant le Club des Jacobins et celui des Cordeliers, est arrivé à trois heures du soir à Ste Geneviève. Là le frère de Pelletier a juré de chérir la liberté comme son âme, et s'est trouvé mal. Le président de la Société des Fédérés a fait un discours brûlant. Barrère et Vergnaux président ont été froids comme des glaçons; il étoit consolant pour un républicain de voir l'affluence des spectateurs dans les rues et aux fenêtres. J'espère que cette mort de Pelletier, surtout si l'on peut atteindre le coupable, aura été un heureux événement pour la patrie, par les effets qui en résulteront.

La Convention d'une part, et les Jacobins de l'autre, ont fait chacune une adresse sur cet événement. Sans doute, vous ne tarderez pas à la recevoir.

Frères et amis, il m'est bien pénible de tarder tant à recevoir de vos nouvelles. Cependant il y a aujourd'hui quinze jours que je vous ai écrit ; indépendamment du plaisir que j'aurois eu à recevoir de vos nouvelles, je suis encore bien contrarié par votre silence, en ce que l'évêque Poutard, voulant absolument s'en retourner et repartir un de ces jours, et voyant que je ne puis pas fixer mon départ avec lui, m'abandonne sa voiture et vient de s'arrêter pour lui une place dans la diligence ; il ne m'est pas possible de le retenir plus longtemps ; d'où il résulte que je ferai mon voyage seul, ce qui ne sera pas un agrément. Je ne puis cependant pas me plaindre. Si je n'ai pas celui-là, j'en ai eu assez d'autres.

Frères et amis, je vous embrasse de tout mon cœur.

J. B. SIREY.

Mais les frères et amis ont dû garder un prudent silence, ou, plutôt, espèrent-ils que cette pleine manne de nouvelles sensationnelles sera inépuisable ? Tout porte à croire, cependant, que le séjour de leur correspondant ne sera plus de longue durée, puisque voici la dernière lettre qu'il leur adresse deux jours après la précédente.

Elle est instructive entre toutes, en ce qu'elle caractérise
d'une part le sentiment des honnêtes gens sur Philippe
Egalité, et que, d'autre part, on y voit poindre à l'horizon,
parallèlement à l'échec de Danton au fauteuil présidentiel,
la physionomie de Robespierre, liée à l'idée de la défense
nationale. Et le spectre de la banqueroute fait son apparition, cependant que Paris se vide peu à peu de son con-
tingent habituel d'étrangers. Fâcheux pronostics, hélas
justifiés par les épisodes ultérieurs qui ouvriront l'ère
néfaste de la Terreur.

Paris 27 janvier an 2e, R. F.

Frères et amis. Depuis ma dernière lettre les événements ne sont pas très frappans. Voici cependant quelques détails qui méritent quelqu'intérêt.

Danton le vigoureux patriote dont je vous ai fait le
portrait et prédit l'élévation, a touché à la présidence de
la Convention. Sur 357 voix, il en a eu 178 et Rabaud de
Saint Etienne 179. Les jacobins ont été plus heureux pour
la nomination des secrétaires ; ils les ont nommés tous
trois.

Je le répète, si au sein de 25 millions de citoyens passionnés pour l'indépendance, un homme pouvait être
menaçant pour la liberté, je craindrais de Danton, bien
plus que de Philippe d'Orléans dont on a tant voulu nous
effrayer ; il est si maussade, si avili, que je ne puis croire
qu'il ait vraiment effrayé les Barbaroux et Buzot qui ont
tant crié contre lui. Un de ces jours, Philippe Egalité
disoit, dans un accès de popularité : *« on m'a dit souvent*
« que j'étois fils d'un cocher ; je commence à le croire. Je
« sens que le sang qui coule dans mes veines n'est pas celui
« des Bourbons, mais bien celui d'un sans-culotte. »

Appréciés un homme qui, pour courir après la popularité, déshonore sa mère et se vante d'être un bâtard.

Les papiers publics vous raconteront sans doute une scène touchante passée à la Convention ; la fille de Pelletier, présentée au peuple français dans la personne des représentants ; son oncle la prenant dans ses bras, l'élevant en l'air et criant :

François, voilà votre fille. Ma nièce, voilà ton père.

La Convention a adopté cet enfant au nom de la patrie, et a décrété que le lendemain, on discuterait la loi sur l'adoption.

Cette loi qui sera toute en faveur des pauvres, intéressoit mon cœur. J'ai été à la Convention. Mais ça été tout autre chose.

Vous savez sans doute que sur la motion de Dubois-Crancé, la force armée a été portée à 508 mille hommes effectifs, distribués en huit armées, mais ce que vous ne savés peut-être pas, c'est que Robespierre s'évertue pour que nous nous renfermions chez nous, que nous combattions seulement pour défendre nos foyers. Ça toujours été son avis. D'un autre côté, Chabot a soutenu aux Jacobins que dans le système de finances, il propose, lui, un tout autre système qui tend à retirer les assignats et à remettre l'argent en circulation.

La Commune réunie aux Sections, aux Sociétés populaires, etc. et avec une députation de la Convention, va planter au Carousel *l'Arbre de la Fraternité,* monument de la réunion des Fédérés des 84 départements. Cette cérémonie rendra moins ardents ceux qui veulent absolument la force départementale.

Paris est dans une tranquillité parfaite. Est-ce le calme de la joie, ou le calme de la crainte ? Jugés : — Un Anglois a été souffleté, un de ces jours, au Café de Foix, parce qu'il se montrait ami de Roland. — On assure que depuis huit jours, il est sorti quarante voitures pleines d'Anglois. Est-ce la guerre avec leur pays qui les fait fuir ? Est-ce la crainte qu'on ferme encore les barrières ? Enfin, est-ce la frayeur qu'inspirent un arrêté du département et plusieurs arrêtés de section qui invitent les citoyens à arrêter tout homme *suspect*, ceux qu'ils *croiront* reconnoître pour conspirateurs, *tout aristocrate de fait* ? C'est fort difficile à décider. Tout ce que je sais, c'est que tous les bourgeois, tous les marchands de Paris sont mécontents, qu'ils haïssent la Révolution, parce qu'elle nuit à leurs intérêts ; un roi avec une Cour somptueuse et une liste civile de 25 millions plairont infiniment plus à ces Messieurs qu'une république de sans culottes. Ce que je sais, c'est que depuis le meurtre de Pelletier, les royalistes qui foisoient groupe, et montroient de l'insolence, ne se montrent plus, ou se taisent. Dans les mêmes lieux où j'ai vu des mêmes discussions d'opinion bien prononcées, des disputes, presque, je n'y vois plus qu'une opinion, sans contradicteur.

Le bruit court que l'assassin de Pelletier a été arrêté. Je le désire plus que je ne le crois.

Demain part pour Périgueux, l'évêque Poutard. Et moi, frères et amis, je suis cloué à mon poste jusqu'à ce qu'il vous plaise de me rappeler. Je vous embrasse de tout mon cœur.

J. B. SIREY.

Pour conclure, accordons que si ce bon citoyen pouvait exercer de nos jours une attention vigilante sur les événements politiques dont nous sommes les témoins, il ne manquerait pas de dégager les curieuses analogies qu'ils présentent à divers points de vue, et toutes proportions gardées, avec ceux dont la Convention en pleine guerre de défense nationale offrait le spectacle au lendemain de la chute de la royauté. Cet exemple d'une minorité montagnarde donnant libre cours aux passions populaires et déchaînant, par la division du parti modéré, l'anarchie sur le pays, pour le plus grand profit de quelques ambitieux assoiffés de dictature, prête à la philosophie de l'histoire, ainsi que la comprenait Montesquieu, une puissance de déduction telle qu'il ne lui fut pas donné souvent d'en dégager de plus logique. Mais il est constant, hélas ! que les leçons du passé sont inutiles aux générations futures. Ainsi va le monde qui toujours se recommence et s'instruit à ses dépens, persuadé qu'il est de marcher vers un illusoire progrès.

LE DÉPUTÉ FÉRAUD

ET L'INSURRECTION DE PRAIRIAL AN III

La misère publique en l'an III. — Envahissement de la Convention le
1er prairial. — Féraud dans l'émeute ; circonstances de son meurtre.
— Brelan d'assassins.

Voici un point de détail dont l'élucidation ne man-
quera pas de causer quelque plaisir aux érudits que
l'époque révolutionnaire passionne.

Il s'agit en l'espèce de l'assassinat de Féraud, ce représentant du peuple qui, au cours de l'émeute du 1er prairial an III (20 mai 1795), alors que la Convention se
débattait en vain contre les menées sourdes de la con-
tre-révolution, fut tué en voulant s'interposer pour défendre le président de l'Assemblée, Boissy d'Anglas, que
les envahisseurs couchaient en joue.

Au lendemain de l'exécution de Robespierre et de ses
amis, la réaction thermidorienne, par l'abolition de la loi
du maximum, avait suscité la faillite financière des assignats. Ces billets falsifiés jusqu'à concurrence de douze
à quinze milliards par des contrefaçons — où l'Angleterre
entrait sciemment pour la majeure partie —, suscitèrent
la débâcle, la famine et bientôt la révolte. Le tarif des
blés, notamment, était si élevé en 1795, en dépit de
l'abondance de la récolte de 1794, que certains laboureurs
pouvaient, en échange de quatre sacs, s'offrir une ferme

tout entière. Le peuple rationné à une livre de pain par jour, commençait, dès le 25 ventôse (15 mars), à manifester sa colère, et les femmes, facilement irritables, au milieu de cette période de fièvre, de lutte politique et sociale, vinrent assiéger la Convention. La chute de Robespierre avait clos l'ère des sacrifices pour la liberté.

Cet état d'agitation des esprits devait être utilisé par les ennemis de la Révolution. Ceux des Thermidoriens qui, à l'exemple de Barras, Treilhard, Rewbell et Sieyès, souhaitaient tirer parti des événements à leur propre avantage, ne manquèrent pas d'utiliser des circonstances aussi propices à donner le change à leurs adversaires. Comme il fallait à tout prix jeter le discrédit sur les députés restés fidèles à la Montagne de 1793, les rendre responsables des troubles qui se produisaient, et précipiter leur perte, les nationalistes de Thermidor suscitèrent une émeute populaire dans les faubourgs, émeute qu'une occulte complicité laissait attribuer à l'initiative intrigante de la jeunesse dorée et des royalistes. Un manifeste du Comité insurrectionnel intitulé : *Respect aux propriétés*, fut affiché sur les murs de Paris ; et le 1er prairial, le peuple soulevé vint envahir la Convention, faisant voler sous l'action d'une formidable poussée, les portes de la salle des séances.

C'est alors, qu'au milieu du tumulte, après qu'à défaut de forces militaires des citoyens armés avaient en vain essayé de repousser la multitude, le député Féraud, venant du dehors, apparut, pâle et les vêtements en lambeaux. Il avait dû fuir la colère d'une populace qui s'acharnait après lui, parce qu'on l'avait probablement désigné, avec cette imprécision propre aux meneurs de foules, sous le nom de Fréron, dont l'articulation, parmi les cris et les hurlements, pouvait se confondre avec le sien. Or Fréron, représentant du peuple et commissaire des armées à l'expédition de Toulon, — fils de ce même folliculaire Fréron que Voltaire avait justement déchiré de sa plume acerbe comme vulgaire plagiaire, — Fréron était en effet l'inspirateur de cette jeunesse dorée qui prétendait saccager les faubourgs lors des insurrections. Déjà, au 9 thermidor, ce sectaire, activant la démagogie par les diatribes de son journal *l'Orateur du peuple*, plus violent que celui de Marat lui-même, commandait les troupes de la Convention, en compagnie de Barras. (¹)

Cette confusion entre Fréron, justement détesté par la foule, et Féraud qui en était vraisemblablement ignoré, causa le malheur de celui-ci.

On sait le reste. S'étant placé au travers de la porte d'entrée, alors que la salle était entièrement envahie, Féraud revenu d'un premier évanouissement après les coups qu'il avait reçus, et voyant que l'on va coucher en joue le président Boissy d'Anglas, veut escalader la tribune et le couvrir de son corps. Au cours de la lutte qu'il engage, un coup de pistolet part, et l'atteint. Telle est en substance, la version du *Moniteur*, rééditée par Louis Blanc.

Jules Claretie, dans son intéressant ouvrage sur les

---

(1). Le personnage changeait facilement ses convictions et ses manières politiques. Dès sa tendre jeunesse, il avait obtenu de la sœur de Louis XVI, Mme Adélaïde, la conservation de la propriété de *l'Année littéraire*, fondée par son père, et en reconnaissance de cette protection, il s'était montré parmi les montagnards les plus ardents à demander la tête du tyran et l'exécution sans délai. Après s'être compromis avec les Dantonistes, il avait soudain viré et s'était joint aux ennemis de Robespierre, puis lancé avec ardeur du côté de la réaction. Accusateur de Fouquier-Tinville, envoyé à l'échafaud le 21 thermidor, an III, il était devenu le commensal de Barras et l'artisan occulte des troubles qui devaient conduire à sa perte la Convention, le 13 vendémiaire suivant.

Derniers montagnards, raconte que ce coup de pistolet fut tiré par une fille Aspasie Carlemigelli qui, elle aussi, aurait pris Féraud pour Fréron. Or, cette fille, condamnée à mort par le Tribunal Criminel, lors de la répression des troubles de Prairial, déclarait aux juges que c'étaient les émigrés et les royalistes qui l'avaient stipendiée, en lui faisant prêter serment, ainsi qu'à d'autres femmes, d'assassiner les représentants du peuple. Ce qui permet à Louis Blanc de remarquer, avec une grande perspicacité, que les patriotes réactionnaires de thermidor, aussi bien que les royalistes, cherchèrent à profiter de l'occasion de pêcher à leur aise dans cette eau que les plus avisés d'entre les premiers avaient troublée à souhait, mettant sur le compte de l'Angleterre la misère dont souffrait le pays.

Bref, le corps de Féraud ayant été traîné dans un couloir, on lui coupa la tête, et un bandit la plaçant au bout d'une pique, la promena sous les yeux du président Boissy d'Anglas, lequel se découvrit avec respect devant cette face d'un martyr de la liberté.

Quels ont donc été les véritables assassins de Féraud, et comment ont-ils été châtiés ?

Jusqu'à présent on savait que, le 3 prairial, l'arrestation d'un serrurier nommé Tinel avait suscité une nouvelle émeute. On l'accusait d'avoir promené la tête de la victime ; et, à peine arrêté, on le conduisait au supplice, sur la charrette, lorsqu'un encombrement de la foule, quai Pelletier, sépara les gendarmes de leur prisonnier qui fut enlevé et disparut. On savait aussi qu'un nommé Boucher avait été condamné pour le même fait. Voici deux pièces administratives, émanant, l'une, de la Commission administrative de la Police de Paris, et l'autre de la Commission militaire établie au lendemain des insurrections par la loi du 4 prairial, afin de con-

naître des crimes et délits relatifs à l'ordre public ; elles
permettent de considérer que le nommé Boucher fut au
moins en état de prévention, en même temps qu'un nommé Sauret.

Commission administrative de la police de Paris.

Paris, le 6 prairial an III de la République.

Comité de Sûreté générale à la commission administrative
de police.

La Commission militaire se tient au Palais national (sic)
section de la guerre ; elle a des prisons ou maisons d'arrêt où
les prévenus sont gardés jusqu'à leur jugement.

Amis, vous ferez très bien d'y faire passer de suite les nommés Sauret et Boucher, prévenus d'avoir mutilé le corps du
représentant Féraud.

Signé : *Le représentant du peuple.*
GAUTHIER.

Pour copie conforme,
Les membres de la Commission.
Signé : Le Roy, BARBARIN.

De par la loy
En exécution de la demande ci-dessus, le concierge de la
maison d'arrêt du Plessis, remettra aux citoyens Gendet, le
maire, Chatillon et Dagonnet, inspecteurs de police, les nommés Boucher et Sauret, sus désignés, pour être conduits à
la maison d'arrêt de la commission militaire.

Signé : BARBARIN, LE ROY.

Paris, le 6 prairial an III de la République française, une
et indivisible.

La commission militaire établie par la loi du 4 prairial
présent mois, et séante au Comité de Salut public, section de
la guerre.

Ordonne au géolier de la maison d'arrêt d'égalité (1), de lui faire conduire sous bonne et sûre garde, le nommé Boucher, prévenu d'avoir coupé la tête du représentant Férrand.

> Signé ROMANET, président,
> ROUGIER, secrétaire.

Si comme le rappelle le *Dictionnaire* du Dr Robinet, à l'article Féraud, Boucher fut condamné, on n'est pas aussi affirmatif en ce qui concerne Sauret.

Une nouvelle pièce, et non moins intéressante que les deux précédentes, nous apprend, en effet, qu'à la date du 5 messidor, c'est-à-dire plus de deux mois après, le nommé Michel *Sorelt*, âgée de 38 ans, natif de Montbazon, district de Vesoul, demeurant à Paris faubourg St.-Martin, n° 56, section de Bondy, prévenu d'*avoir tenu les pieds du représentant Féraud assassiné dans le lieu des séances de la Convention, pendant que le nommé Boucher lui coupait la tête*, est renvoyé par jugement de la commission militaire en date du 12 prairial an III, en état d'arrestation, à la Conciergerie, où il devra être reçu, écroué, afin d'y demeurer jusqu'à nouvel ordre, toutes choses demeurant en l'état, la Commission militaire n'ayant pas acquis assez de preuves sur les faits à lui imputés, et violemment soupçonné du crime dont il était prévenu. (*Citation textuelle de l'ordre transmis au gardien de la Conciergerie, et signé du chargé provisoire Aumons.*)

Il est probable que ce Sauret profita de la détente opérée à la suite de l'arrestation, de l'instruction sommaire, et de l'exécution des derniers conventionnels restés fidèles à la Montagne, et contre lesquels s'était tourné l'orage, Romme, Soubrany, Peyssard, Forestier, Bourbotte, Duroy, Goujon, et Prieur de la Marne, accusés par

------

(1) Palais Royal.

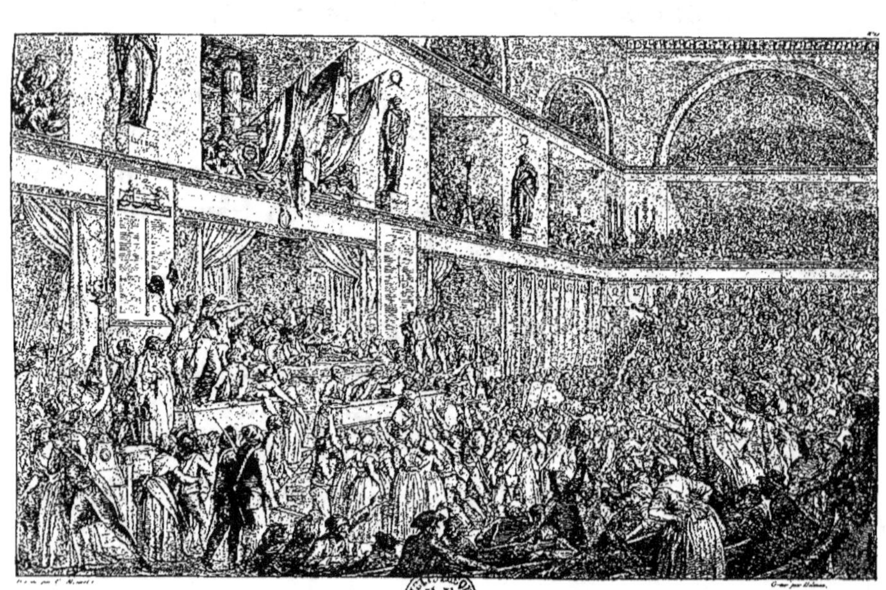

JOURNÉE PRAIRIAL
FÉRAUD, REPRÉSENTANT DU PEUPLE ASSASSINÉ DANS LA CONVENTION NATIONALE
(d'après le dessin de C. Monnet.)

Bourbotte d'avoir été les promoteurs du complot. Leur crime ? On les accusait, eux, d'avoir conspiré contre la République, et ceux-là mêmes qui les accusaient préparaient le coup d'Etat de vendémiaire, destiné à mettre la représentation nationale sous la protection de l'armée, et à provoquer une nouvelle forme de législature : le Directoire précurseur de la domination césarienne.

Mais les arrestations n'avaient pas cessé dans les faubourgs. Le 8 messidor an III, le gardien de la maison d'arrêt des Quatre Nations, recevait de la Commission administrative, l'ordre d'incarcérer quinze accusés venant de la maison d'arrêt de Port-Libre (dénommée la Bourbe, et devenue depuis la Maternité).

Ces hommes étaient prévenus de provocations contre la représentation nationale, et de s'être mis à la tête des rassemblements. Ils avaient nom : Francois Dupuis, Joseph Rigour, dit Languedoc, André-Jean Parléru, Nicolas Depain, Jacques Brabant (1), Pierre Gallois. Guillaume d'Epenon, Pierre Bessain, dit Versaille, René Jol-

---

(1) Ce Jacques Brabant, arrêté le 1er prairial, était prévenu, dit l'ordre d'envoi à la Maison d'arrêt, d'avoir tenu des propos séditieux, d'avoir dit dans le jardin des Tuileries, dans le moment où l'on portait au bout d'une pique la tête du représentant Férand (je cite l'orthographe de l'arrêt, qui a son importance), en parlant de lui et de Tallien, que tant que ces *anarchistes* (sic) gouverneraient, les affaires n'iraient pas bien ; d'avoir, le soir du même jour, dit à Duval : Nous avons donné aujourd'hui une belle chasse aux *peignes retroussés*. On relève ici deux points de détails : 1° l'orthographe erronée qui se retrouve dans plusieurs procès-verbaux du même genre, et qui pourrait, jusqu'à un certain point, aider à expliquer dans la bouche des gens du peuple ignorants, le malentendu verbal dont le malheureux Féraud fut victime ; et 2° ce qui n'est pas moins intéressant, la confusion de ce nom ainsi déformé avec celui de Fréron que ledit prévenu Brabant accolait à celui de Tallien, pour désigner deux des promoteurs de la discorde civile qui désolait la République depuis la chute de Robespierre.

ly, Louis Robbe, J.-B. Escoffon, Claude-Eustache Lecoq, Jean Thévenin [1] et Jacques-Sulpice Carré.

Je ne sais ce qu'il advint de ces factieux échoués sur les dalles d'une prison préventive pour avoir pris au sérieux un mouvement d'exaltation qui venait de beaucoup plus haut qu'eux. Quelques-uns d'entre eux semblaient pourtant discerner inconsciemment la vraie source, puisqu'ils associaient dans leurs esprits le nom de Féraud, qu'ils prenaient pour Fréron dans le vacarme et le tohu-bohu des rassemblements et des émeutes, à celui de Tallien et de la réaction thermidorienne.

Le 13 prairial, on conduisait également à la Conciergerie un nommé Hébert, prévenu d'avoir assassiné le représentant Féraud. Cet ordre émanant du Comité de Sûreté générale était signé François Jérôme, Gauthier et Bergoing, membres dudit Comité.

Le 3 prairial on avait déjà donné l'ordre de conduire à la Conciergerie le nommé Martin Jacq, pour avoir porté la tête de Féraud au bout d'une pique, et le nommé Dupuits, ouvrier faïencier, rue de la Roquette, désigné comme ayant coupé cette même tête.

Le nommé Robert Crappé, officier de santé, avait été arrêté le 2 prairial, prévenu, dit l'arrêt de ce fait : le 1er du même mois, étant de service près la Convention, au vestibule qui conduit à la salle des pétitionnaires, entre quatre et cinq heures, au moment où un citoyen que l'on disait être représentant du peuple, fut arrêté par la multi-

---

(1) Jolly et Thévenin étaient prévenus d'avoir dit le 1er prairial que la Convention n'était composée que de gueux et de coquins, qu'elle n'avait pas le droit de faire des lois, et qu'il n'y avait de lois que celles que le peuple ferait en ce jour. C'est d'ailleurs pour avoir voulu donner un semblant de légalité à l'examen des revendications du peuple qui envahissait la Convention, que les derniers montagnards furent décrétés d'accusation.

tude dans le jardin des Tuileries, ledit R. Crappé, étant à la fenêtre, criait à tous ceux qui étaient dans le jardin : *Coupez-lui la tête ;* ce qui ne peut laisser de doute sur ce que ledit Crappé fût du parti des révoltés.

Le 30 prairial, un arrêté du Comité de Sûreté traduisait ce Crappé devant la Commission militaire. Le même jour un décret stipulait l'arrestation d'un nommé Louis Morand, prévenu d'avoir dit, au moment où un marchand de journaux annonçait l'assassinat du citoyen Féraud : *Tant mieux, je voudrais en égorger quarante,* puis d'avoir tiré son sabre sur deux citoyens qui l'ont arrêté. Celui-ci aussi, sans doute, avait cru entendre Fréron.

Simple supposition, objectera-t-on. Mais les camelots de 1795 n'étaient pas beaucoup plus clairs, on l'imagine, dans leurs cris que ceux de notre temps.

Féraud avait 31 ans, Fréron en avait 29. Celui-ci avait secondé Barras le 9 thermidor dans le commandement de la force armée ; celui-là avait contribué à l'arrestation de Robespierre. Tous deux avaient représenté le peuple aux armées, et s'y étaient fait remarquer, Féraud, par sa bravoure, Fréron, par sa violence et sa cruauté. Le peuple n'en demande pas plus pour confondre deux hommes dans une égale haine assoiffée de vengeance, surtout quand les dispensateurs de ses subsistances, et c'était le cas, le privent de pain.

Toutes ces arrestations, plus ou moins sanctionnées par des jugements qui allaient inaugurer le régime de la déportation, devaient aboutir, dès le 11 prairial, à l'ordre d'amener dans la maison d'arrêt des Quatre Nations les députés décrétés d'arrestation ou d'accusation, qui étaient encore au Comité.

Les Députés, dit cet arrêt retrouvé, ainsi que toutes les pièces citées et invoquées au cours de la présente étude, parmi les documents historiques possédés sur la Révolution par le musée Carnavalet, « seront conduits en voiture et traités avec tous les égards convenables. Les inspecteurs Descamps et Dupuy, chargés du transfèrement, requerront une force armée suffisante pour protéger les détenus, et prévenir toute invasion. Ils sont autorisés à mettre en réquisition les voitures nécessaires. Ils rendront compte à la Commission de l'exécution du présent ordre, aussitôt qu'il aura eu lieu ». *Pièce signée par Aumons, chargé provisoire.*

Et, le 29 prairial, après le prononcé de leur jugement par la Commission militaire, les six condamnés à mort descendaient l'escalier fatal.

Le premier, Romme, sortant de son habit un couteau dérobé à la vigilance de ses gardiens, s'en frappa la poitrine et le visage de plusieurs coups, et tendit le fer au compagnon qui venait après lui. Tous appelèrent ainsi la mort libératrice. Mais elle ne vint que pour Romme, Duquesnoy et Goujon, ce député dont la jeunesse et la beauté s'auréolaient d'un stoïcisme digne de l'antiquité. Et pantelants encore, on porta Duroy, Bourbotte et Soubrany agonisant sous le glaive de la guillotine.

Ainsi finirent les derniers héros de la Révolution, dans un martyre qui symbolisait celui de la liberté. Car la liberté s'était, elle aussi, suicidée, avant d'être livrée à ceux de ses ennemis qui, faisant mine de lui prodiguer des caresses, se préparaient à l'anéantir afin d'ouvrir pour la France une nouvelle ère tyrannique.

NOTES HUGOLIENNES

Un faire-part inédit du général Sigisbert Hugo. — Lettre de son père et de son frère Louis Hugo. — Un traité relatif aux *Odes et Ballades*.

Les hasards d'une vente publique ont mis, en 1918, le Musée historique de Paris en possession d'une partie de l'importante collection d'autographes de Jules Claretie et, notamment, d'un menu dossier de lettres relatives à la famille de Victor Hugo. Trois d'entre ces lettres présentent surtout un vif intérêt de curiosité, en ce sens qu'elles élucident divers détails, demeurés jusqu'à ce jour assez obscurs, concernant plusieurs ascendants du grand poète. La première est écrite de la main du général Joseph-Léopold-Sigisbert Hugo, son père, et adressée à l'une des sœurs de ce dernier. Le général l'a rédigée au bas d'un billet de faire-part dont voici le texte :

M.

Monsieur le Général Léopold Hugo a l'honneur de vous faire part qu'il vient de faire légaliser, par devant M. l'officier public de Chabris (Indre) les liens purement religieux qui l'unissaient à Madame Veuve d'Almé, Comtesse de Saleano.

On sait que dans son livre sur *Victor Hugo avant 1830*, Edmond Biré rappelait que les registres de l'état-civil de Nancy renferment, à la date du 20 juillet 1821, l'acte du second mariage de Joseph-Léopold Sigisbert

Hugo, ancien officier général, âgé de 48 ans, fils des défunts Joseph Hugo et Marguerite Michaud, avec dame Marie-Catherine Thomas y *Sactoin*, domiciliée à Chabris (Indre), âgée de 37 ans, veuve du sieur Anaclet *d'Almet*, propriétaire, fille des défunts Nicolas de Ligny et Lina Sactoin de Campolovo.

Ces deux documents concordent, à la différence près de l'orthographe des noms de l'épouse et de son premier mari. D'autre part, cette régularisation de *liens* purement religieux laisse entrevoir que Léopold Hugo, médiocrement soucieux de la consécration ecclésiastique de sa première union avec Sophie-Françoise Trebuchet, à cette époque des guerres vendéennes où les églises étaient closes et les prêtres cachés, n'avait pas cru devoir, sous la Restauration, persister dans cette indifférence.

Ce mariage suivait d'assez près la mort de la première Madame Hugo, survenue le 27 juin 1821. Selon Edmond Biré, il provoqua « la rupture des derniers et faibles liens qui rattachaient le général à ses enfants ».

Sans discuter cette opinion, il ne nous déplaît pas de remarquer du moins que les relations ne tardèrent pas à se rétablir. Peut-être celle des sœurs du général, qui fut Mme Marguerite Martin et habitait alors à Paris, 23 rue de Bourgogne, fut-elle l'artisan de ce rapprochement, puisqu'aux compliments d'usage qu'elle dut adresser à son frère, au seuil de l'année 1822, elle reçut la réponse suivante, à la suite du faire-part précité, et quelque peu tardivement communiquée, ainsi qu'on en peut juger :

St-Lazare, près Blois, 10 janvier 1821 (1).

Ma bonne amie, tu aurais plus souvent de nos nouvelles si

---

(1). Le texte porte 1821, mais le cachet de la poste de Blois, 14 janvier 1822, atteste conséquemment un de ces *Lapsus numeri* assez fréquents au début de l'année dans la correspondance.

depuis notre séjour ici il ne fallait quelqu'un d'intelligent pour
aller affranchir nos lettres à la poste.

Nous sommes plus sensibles à ton souvenir que tu ne le
crois, mais notre éloignement de la ville peut en faire douter
souvent. Nous ne le sommes pas moins à tes compliments de
bonne année et nous t'envoyons les nôtres de bon cœur.
Nous avisons, ma femme et moi, aux moyens de remplir tes
désirs pour l'agréable et utile objet dont une de tes lettres
nous a entretenus.

Les quatre lignes imprimées d'autre part ne te surpren-
dront pas, mais elle font soupçonner beaucoup de choses que
l'on ne peut écrire, que longtemps je n'ai pu dire et dont je
te ferai la confidence à mon premier voyage à Paris.

D'un autre côté, la femme qui, en 1809, m'a mis à même de
rendre à l'armée française des services dont les récompenses
sont tombées sur moi et les miens, qui, en 1813, s'est sacrifiée
pour sauver mon fils, qui, en 1815, a sauvé mes jours et ceux
des principaux habitants de Thionville menacés par une horri-
ble conspiration, qui depuis lors m'a offert un asile sûr dans
les persécutions ; cette femme depuis longtemps la mienne,
d'une patience, d'une résignation et d'un caractère éprouvés,
ne pouvait être repoussée dans ses droits quand un événement
inattendu les lui rendait. Elle est ta parente, t'ai-je dit un jour
et je n'ai pas menti. Comme elle se rend en ville, elle y
mettra ma lettre à la poste, elle sait que ses vœux et les
miens pour ton bonheur y sont exprimés et elle t'embrasse ainsi que moi.

Ton frère
S. (ou L.)
(Sigisbert-Léopold Hugo).

Mme Vve Martin, rue de Bourgogne n° 23, à Paris.
Cachet postal de Blois, 14 janvier 1822.

Ainsi donc, en épousant Mme d'Almé ou d'Almet, le général n'a fait qu'acquitter une dette de reconnaissance envers celle dont le dévouement avait à diverses reprises contribué à la gloire du soldat, à son salut et à celui de ses enfants. Et cela suffit, croyons-nous, à conserver à sa mémoire l'hommage d'un respect justifié.

*
* *

Le père du général, Joseph Hugo, maître menuisier à Nancy, et natif de Baudricourt (Vosges) le 4 octobre 1727, avait également convolé deux fois en justes noces.

Fils légitime de Jean-Philippe Hugo, paroissien de Domvallier établi ensuite à Mirecourt, et de Catherine Grandmaire, il épousa d'abord Dieudonnée Béchet, puis devenu veuf, Jeanne-Marguerite Michaux. Il mourut à Nancy, rue des Maréchaux, le 23 germinal an VII, (1799).

Nous sommes fondés à croire qu'il n'avait pas eu moins de onze enfants (1). Le biographe de *Victor Hugo raconté par un témoin de sa vie*, qui ne lui en concède que neuf, dit, en effet, que les sept frères de Léopold-Sigisbert s'engagèrent presque en même temps que lui, c'est-à-dire vers 1788, et que cinq d'entre eux furent tués dès le début de la guerre, aux lignes de Wissembourg.

Quant à ses sœurs, la lettre ci-dessus reproduite confirme l'existence de l'une d'elles, Marguerite Hugo, épouse

---

(1). Une étude de Macé de Challes « *Les Origines de Victor Hugo* », paru dans le *Figaro* du 25 juillet 1885, relate, d'après un historien local de la Lorraine, qu'on vit paraître Joseph Hugo à la *fête des Eponx* du département de la Meurthe, le 29 avril 1797, entouré de ses neuf enfants, dont plusieurs venaient de la frontière. Il resterait à savoir, ce que le biographe de Victor Hugo entendait par « le début de la guerre ». D'autre part la lettre autographe de Joseph Hugo citée plus loin, semble indiquer assez clairement l'existence de deux autres filles, qu'il désigne sous leurs noms d'épouses.

Martin. Elle était veuve en janvier 1822 lorsque son frère lui annonça son second mariage. Une autre lettre écrite par Joseph Hugo à ses enfants Martin, le 25 décembre 1797 nous révèle l'existence de deux autres sœurs, peut-être du premier lit, qui avaient nom, l'une Petainge et l'autre George. Il nous a paru intéressant de la reproduire ici, (sans tenir un compte rigoureux, toutefois, des erreurs d'orthographe), parce qu'elle exprime les sentiments les plus sympathiques de l'ancêtre à l'égard du jeune ménage (Léopold Hugo et Sophie Trebuchet) dont l'union avait été consacrée peu de temps auparavant.

Mon cher fils et ma chère fille (¹).

C'est pour répondre à la vôtre en date du 5 février, sur laquelle vous nous (²) marquez que l'état de vos santés *sont* très bonnes c'est ce qui nous fait plaisir, vous nous dites que voilà la troisième lettre que vous nous écriviez sans recevoir de réponse. Il est vrai qu'il y a quelque temps qu'on en a reçu une (à) laquelle je n'ai pas fait réponse de suite et nous n'avons que celle-là et celle *que* je fais réponse, et à réponse qui nous fait beaucoup de plaisir pour ce qui nous regarde envers vos frère et sœur de Paris, principalement la citoyenne Hugo, notre belle-fille, de qui vous faites le récit le plus aimable, c'est ce que je vous recommande l'un pour l'autre et c'est là ce qui nous fait beaucoup de plaisir et même, de plus, c'est la bonne union que vous nous marquez qui est dans notre famille, vous tous ensemble j'espère, mes chers enfants que vous vous y maintiendrez toujours avec la paix et la bonne union et c'est le plus grand bonheur de la vie ; ainsi ma chère Goton et cher Martin, si je ne vous écris pas souvent, je ne vous oublie pas pour cela.

---

(1). Ce dernier mot est en surcharge sur un nom ou sobriquet illisible.

(2). Ce *nous* laisse supposer que Mme Joseph Hugo, la seconde, existait encore.

Depuis votre établissement, les temps malheureux que nous avons passés ne nous ont pas mis à notre aise ; mais Dieu merci, jusqu'à présent j'espère que cela ira mieux ; quant à ce qui vous regarde pour votre mariage, je sais très bien que vous n'avez pas reçu autant que vos sœurs Petainge et George. Ce que vous avez reçu en argent est marqué et aussi ce que vous avez reçu en papier, en en faisant état suivant l'échelle de proportion pour vous rendre égales l'une et l'autre ; telle est ma façon de penser envers vous, ainsi que pour tous mes autres enfants. Soyez tranquilles là-dessus. Je vous dirai que Madame (¹) votre belle-mère *a venu* à Nanci chez son beau-frère Beurguet et elle nous a fait l'honneur de nous venir voir. Elle a passé un jour chez nous, j'ai fait connaissance avec Beurguet votre oncle, mais il ne m'a pas parlé de vous et je ne lui en ai pas parlé non plus, voilà ce que je peux vous marquer quant à présent. Tous vos parrains de Nanci se portent bien et moi qui suis avec l'amitié possible votre bon père :

J. Hugo.

Mon épouse se joint à moi pour vous faire nos compliments ainsi que de la part de vos frères et sœurs de Nanci, en vous priant d'en faire part à tous vos parents de Paris.

Nanci, ce 25 décembre 1797.
(Vieux style)

Au citoyen Martin, rue du Sépulchre, n° 662 faubourg Germain, à Paris (²).

    (Timbre en haut : Nancy,

      Au bas : 15 — Cachet de cire rouge, fruste).

Un sentiment de stricte équité animait donc Joseph Hugo à l'égard de tous ses enfants, auxquels il souhaitait la « bonne union », source du bonheur, tant entre eux, semble-t-il, que dans leurs ménages respectifs existants ou

------

(1) Mot surchargé, puis rayé, illisible. On peut supposer qu'il s'agit d'une parente de Martin.

(2) Depuis 1808, rue du Dragon.

à venir. La vie mouvementée de Léopold Sigisbert, l'éloignement forcé du foyer conjugal où le tenaient ses campagnes et surtout son séjour d'occupation militaire en Espagne, ne permirent pas la réalisation constante d'un tel vœu. Mais cela ne dissuada pas toutefois l'un de ses frères, Louis Hugo, sur la fin de sa carrière militaire, de songer au mariage. C'est du moins ce qui apparaît dans une lettre qu'il écrivait à l'une de ses sœurs, (peut-être Mme Vve Martin) deux ans après les secondes noces de son aîné. Cette lettre offre divers détails intéressants sur son auteur, et sur le général Francis-Juste Hugo, au sujet desquels les biographes n'ont guère été prolixes, jusqu'à ce jour :

Je m'empresse de t'adresser, ma bonne amie, ma revue de la légion d'honneur pour ce qui me revient de l'année 1822.

On a eu raison de t'objecter qu'elle avait été faite par le maire de la ville où je me trouve en résidence, attendu que je ne suis pas en activité, ainsi que tu le crois, mais bien en mission spéciale puisque je suis délégué pour le recrutement dans le département de la Corrèze, par le ministre de la guerre. C'est pour cette raison que je fais établir ma revue par le sous-Intendant de ce département, attendu que mon domicile de droit est à Paris.

Je regrette bien sincèrement que ta santé ne *t'ai* [1] pas *permise* de voir la dame dont tu m'avais *parlée*, vu que si tu penses qu'elle a l'intention de s'attacher à un honnête homme et qu'elle soit réellement disposée à se fixer, je serais bien aise de savoir d'une manière positive et prompte si tes propositions à mon égard lui *convienne*. Cette dame *ma vue* chez toi donc elle doit être fixée sur mes moyens *physiques*, quant à ma moralité, ma conduite et les qualités du cœur, elle pourra prendre des informations à Tours et à Tulle, et partout où elle

---

(1). Nous avons cru devoir maintenir l'orthographe de cette lettre, dont l'écriture est pour ainsi dire calligraphiée et d'une rare finesse.

voudra, sans que je puisse redouter en rien toutes celles qui pourront lui parvenir à ce sujet.

Je n'ai jamais eu de dettes et tu sais que malgré mon peu de fortune j'ai encore trouvé l'occasion de faire du bien.

Tu sais ma bonne amie, qu'il ne m'appartient pas de faire mon éloge ; mais comme *ses* petits détails peuvent s'oublier, j'ai cru devoir te les rappeler. Tu pourrais même ajouter à cela que tu as la certitude que je ne suis jamais entré dans une maison de jeu, soit à Paris ou ailleurs.

Il est bon que tu saches que je viens d'être mis à la retraite et que je ne sais pas si cette mesure m'empêchera de continuer mes fonctions à Tulle. M. le Préfet de la Corrèze ainsi que les généraux sous les ordres desquels je me trouve, ont écrit au ministre de la guerre pour demander à me garder. Mais je doute qu'ils réussissent dans leur projet, cependant je n'ai encore rien reçu d'officiel, quoiqu'il n'y *ai* pas à douter de la chose, puisque le Bulletin des lois en fait mention. Mes amis *m'engagent* fortement à me fixer à Tulle et je ne veux rien promettre que je ne connaisse de manière précise *qu'elles* sont les intentions de la bonne dame dont tu me parles. Réfléchis bien à cela, ma chère *amie* car tu sens bien qu'il ne faut pas s'amuser à former des projets sans le moindre espoir de réussite.

Car enfin, un homme qui a le dessein de se marier à 45 ou 46 ans, ne doit pas s'arrêter à des projets frivoles et à des bavardages ; ainsi je t'invite à aborder franchement la question et à me faire connaître le *plutôt* possible quels sont les résultats de tes démarches. Je conçois que si j'étais plus particulièrement connu de cette dame, l'abord de cette question serait moins difficile, surtout après avoir été aussi indignement trompée qu'elle *l'a* été ; fort heureusement, il en est des hommes comme des femmes, tous ne se ressemblent pas et on en trouve quelquefois un bon sur la quantité. Néanmoins, une chose qui m'est favorable, *c'est qu'il est constant que la majorité des militaires mariés rendent leurs femmes très heureuses.*

Tu me dis que Juste (¹) n'aime pas la morale, je ne le sais que
trop, tant il est vrai que *se* sont ceux qui en ont le plus de besoin, qui ne veulent pas en entendre parler. Cependant puisqu'il
prétend être doué d'une grande sensibilité, qu'il descende au
fond de son cœur et de sa conscience et il verra s'il doit me
payer d'ingratitude. Sans doute que si j'étais plus fortuné, je
ne tiendrais pas à sa créance, cependant il n'est pas dit dans
l'ordre de la nature qu'un frère doive se mettre dans la misère
pour un frère placé dans une position plus avantageuse que la
sienne propre.

Adieu, porte toi mieux, et compte toujours sur la sincérité
de l'attachement de ton frère et ami.

> Je t'embrasse
> Le Colonel
> Chr.-L. Hugo

Tulle, le 10 avril 1823.

En cette même année 1823, le talent du jeune Victor
Marie Hugo commençait à se faire jour. Les *Odes et poésies
diverses* imprimées en 1821, à l'insu de l'auteur, par les
soins de son frère Abel, et dont le bénéfice aussi appréciable qu'inespéré de sept cents francs lui permit d'offrir
à sa fiancée Adèle Foucher, le cachemire de sa corbeille
de noce, furent rééditées avec grand succès en 1823 chez
Persan, acquéreur de *Han d'Islande*. Quelques mois plus
tard, l'éditeur Ladvocat, établi au Palais-Royal, passait
avec l'auteur un traité des plus avantageux et dont l'un
des deux exemplaires existe dans les archives de Carnavalet. On y constate l'accueil merveilleux réservé à ce
jeune débutant surtout si on le compare à la réponse de Di-
dot à Lamartine, en 1821, sur ses *Premières Méditations* :

---

(1) Francis Juste Hugo (1780-1828) était le frère cadet du général
Sigisbert-Léopold Hugo et de Louis, qui né en 1777, mourut en 1844,
général de brigade.

J'ai lu vos vers, ils ne sont pas sans talent, mais ils sont sans étude. Ils ne ressemblent à rien de ce qui est reçu et recherché dans nos poètes. On ne sait où vous avez pris la langue, les idées, les images de cette poésie : elle ne se classe dans aucun genre défini. C'est dommage, il y a de l'harmonie. Lisez nos maîtres, Delille, Parny, Michaud, Raynouard, Luce de Lancival, Fontanes, voilà des poètes chéris du public. Ressemblez à quelqu'un si vous voulez qu'on vous reconnaisse et qu'on vous lise.

(RAPHAEL)

Et qu'on lise maintenant le traité signé par Victor Hugo :

Entre les soussignés :

D'une part : M. Victor-Marie Hugo, homme de lettres, demeurant à Paris, rue du Cherche-Midi, n° 39 ;

D'autre part : M. Ladvocat, libraire, demeurant aussi à Paris, Palais-Royal, galerie de Bois, n° 195, a été convenu ce qui suit :

M. V.-M. Hugo vend et cède à M. Ladvocat pour deux années, à partir du 1er décembre 1823, jusqu'au 1er décembre 1825, le volume d'*Odes* dont il est l'auteur et dont les deux premières éditions ont déjà été publiées, commettant à M. Ladvocat pour le dit espace de deux années tous ses droits d'auteur et de propriétaire dudit ouvrage ;

M. V.-M. Hugo vend et cède également à M. Ladvocat pour deux années (mêmes dates) la propriété d'un nouveau volume d'odes inédites ;

Moyennant quoi M. Ladvocat s'engage à payer à M.-V. M. Hugo la somme de *deux mille* francs, remettant à cet effet dès à présent entre les mains dudit M. Hugo quatre billets à son ordre, chacun de cinq cents francs, payables ainsi qu'il suit :

Le premier, au 1er février 1824 ; le 2e au 1er mai 1824 ; le 3e au 1er août 1824 ; le 4e au 1er novembre 1824.

M. Ladvocat s'engage également à faire retirer avant la publication d'aucun des ouvrages susdits, le nombre d'exemplaires de la seconde édition du 1er volume des *Odes* de M. Hugo, qui peut rester en circulation chez les libraires. M. Ladvocat reprendra à ses frais les susdits exemplaires (pouvant se monter environ au nombre de cent) pour en tirer le parti qui lui conviendra.

M. Ladvocat s'engage en outre à publier à part, format in-octavo, l'ode de M. Hugo sur la *Guerre d'Espagne*, laquelle fait partie du volume inédit. Il est entendu que cette publication se fera au profit de M. Ladvocat.

M. Ladvocat s'engage à donner à M. Hugo 50 exemplaires de cette ode, dont 10 sur papier vélin, plus 25 exemplaires, dont 5 sur vélin de chacun des volumes d'odes dont M. Hugo lui concède par le présent, la propriété jusqu'au 1er décembre 1825, époque à laquelle M. Hugo rentrera pleinement dans tous ses droits.

M. Hugo s'engage à corriger les épreuves de ces diverses publications.

Fait double et de bonne foi, à Paris, le 1er décembre 1823.
Approuvé l'écriture ci-dessus,

LADVOCAT. — VICTOR M. HUGO.

Après un tel contrat, le général Hugo ne pouvait plus guère offrir à son fils d'opter entre la littérature et la pension qu'il lui proposait sous réserve de choisir une autre profession. Le sentier venait en effet d'être tracé qui devait conduire le poète sur les chemins de gloire et d'immortalité.

LES CHEVEUX DE CHATEAUBRIAND

Souvenir inattendu de Chateaubriand. — Cham et Béranger dans cette affaire.

Un brave octogénaire, qui eut sous la Restauration son heure de célébrité pour avoir, étant coiffeur de son métier, rasé plusieurs grands personnages de cette époque, offrait au musée Carnavalet un curieux document. Il s'agit en l'espèce, d'un tableau exécuté avec les cheveux de l'auteur d'*Atala* et des *Martyrs*, et représentant la chambre où naquit, à Saint-Malo, le célèbre écrivain. Cet artiste capillaire a voulu se donner, avant de mourir, la satisfaction de doter les collections parisiennes de ce que, sous l'ancien régime, on eût appelé son chef-d'œuvre.

Mais les pièces justificatives qui accompagnaient cette libéralité ne sont pas d'un intérêt moindre pour les fureteurs de bibliothèques. On y remarque en effet des attestations probantes, notamment une lettre de Cham, ainsi conçue :

Veuillez passer me couper les cheveux lundi soir, à huit heures. J'ai bien examiné vos tableaux exécutés avec les cheveux de M. Chateaubriand. C'est fort curieux, et surtout ingénieux ; pour un amateur de curiosité, la chose a son prix.

Agréez mes salutations.

CHAM.

Aussi, un certificat de Louiset, valet de chambre du grand homme, et une lettre du chansonnier Béranger, nuancée de délicatesse dans la forme, mais très explicite. Elle est datée du 15 octobre 1848 :

Mon cher monsieur Paques,

Il n'est pas très convenable que je vous donne l'attestation que vous me demandez. Ce que je puis faire, c'est d'attester que vous aviez une si sincère admiration pour le grand homme que nous avons perdu, que votre probité répugnerait à présenter comme venant de lui des objets qui n'auraient pas appartenu à son service. D'ailleurs, le certificat que le bon et honnête Louiset, si dévoué à son maître, vous a donné, est la meilleure garantie que vous puissiez offrir. Je vous suis toujours très reconnaissant des cheveux de l'illustre défunt dont vous m'avez fait présent. Recevez-en de nouveau mes remerciements.

Tout à vous.

BÉRANGER.

Enfin, par surcroît, M. Paques a joint à son envoi le fac-simile d'une lettre qu'il avait en sa possession et qui, bien que ne portant pas le nom de son destinataire, paraît avoir été adressée par Chateaubriand à quelque personnage officiel susceptible de faire droit à sa requête. Elle est datée du 3 septembre 1828 et révèle le souci qu'avait l'écrivain de reposer après sa mort à Saint-Malo.

Qu'on en juge plutôt :

Vous ne pouvez douter, monsieur, du très vif intérêt que je prends à ma ville natale : je n'ai qu'une crainte, c'est de ne pas la revoir avant de mourir. Il y a longtemps que j'ai le projet de demander à la ville de me concéder à la pointe occidentale du Grand-Bey, la plus avancée vers la pleine mer, un coin de terre, tout juste suffisant pour contenir mon cercueil. Je le ferai bénir et entourer d'une grille de fer. Là, quand il

plaira à Dieu, je reposerai sous la protection de mes concitoyens.

Agréez de nouveau, je vous prie, l'assurance de la considération très distinguée avec laquelle j'ai l'honneur d'être votre
très humble et très obéissant serviteur.

CHATEAUBRIAND.

Du moins, si sa dépouille mortelle repose parmi les
grèves bretonnes, Paris conserve le souvenir capillaire de
l'homme illustre, grâce à la généreuse intention de son
coiffeur favori.

SOUVENIRS SUR BÉRANGER

Béranger jeune ; ses multiples logis. — Lucien Bonaparte, premier protecteur du poète chansonnier.— Béranger, de l'Université à Sainte-Pélagie ; reprise de ses déménagements continuels. — Un Béranger insoupçonné rabroueur de débutants. — Souvenirs de Béranger à Carnavalet.

Le 16 juillet 1907 marquait un demi-siècle écoulé depuis la mort du célèbre poète-chansonnier auquel la France, sur l'initiative de Napoléon III, fit des funérailles nationales. Cet hommage, on pourrait le supposer, n'était la popularité dont jouissait Béranger parmi ses concitoyens, allait moins au chantre de la Liberté qu'au serviteur fidèle et reconnaissant des bienfaits qu'un des membres de la famille impériale, Lucien Bonaparte, avait prodigué dès ses débuts à l'humble écrivain, en lui abandonnant son traitement de membre de l'Institut pour le sauver de la misère. Cela se passait, en effet, au temps de sa vingt-troisième année, en 1803, c'est-à-dire lorsque Béranger habitait la mansarde d'une maison donnant sur le boulevard Saint-Martin et la rue de Bondy, et trouvait, auprès de sa Lisette, (de son nom Judith Frère,) les suprêmes agréments du « grenier où l'on est bien à vingt ans ».

Béranger était en effet d'une origine fort modeste, et sa biographie, écrite par lui-même et publiée après lui par son éditeur Perrotin, nous renseigne amplement sur son existence. Il fut, à en juger par ses multiples séjours domiciliaires aux quatre coins de Paris, et même des environs, l'être le moins sédentaire qu'on pût découvrir. Parisien pur sang, dont le père était un petit teneur de livres, il vit le jour au 50 de la rue Montorgueil, dans une maison qui alors faisait face à l'impasse de la Bouteille, et fut démolie pour laisser place à un parc aux huîtres. Son grand-père, M. Champy, était établi là en qualité de tailleur. Le petit Jean Pierre fut mis en nourrice près d'Auxerre et y resta trois bonnes années. Après quoi il revint rue Montorgueil, puis avec sa mère, au boulevard du Temple. A l'âge scolaire, c'est-à-dire en 1789, il fut mis en pension au faubourg Saint-Antoine, rue des Boulets, et vers la fin de cette même année, confié à sa tante de Péronne, Mlle Béranger, notre écolier continua ses études, achevées à l'Institut patriotique de M. Ballue de Bellenglise, en 1796, tout en faisant, pendant les deux dernières années, son apprentissage d'imprimeur chez Lainez.

Rentré à Paris, il puisa son amour des livres dans le cabinet de lecture que son père avait établi au Carrousel, rue Saint-Nicaise, et qui existait encore en 1806. C'est vers 1801 qu'il goûta les douceurs de la mansarde, et essaya de concilier la beauté des rêves poétiques avec les tristesses de la réalité. Dans un temps où, malgré les préoccupations politiques et sociales, on trouvait encore des Mécènes, il adressa à Lucien Bonaparte son premier recueil, et comme il a été dit plus haut, tira un heureux fruit de cette bonne idée.

Son bienfaiteur fut d'ailleurs payé d'une durable reconnaissance, puisqu'en 1833, Béranger lui dédiait, en tête d'un recueil de chansons, une préface où il disait tout son regret du silence de son protecteur depuis l'avènement du nouveau règne, silence qui probablement voulait être prudent à l'égard de la situation même du poète, fonctionnaire de l'Université. Et son hommage s'étendait, en termes émus, à tous ceux des enfants qui portaient le grand nom dont la France sera éternellement fière.

C'est dans son domicile de la rue de Port-Mahon, numéro 12, près la place des Vosges, que vint sans doute surprendre Béranger la bonne nouvelle de sa nomination de commis au secrétariat de l'Université, et à laquelle, activement, s'était employé le poète Arnault. Il garda ce poste jusqu'en 1821, époque de sa révocation, de son emprisonnement à Sainte-Pélagie, où il occupa la chambre de Paul-Louis Courier, et de sa condamnation pour outrage à la morale publique et religieuse et délit envers la personne du roi Louis XVIII. En cette période, naquirent les chefs-d'œuvre que l'on sait : le *Grenier*, les *Vieux habits*, le *Sénateur*, le *Roi d'Yvetot*, *Paillasse*, satire contre la versatilité politique de certains poètes, *Diogène*, la *Sainte Alliance*, le *Cinq mai*, etc... Quand on vint arrêter le chansonnier factieux, il habitait rue de Bellefond, numéro 20, dans l'ancien château du comte de Charolais, transformé en pension bourgeoise. En 1825, à sa sortie de prison, il vint demeurer avec Manuel, au 29 de la rue des Martyrs (auj. 49), c'est-à-dire dans la maison du peintre Géricault qui venait de mourir. Il publia là des *Chansons nouvelles*, toujours aussi subversives, et qui contenaient notamment le *Vieux Sergent* et les *Esclaves Gaulois*. Un troisième recueil de *Chansons inédites* parut en 1828, avec : le *Petit homme rouge*, le *Vieux Caporal* et le *Sacre de Charles le simple*, qui lui valurent neuf mois d'emprisonnement à la Force et une amende, couverte par souscription populaire. Vint le gouvernement de Louis-Philippe, dont il ne voulut solliciter aucune faveur. Ce fut toutefois pour le poète l'avènement à la gloire et à la tranquillité. En 1833, il s'installe à Passy, au 42, rue

Raynouard (alors rue Basse), dans la maison qui suivait le presbytère, y resta deux ans, puis trois années à Fontainebleau dont il affectionnait la forêt. C'est de là, sans doute, qu'il écrivait le 31 juillet 1836, à M. Dreyfous, cette lettre qui figure dans les collections de Carnavalet :

« Je vous remercie, Monsieur, de votre offre obligeante. Je
n'en profiterai pas, car dans ce moment je n'ai pas à écrire à
« Wilhem et pense que sans doute bientôt, il viendra faire une
« petite visite à notre forêt. Ayez seulement la bonté de vous
« charger de toutes mes amitiés pour lui, et agréez, Monsieur,
« l'expression de ma gratitude.

Votre serviteur : BÉRANGER.

B. Wilhem(1) était en effet un ami du poète ; musicien de talent, il avait découvert une méthode d'enseignement qui, employée à la Salpétrière et à Bicêtre par les aliénistes Trélat et Leuret, contribua efficacement à la distraction des malheureux pensionnaires de ces établissements. Ceux-ci apprenaient à chanter, d'après cette méthode, des morceaux qui offraient une réelle difficulté d'exécution. C'est à ce Wilhem que Béranger dédia l'*Orphéon* où il vante ses mérites :

> Wilhem, toi de qui la jeunesse
> Rêva Grétry, Gluck et Mozart,
> Courage, à la foule en détresse,
> Ouvre tous les trésors de l'art.
> Communiquer à des sens vides
> Les plus nobles émotions,
> C'est faire en des grabats humides
> Du soleil entrer les rayons.

---

(1) Au moment où, durant la guerre, il y eut grande entreprise de presse contre tous les noms de rues parisiennes rappelant l'allemand, Wilhem se trouva fort injustement mis en discussion.

Cette chanson, inspirée de la dernière séance de l'*Or-phéon*, en 1841, précéda de quelques mois seulement la mort de l'artiste, pauvre, exténué de travail, au seuil de la soixantaine, mais songeant toujours à l'extension de sa méthode.

De Fontainebleau, Béranger s'éloigna, en 1838, pour aller occuper, sur les bords de la Loire, la villa de Balzac, *la Grenadière*, puis de 1839 à 1840, une maison dans Tours même, rue Chanoineau. Il revint près Paris, en 1840, à Fontenay-sous-Bois, chez Mme Lacroix, puis à Passy, rue Vineuse, 21, de 1841 à 1847 ; de là, rue des Moulins, (aujourd'hui rue Scheffer, numéro 4) chez Mme Béga.

On peut dire que Passy fut son séjour de prédilection. Relevons, en effet, cette strophe d'une chanson dont le manuscrit est rehaussé d'un médaillon doré à l'effigie du chansonnier :

> Paris, adieu ; je sors de tes murailles,
> J'ai dans Passy trouvé gîte et repos :
> Ton fils t'enlève un droit de funérailles,
> Et sa piquette échappe à tes impôts.
> Puissé-je ici vieillir exempt d'orage,
> Et de l'oubli près de subir le poids,
> Comme l'oiseau dormir dans le feuillage,
> Au bruit mouvant des échos de ma voix !

Mais ce rêve ne devait pas se réaliser. Voici en effet notre poète qui, après les journées de 1848, se démet au bout de quelques jours du mandat de député que lui ont décerné les électeurs parisiens, et qui, du faubourg St Honoré (avenue Ste Marie) où il avait élu résidence en 1850, s'en vient au 13, rue d'Enfer, chez Mme Magnier, puis 5, avenue de Chateaubriand (rue Beaujon), dans un garni où il reste quatre ans. Evidemment, le Pactole ne

devait pas arroser ses pénates, et l'on peut dire qu'il
mourut pauvre en son dernier logis, aux antipodes de
Passy, c'est-à-dire rue de Vendôme (actuellement rue Béranger, numéro 5) dans l'ancien hôtel de l'Intendance
générale, où il avait emménagé en 1855, et où il s'éteignit
à soixante-dix-sept ans, entre les bras de quelques vieux
amis, lesquels conservèrent pieusement ses souvenirs mo-
biliers, et jusqu'à une mèche de ses cheveux, donnée au
Musée Carnavalet par M. Pierre Deschamps, doyen d'âge
des Bibliographes français.

Il y a également, dans les collections municipales, deux
autographes extrêmement curieux du poète. L'un, écrit en
1854, témoigne d'une relative sévérité à l'égard des poètes
débutants. Il comporte, en effet, divers conseils à l'un d'eux
dont le nom reste ignoré, faute d'indication suscriptive.
Et l'on songe avec mélancolie à ce qui fût advenu si le
chansonnier avait été ainsi rebuté, lorsqu'en 1803 il adressait ses premiers vers au frère de Napoléon Bonaparte.
Voici d'ailleurs le texte intégral de cette lettre donnée en
1906 par Mme Gabart :

« A soixante-quatorze ans, Monsieur, on a peu le temps de
« lire des vers, surtout quand on croit, comme moi, qu'il y a
« mieux à faire que de rimer ; toutefois, j'ai parcouru vos
« essais ; même avec les corrections que vous y avez ajoutées,
« quelle a été ma surprise, Monsieur, de voir que vous ignoriez
« les règles de notre versification ! C'est peu de chose à appren-
« dre, et il me semble étrange que vous ne vous soyez pas
« aperçu de votre ignorance à ce sujet. Je vous le répète, en
« huit jours vous apprendrez les règles que maintenant beau-
« coup de nos ouvriers connaissent parfaitement. Au reste,
« Monsieur, dites-vous bien que nous entrons dans une époque
« où les vers auront peu de chance de fortune, et qu'il serait
« peut-être sage à vous de tourner vos études d'un autre côté.

« Je le souhaite pour votre bonheur, Monsieur, et pour le
« bonheur de ceux que vous aimez.

« Croyez au regret que j'éprouve de détruire vos illusions
« et recevez l'assurance de mes sentiments distingués.

    4 janvier 1854.

BÉRANGER.

L'autre lettre rappelle les sentiments de vénération que professait Béranger pour son ami Debraux, chansonnier comme lui, mort à trente-trois ans, en 1831, et que *Fan-fan la Tulipe* avait déjà rendu célèbre. Il y a, dans cette page, une curieuse conception de la fosse commune, et presque une volonté anticipée d'y être inhumé lui-même. Encore un vœu non réalisé, puisque c'est au Père-Lachaise que l'on conduisit le poète, dans un caveau spécial où il est encore, auprès de sa chère Lisette qui l'avait précédé dans la tombe, et que célébra le chansonnier Frédéric Bérat (1801-1855). Écoutons Béranger à ce sujet :

Qu'importe à moi que mon nom sur la pierre
Soit déchiffré par un futur savant ?
Et quant aux fleurs qu'on promet à ma bière,
Mieux vaut, je crois, les respirer vivant.
Postérité qui peux bien ne pas naître,
A me chercher n'use point ton flambeau.
Sage mortel, j'ai su par la fenêtre
Jeter gaîment l'argent de mon tombeau.

Cette chanson : *Mon Tombeau,* qui date de 1831, corrobore les idées émises dans la lettre de Béranger à M. Chennechet, du 17 février, même année, au sujet d'une tombe à élever à Debraux. Relisons-la, elle est des plus intéressantes :

Monsieur

« Je vous remercie de l'aimable lettre que vous avez bien
« voulu m'écrire. Je suis touché de l'intention qui vous l'a
« dictée ; mais je vous l'avouerai, je ne partage pas tout-à-fait

« votre idée sur la convenance d'une tombe à élever à Emile
« Debraux, en pensant combien serait mieux placée la petite
« annonce que vous croyez nécessaire pour une pierre et une
« fosse particulière. La femme et les enfants d'Emile Debraux
« sont, m'a-t-on dit, dans la misère. Ne vaudrait-il pas mieux,
« si on peut recueillir deux cents francs, les employer en
« secours pour cette malheureuse famille ? On a déjà fait une
« quête sur la tombe à cette intention. Je me joindrai avec
« plaisir à celle que l'on ouvrira sur la tombe de mon pau-
« vre et malheureux confrère. Je ne le connaissais pas, mais
« j'avais un goût particulier pour ses chansons que j'ai lues,
« relues et chantées bien souvent. Je ne ferai donc qu'acquit-
« ter une dette envers sa mémoire, quel que soit l'emploi
« que l'on jugera à propos de faire de la collecte.

« Mon seul regret sera de n'être pas à même d'y contribuer
« pour beaucoup. Quant à ma réflexion sur la fosse particu-
« lière, ne vous en étonnez pas, j'ai fait une chanson non
« publiée, où je demande à être mis dans la fosse commune :

« *An spectacle des ombres,*
« *Je ne veux pas d'une loge d'honneur.*

« D'ailleurs, chez nous, la tombe la mieux décorée est
« bien vite abandonnée de ceux qui la font élever. C'est pour-
« quoi je préfèrerais qu'on renonçât à ce projet pour honorer
« les souvenirs que Debraux laisse au profit de sa famille ;
« mais, je vous le répète, je prendrai part à la souscription,
« quelque parti que prennent les amis de ce chansonnier vrai-
« ment populaire dont je regrette vivement la fin prématurée.

« Recevez, monsieur, l'assurance de ma considération
« distinguée.

17 Février 1831.

BÉRANGER.

Les souvenirs de Béranger, légués par Mme Perrotin,
et auxquels s'ajoutèrent, depuis, quelques dons de MM.
Raunay et Deschamps, pourraient presque constituer un

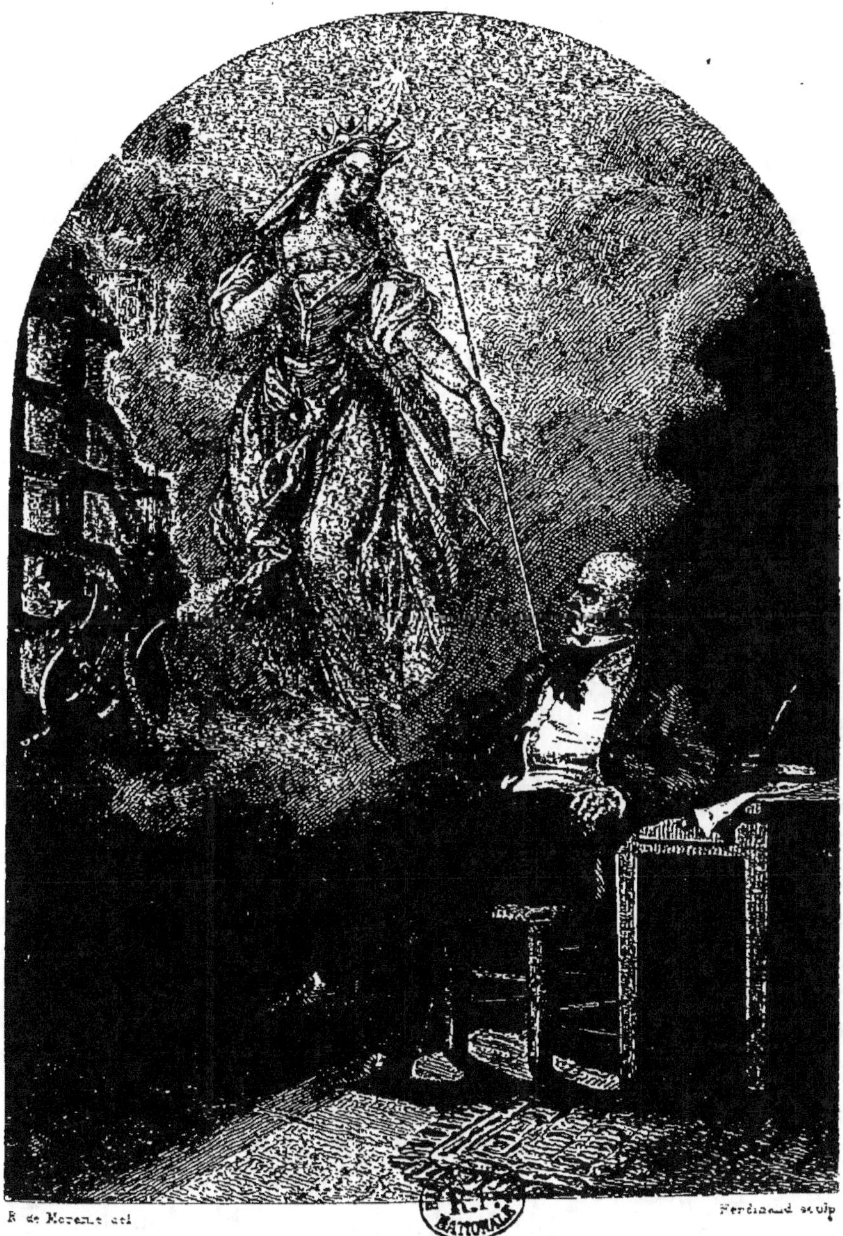

BÉRANGER DANS SA PRISON .

d'après une gravure allégorique du temps.

petit musée à eux seuls. Il n'est pas inutile dans la circonstance, semble-t-il, de les passer en revue.

C'est d'abord, une peinture, œuvre d'Ary Scheffer, qui le représente, en buste, frisant la soixantaine, avec le port de tête inclinée qui lui était favori. Puis, un dessin de Thomas Couture, placé dans la même salle. Le Cabinet des Estampes, outre une sépia amusante de Maillez, 1855, figurant le vieillard vu de dos, et un dessin lavis original, mais non signé, possède une série intéressante de portraits gravés par Masson, Pannier, Frilley, Marie Caron (d'après Scheffer), Lefèvre, Reynolds, et des lithographies d'artistes célèbres, Maurin, Julien, Llanta, Carrière, Fuhn, Alophe, et plus récemment, de Néraudeau (1878). On trouve encore dans ce carton, à titre documentaire, une photographie du buste exécuté par Mlle Fanny Dubois-Davesnes, et une épreuve d'un médaillon de Carrier. Mais c'est aux sculpteurs Perraud et David d'Angers, que Béranger doit ses meilleures reproductions plastiques. Le buste en marbre de Perraud fait valoir la bonhomie simple et fière à la fois du vieux maître, et le médaillon de David met en relief son profil aux curieux effets de modelé.

Avec son masque mortuaire, également donné par Mme Perrotin, veuve de l'éditeur du chansonnier, et la maquette (réduction) en bronze de la statue de Doublemard qui est au square du Temple, on peut se documenter suffisamment sur la physionomie de l'auteur des *Gueux*.

Enfin, à qui veut jeter un regard respectueux sur les souvenirs du poète, on peut montrer le fauteuil dans lequel il expira, le 16 juillet 1857, vieux meuble dont le velours vert usé n'accuse pas l'opulence, bien contrairement à certaine commode Régence dont les bossages et les angles se rehaussent de superbes ciselures. Une autre commode plus modeste, et d'époque Restauration, convient mieux, avec son marbre fendu, à la modestie du poète ; on l'imagine volontiers voisinant avec la petite pendule de bronze au sujet bourgeoisement allégorique, (un petit amour qui fait tourner la sphère terrestre, dont un segment sert de cadran), et avec le vieux lit de fer semblable à celui des pauvres gens, mais préférable pourtant aux couches les plus somptueuses, pour le véritable travailleur qui se veut reposer après la méditation. Et voici encore les vêtements que portait le vieillard dans les derniers mois de son existence, sa calotte, sa canne — dont le pommeau figure un haubert chevaleresque muni d'une devise —, ses lunettes, dont la monture n'avait pas de ces finesses dont raffolent les vieux philologues pangermaniques, et jusqu'à la mèche de ses cheveux, déjà précitée, coupée au lendemain de sa mort et pieusement conservée. A cela s'ajoute aussi un livre de comptes et un manuscrit tout entier de la main de Béranger — manuscrit comportant une vingtaine de ses chansons publiées entre 1825 et 1832.

On le voit, la mémoire du poète est fidèlement gardée, dans le musée parisien où tout naturellement ses souvenirs sont en bonne place, puisqu'ils sont destinés à conserver le culte d'un enfant de notre grande cité et qui mourut dans le quartier du Temple, c'est-à-dire dans le même arrondissement que Carnavalet.

NOTES SUR MICHELET

Un ménage modèle. — Mme Michelet et l'inaccessible Auvergne. — Scandales soulevés par l'appel à la gloire officielle de Michelet mort ; un maire ennemi du grand homme. — Pour monument, on veut ériger à Michelet une fontaine.

On sait que Michelet trouva, dans la personne de sa seconde femme, une collaboratrice de tous les instants, dont la trace laborieuse se découvre dans la plupart des ouvrages qu'il publia sous le second Empire, comme l'*Oiseau*, l'*Insecte*, l'*Amour*, et dans la fin de cette *Histoire de France*, qu'il avait laissée au règne de Louis XI, lors des événements qui l'amenèrent à quitter sa chaire d'histoire et de morale au Collège de France en 1847.

Rendu à l'existence privée et, par suite, à la nécessité — car il n'était pas fortuné — d'écrire pour assurer sa subsistance, il réédita son *Histoire de la Révolution*, composée de 1847 à 1853, reprit l'*Histoire de France* et la conduisit jusqu'en 1789.

Pour se reposer de ses longues recherches, il allait de temps à autre passer quelques semaines en Suisse, en Auvergne ou dans le Midi de la France.

Mme Michelet, qui naturellement l'accompagnait dans ses excursions, y donnait licence à ses propres goût d'herborisation ; elle y puisait au cœur même de la vraie nature les éléments des ouvrages éducatifs qui devaient la signaler à l'attention du public, et ceux d'une collaboration intelligente et active aux travaux de son mari. Entre temps, elle communiquait par voie épistolaire ses impressions à quelques intimes, et cette correspondance jette un jour curieux sur l'existence de l'admirable ménage Michelet et sur l'élévation de sentiments de la compagne idéale d'un grand écrivain, capable de sacrifier sa propre personnalité à la gloire de l'œuvre commune.

Le 6 octobre 1866, elle mandait de Paris à M. Doniol, ami de la famille :

« Monsieur,

« En rentrant de notre voyage en Suisse, je trouve ce charmant souvenir qui retient encore le parfum pénétrant comme l'âme de vos montagnes. Combien je vous remercie d'avoir cru que vous me feriez plaisir. Je vais revoir ces fleurs une à une, me faire leur histoire, et par elle, le paysage où elles vivent. Je garde toujours l'espérance d'entraîner mon mari vers ce point de la France qui semble l'avoir fait naître. Là était le foyer de vie qui peu à peu fit monter la terre du fond de la grande mer.

« Nous allons nous soigner, et qui sait ce dont nous serons capables au retour du printemps.

« Cette année, je ne puis regretter d'avoir manqué ce beau voyage. Mon mari n'a guère cessé d'être malade. Nous avions pourtant choisi l'abri le plus doux, la nature la plus fraîche ; nous vivions au milieu des prairies, des sapins. Mais telle était la puissance du soleil dans cet inexorable été, qu'à 2.400 pieds il se sentait comme desséché. Il eût bu la mer sans dire assez. J'ai passé mes vacances à le soigner. Si nous eussions été en Auvergne, il est probable que nous n'eussions guère vu du pays que la chambre de notre hôtel.

« Rien n'est encore décidé pour notre hiver. Les médecins craignent, cette année, la Provence, qui meurt de soif. Pau, Bayonne sont plus humides, mais mon expérience me dit que nous n'y souffrirons guère moins du froid qu'à Paris. En attendant, nous reprenons le travail. J'ai passé mon été à corriger les épreuves de la *Révolution*. Elle reparaît après avoir manqué treize ans à la vente. C'est un bon moment pour mettre entre les mains de la jeunesse ce monument de justice et d'humanité. Nous y voyons nos fautes, mais nous n'y prenons pas le découragement de l'avenir. C'est ainsi que l'on relève sa dignité et que la France se retrouve elle-même aux heures solennelles.

« Veuillez, monsieur, offrir à madame les hommages de M. Michelet et mes compliments affectueux. Nous vous les offrons aussi en vous remerciant encore.

« A. Michelet ».

Ce document, intéressant et par la clarté de son style et par les indications qu'il contient, nous précise divers points de la vie de Michelet. A cette date du 6 octobre 1866, il a déjà ressenti les atteintes du mal qui l'emportera quelques années plus tard ; mais la tâche est là, impérieuse, à laquelle il se doit. Quel sera l'abri choisi pour échapper aux rigueurs de l'hiver parisien ? Il y a bien le tentant voyage d'Auvergne qui, nous le verrons par la suite, continue d'obséder les songes de Mme Michelet. Mais il n'y faut pas penser. Cependant, M. Doniol les a invités à venir le voir à Antibes et c'est peut-être au cours de cette idéale promenade au long de la côte de mauve et azur que se fixera le choix de l'ermitage à la fois laborieux et reposant, à Hyères, abritée par ses collines des mauvais souffles du nord, et distante de près d'une lieue de la mer, juste assez pour en goûter les bienfaisants effluves sans éprouver les désagréments de son voisinage immédiat.

C'est de là que le 3 mars et le 15 mars, (probablement de l'année 1868, les lettres ne le précisent pas), Mme Michelet écrit à M. Doniol. Elle est toujours préoccupée de son dessein de visiter l'Auvergne l'été suivant, bien que le livre de *La Montagne* ait déjà paru :

« Hyères (Var), 3 mars...

« Monsieur,

« En écrivant le livre de *La Montagne*, l'un de mes plus vifs regrets était de ne point connaître l'Auvergne, cette montagne centrale de la France.

« Je trouvais dur de parler si peu de nous-mêmes, d'admirer les Alpes, l'Himalaya, et de ne rien dire du cœur même de notre pays.

« Mais c'était l'automne avancée ; un voyage eût été pénible et peut-être dangereux à mon mari dont les bronches restent si délicates. Maintenant, le livre est imprimé, il a paru, et cette lacune ne peut guère se réparer. N'importe, je reste avec mon désir, sûre d'ailleurs que mon mari, une fois arrivé, y prendrait un intérêt égal au mien. S'il regardait moins que moi à la nature, il vous aurait, monsieur. Pendant que je cueillerais des fleurs sur les Puys, vous feriez ensemble une autre moisson tout aussi riche. Quel serait donc le meilleur moment pour avoir chaud et trouver les sommets fleuris ? La flore de la plaine n'ayant rien de particulier, il faudrait arriver à l'heure de la flore alpine. Les ascensions ne devant pas être pénibles, je pourrais les renouveler et faire quelques études fructueuses.

« Nous resterons à Hyères jusqu'au 20 avril ; à cette date nous regagnerons Paris. Il serait bien trop tôt pour songer à l'Auvergne. En attendant, j'étudierai M. Lecoq pour arriver moins novice. Déjà, heureuse de l'espérance

que mon mari me donne, je suis sur la carte notre itiné-
raire ; mais sans guide, je ne vois pas bien ce que nous
aurions à visiter. Y a-t-il des livres à lire pour d'avance
s'orienter et rendre le voyage plus utile? Vous excuserez,
n'est-ce pas, monsieur, toutes mes questions. Vous savez
ce que c'est que d'aimer son sujet. La nature me tient.
Je suis sa fille, ayant vécu d'elle tant d'années. C'est
aussi le rafraîchissement d'un esprit qu'attriste souvent
l'histoire humaine. Après avoir fait une halte dans l'histoire naturelle, il revient à son dur labeur, plus fort, et
plus serein...

« Recevez des deux ermites du travail compliments
affectueux.

« A. MICHELET. »

Il n'est pas jusqu'à ce post-scriptum qui ne témoigne
de l'ardeur qu'elle apporte à se documenter au préalable
sur ce pays :

« Mon mari, dans sa Géographie de la France, a donné
les titres des livres à consulter jusqu'en 1839. Depuis, a-
t-on publié autre chose ? »

Ce voyage est sur le point de s'accomplir, et déjà, le
15 mars, les préparatifs en sont à peu près réglés pour
l'été suivant. Pourtant, on perçoit comme une arrière-
pensée de son irréalisation possible, à travers le compli-
ment flatteur qui s'adresse à la documentation si complai-
samment détaillée par le guide ami qui renseigna Mme Michelet sur la beauté de ce voyage :

« Nous sommes bien touchés de votre empressement
à servir nos projets d'excursions en Auvergne. Tout ce
que vous nous dites nous fait d'avance étendre nos ailes.
Si votre santé ne se met pas à la traverse, nous suivrons
vos conseils, nous partirons vers les premiers jours de
juillet. Je remercie Mme Doniol de me désirer sans me

connaître ; je serai bien charmée de l'avoir pour compagne de voyage, et d'admirer avec elle cette nature austère dont je tiens un peu.

« Mon souci est que vingt-sept jours consécutifs d'allées et de venues ne soient trop pour mon mari habitué à la vie assise, sédentaire des penseurs.

« Je ne suis pas non plus si vaillante qu'il n'ait de son côté quelques inquiétudes pour moi. Si nous pouvons vous faire une petite visite à Antibes, peut-être trouverez-vous un moyen de nous rassurer l'un pour l'autre.

« Votre lettre, monsieur, nous est bien précieuse par les détails qu'elle renferme. Quand même nous ne verrions pas l'Auvergne, vous nous auriez donné comme un don de seconde vue en nous instruisant si bien.

« A. MICHELET. »

Pour le présent, le ménage infatigablement laborieux, goûte les bienfaits du soleil hyémal, dans le séjour d'Hyères dont il a fait le choix définitivement :

« Impossible de commencer nos études à Hyères où l'on n'a d'autre nourriture que le soleil ; mais une fois de retour à Paris, nous allons dévorer tous ces in-folios, chercher les cartes, les plans, les photographies. Ce sera presque faire le voyage. »

De temps à autre, la séduction d'une promenade au long de la Côte d'Azur se fait pressante. M. Doniol étant propriétaire d'une villa qui regarde le Golfe d'Antibes, l'occasion est tentante de répondre à son invite. Mais toujours le soleil intervient, contrariant :

« Tout le monde célèbre les beautés de ce golfe d'Antibes où vous nous conviez. Si seulement il pouvait arrêter les nuages qui passent, passent toujours et nous laissent de plus en plus altérés. Cet hiver nous souffrons beau-

coup de la sécheresse. Voilà dix mois que le pays attend
après la pluie. A peine quelques courtes ondées, suivies
d'un mistral terrible qui boit tout, le monstre. Nous en
sommes à regretter la tristesse et le morfondant de nos
brouillards. Malgré tout, nous ajournons le retour jusqu'aux vacances de Pâques. Serez-vous encore à Anti
bes ?...

« A. MICHELET. »

Hélas ! le beau projet de voyage en Auvergne doit
s'évanouir probablement à jamais. Michelet, de retour à
Paris, a couru les dangers de l'épidémie cholérique et sa
santé menacée exige les plus grandes précautions, car il
est près d'atteindre sa soixante et onzième année. C'est ce
qu'apprendra M. Doniol dans la lettre touchante que lui
adresse Mme Michelet, quelques mois après le retour à
Paris :

« Paris, 27 juillet 1868.

« Monsieur,

« Je suis presque honteuse d'avoir tant tardé à vous
écrire, à vous parler de cette excursion dont l'espérance
avait réjoui mon hiver. Ce n'est pas que je n'aie pensé
bien souvent à vous dire notre situation ; mais dans un
travail excessif, les jours emportent les jours, et le meilleur de la vie est ajourné. Ce travail même suivi par mon
mari avec l'acharnement du chasseur à sa proie, lui a été
fatal. Je l'ai eu un moment tout à fait mal de l'affection
qui frappe Paris, le choléra endémique.

« Les chaleurs sont excessives, lourdes, orageuses et
sans orages. Il y a quinze jours, je l'ai trouvé le matin à
cinq heures déjà très pris. Tout a été fait pour enrayer
rapidement. Aujourd'hui il ne reste guère que la faiblesse;

mais cela seul empêche tout. Impossible d'entreprendre un voyage tout de locomotion. Après un tel ébranlement, il faut prendre beaucoup d'air, l'air, s'il se peut, des sommets, pour se désempoisonner ; seulement, il faut respirer dans un grand repos et laisser faire sur soi la nature.

« L'Auvergne, ce beau rêve, ne sera donc pas pour cette année. De bien des manières, j'y ai regret ; vous nous aviez offert d'une façon si aimable de partager nos ascensions, que je m'en faisais une fête. Toutes mes joies sont avec l'histoire naturelle. Dans l'austérité de notre vie, ces échappées vers les pays nouveaux sont prises avec la ferveur des écoliers en vacances.

« Je ne veux pas désespérer, j'aime mieux ne croire qu'à un ajournement. Si je ne puis voir un cratère allumé, que je descende au moins dans ceux qui gardent encore la trace toute vivante de leur activité.

« Veuillez, monsieur, me pardonner un retard involontaire...

« A. MICHELET. »

Cette correspondance, si profondément imprégnée des sentiments de noblesse de cœur, de l'affection et du dévouement dont se remplit l'existence de Mme Michelet, fut-elle interrompue, ou les éléments subséquents en ont-ils été dispersés par les circonstances ? Nous ne saurions le dire. Mais voici que huit années se sont écoulées depuis la précédente lettre, au cours desquelles la France, après bien des désastres, a déploré la perte du grand historien, du serviteur dévoué de la patrie et de la science, du précurseur de la démocratie triomphante.

Le 9 février 1874, Michelet expirait à Hyères dans les bras de sa dévouée compagne et, quelque temps après, sa dépouille mortelle, rapportée à Paris, était inhumée au

Père-Lachaise, en présence d'un cortège innombrable, désireux d'offrir ce suprême hommage admiratif à l'homme qui, sans compter, avait sacrifié toute une vie de labeur et de luttes, sans souci de gloire ni d'honneur, à la cause de la vérité et de la science.

En 1876, les relations épistolaires de Mme Michelet et de M. Doniol semblent bien indiquer que la cordialité des sentiments qu'ils se témoignaient autrefois n'a fait que s'accentuer avec le temps. Et les quelques lettres qu'il nous a été donné de parcourir éclairent d'un jour presque tragique certaines phases de la douleur de la veuve, douleur rendue plus amère encore par le pénible incident qui accompagne les préliminaires de la translation des cendres de son mari.

Pour des raisons dont ces lettres ne font pas mention, il advint que le maire de la localité, bien loin de faciliter à Mme Michelet l'accomplissement de cette mission pénible mais nécessaire à la consécration au moins posthume de la reconnaissance nationale à l'égard de l'auteur de l'Histoire de France et du réorganisateur de nos Archives historiques, parut, au contraire, apporter une âpre animosité à contrarier ce dessein et à humilier même ceux qui, selon la loi de leur conscience, se disposaient à le réaliser.

Les messages qui suivent remémorent ces douloureux souvenirs :

« Paris, 8 juin 1876.

« Monsieur,

« J'ai été bien sensible à votre bon souvenir. Si grande qu'ait été la joie de le ramener et de lui donner le repos au milieu des siens, je me suis sentie brisée de mon voyage rapide et de mes émotions. Celles de Paris ont été douces, celles d'Hyères poignantes.

« Maintenant que je l'ai reconquis et lui ai donné un tombeau, je reviens à la tâche qu'il me laissait à remplir, ne prévoyant pas les complications et les entraves que me créerait sa famille. Je reviens à ses papiers et je demande à Dieu de vivre assez longtemps pour les bien classer au profit des chercheurs qui voudraient se guider par ses travaux. C'est un vrai trésor. Avec le temps, s'il m'est accordé, je pourrai, moi-même, faire une œuvre des plus intéressantes, raconter comment sa vie et sa pensée se sont développées d'une manière harmonique ; ce qui a été l'occasion de tel de ses livres qu'on voudrait regarder comme un hors-d'œuvre, etc.

« En faisant le rangement de ses papiers, je le suis pas à pas, je surprends, jour par jour, l'éclosion et l'évolution de chaque pensée qui est devenue un livre.

« En un mot, on aurait l'homme en lui-même, dans sa lente création, Il y a là de quoi tenter. Si je reste en chemin, d'autres, parmi les sincères qui, sans tomber à l'adoration, sentent ce que valut cette grande âme, d'autres, dis-je, pourront me suppléer. J'aurai bien jalonné la route.

« Maintenant que vous voilà fixé au Midi par vos fonctions administratives et vos intérêts privés, il y a peu d'espoir de vous voir à Paris. Mais si vous y venez, n'oubliez pas, je vous prie, la rue d'Assas.

« A. MICHELET, »

Les événements qui ont brisé le cœur de Mme Michelet remontent à deux années plus haut. Tandis qu'elle se préoccupait de faire transférer les cendres de son mari au Père-Lachaise, la municipalité de Hyères, probablement influencée par le gendre de l'historien, (marié à la fille que Michelet avait eue d'un premier lit), opposé à cette translation, imagina toutes sortes de moyens d'obstruction.

Elle laissa inhumer le corps dans une fosse pleine d'eau, et lorsque la veuve, munie des autorisations nécessaires, voulut se faire remettre la chère dépouille, le maire lui donna pour escorte la gendarmerie locale, ce qui eut le don de mettre hors d'elle Mme Michelet. L'incident fit scandale. Un procès s'ensuivit au cours duquel les voix autorisées de Challemel-Lacour, de Laboulaye et de Bersot firent entendre le cri de la justice et de la raison.

La lettre suivante évoque une des phases accessoires de cette affaire, au moment où l'issue définitive en apparaît encore douteuse.

« Paris, 4 septembre 1876.

« Monsieur et ami,

« Un triste procès va être jugé près de vous en appel. Le maire d'Hyères en fonctions lorsque je suis allée chercher le corps de mon mari, s'est conduit de la manière la plus inconvenante et la plus illégale.

« J'ai raconté la chose bien brièvement dans ma brochure des funérailles, donnant contre cet officier ministériel un document irréfutable, le procès-verbal du commissaire de police.

« J'ai l'honneur de vous envoyer cette brochure. Vous y verrez aussi la façon dont le maire d'Hyères nous a fait accompagner, mettant à la suite du cercueil et de la veuve qui s'en allaient seuls, la gendarmerie, comme il l'eût fait derrière des malfaiteurs dangereux.

« Je suis arrivée à Toulon le cœur plein de sanglots et d'indignation. Il a éclaté près des amis qui venaient saluer le corps de mon mari. Malgré moi, les journalistes ont raconté les faits en termes trop vifs, quoique mérités. Le maire a fait un procès. Et comme il arrive toujours, les fonctionnaires, les employés d'une petite localité, qui craignent pour leur position, sont venus témoigner à sa décharge, et ont fait condamner les journalistes. Il n'en reste pas moins que les choses se sont passées comme je l'ai dit moi-même, sans qu'on puisse m'attaquer. J'aurais trop à y ajouter. Jamais exhumation ne s'est faite de la sorte. Il y a eu violation de toutes les convenances et de tous les droits, ceux que nous considérons justement comme les plus sacrés : les droits des morts.

« *Le Progrès du Var*, condamné à deux amendes, l'une frappant son directeur, l'autre son gérant, a-t-il fait appel à Aix ? Je ne sais. Mais j'apprends que le procureur général de Toulon vient de faire appel « a minima », Ce serait une honte devant l'histoire que la Cour d'Aix donnât satisfaction à un fonctionnaire si fortement répréhensible.

« Je fais appel, monsieur, à votre amitié, à votre estime pour M. Michelet, et vous demande, si vous avez quelques relations à Aix dans la magistrature, de détourner les juges d'aggraver un jugement dont on a été déjà bien surpris à Toulon.

« De proche en proche, je pourrais être amenée à demander des comptes à ce maire destitué et faire ressortir l'illégalité de sa conduite d'une façon éclatante. Mieux vaut que la justice fasse son devoir et déboute M. de G... (de Gavardie).

« C'est une malade, bien malade, qui vous demande un service, vous ne le lui refuserez pas, et pour elle, et pour *lui*, surtout.

« A.-J. MICHELET. »

Le temps a passé, l'opinion publique s'est émue et veut une réparation éclatante à la mémoire du grand homme. Un comité s'est formé, à dessein d'édifier sur son tombeau un monument digne de lui. Et à ce sujet encore son ombre respectée connaîtra le jeu des vicissitudes nées de l'amour-propre et de la susceptibilité humaine. Sous des formes voilées, mais facilement reconnaissables, la lettre qu'on va lire et qui est transcrite ici en toute impartialité, nous renseignera :

« Paris, 10 mai 1877.

« Monsieur et ami.

« Vous aurez certainement lu dans les journaux l'appel que le comité parisien vient de faire aux amis et admirateurs de M. Michelet pour lui élever un monument qui doit être en même temps une œuvre pieuse, un don aux morts du Père-Lachaise. Pour monument, on lui érige une fontaine. J'ai désiré que la souscription fût faite avec le calme, la dignité qu'il mettait lui-même à tous les actes de la vie.

« Nous avons éloigné toutes les manifestations bruyantes qui indiquent souvent moins de ferveur à la mémoire qu'on honore, que de plaisir à manifester pour soi-même.

« De là le mécontentement d'un parti que je ne nomme qu'en disant que son Dieu voudrait que le soleil tournât autour de lui. Vous le connaissez comme moi.

« Il a donc imaginé, pour empêcher Paris et la France d'acquitter leur dette envers l'historien national, d'opposer souscription à souscription, d'opposer Mme Sand à Michelet. Ce n'est pas qu'on se soucie du romancier, Hugo ne se soucie que de lui-même. Mais, n'étant ni président, ni membre de notre Comité, nous ne devons absolument pas réussir. Il voulait ouvrir sa souscription le 15 mai, celle de M. Michelet ne fermant que le 30.

Hébrard lui a dit carrément : « Je m'y oppose, ce serait de votre part un coup de Jarnac. »

« Et bien entendu, on embouchera la trompette, on battra le *Rappel*, pour faire manifester bruyamment, toujours à cause du Dieu qui protège un nom, lequel s'est fait sans lui sa renommée. Cette petitesse dans la grandeur nous fait étendre le rayon de notre appel à la province.

« Je voudrais que le Midi où il a passé tant d'hivers fût avec nous. Pourquoi les Conseils municipaux des grandes villes ne répondraient-ils pas au Conseil municipal de Paris ? Je suis sûre qu'il y a des mairies où l'on ne demanderait pas mieux, si l'on ne pensait pas déplaire. Ici, il y a une dette nationale à acquitter. M. Michelet, à tous les titres, est un serviteur de l'Etat et de la Patrie, un serviteur glorieux. Il laisse à l'une et à l'autre des travaux d'une portée considérable ; je pense à ce qu'il a fait pendant vingt-deux ans pour les Archives, le travail d'un homme de génie ; à la France il laisse un monument impérissable. Où retrouvera-t-elle son âme maintenant que l'Hôtel-de-Ville est brûlé ?

« Et lui qui a tout donné, santé, repos, fortune, la vie même, pour achever son œuvre et rester fidèle au devoir, n'a jamais rien demandé pour lui. Il trouvait naturels ses sacrifices et ses épreuves. Et ses amis, sa veuve, connaissant cette simplicité d'une âme vraiment antique, ne lui donneront pour monument qu'une occasion nouvelle de servir l'humanité.

« Voici l'appel que fait le Comité aux départements. Un mot de vous, monsieur et ami, dans votre entourage, en assurerait le succès. La république sage et digne que vous représentez ne peut que s'honorer en honorant un grand homme et un grand citoyen.

« A.-J. MICHELET.

« P.-S. — Toutes vos lettres que j'ai retrouvées dans la correspondance de mon mari m'ont rappelé combien vous étiez près de lui dans les choses de l'esprit et de notre intérêt national. »

Une dernière occasion se présentera encore, sept ans plus tard, d'honorer la chère mémoire. C'est au Collège de France, où pendant près de quinze années il occupa la chaire d'histoire et de morale, et dans la salle même affectée à son cours qu'aura lieu cette manifestation touchante. Mme Michelet, dans une dernière lettre, la rappelle, en notant les profondes impressions qu'elle ne pouvait manquer d'éprouver :

« Paris, 16 avril 1884.

« Monsieur,

« Excusez-moi de ne pas vous avoir remercié à l'heure même de votre précieux envoi. Il m'est venu comme je recevais des hôtes frappés d'un grand deuil. J'étais moi-même sous l'émotion de la cérémonie réparatrice qu'on allait faire au Collège de France. Ce n'est pas qu'elle dût avoir rien d'officiel, ni de solennel, mais je devais revoir cette salle que vous connaissez, et qui a gardé la vibration de sa parole. On a dit à tort que les trois professeurs l'avaient occupée. Elle était à lui seul.

« Et si j'allais aussi me trouver en face de la petite porte où il apparaissait, nerveux, ému, magnétisant son auditoire dès le premier regard.

« Lorsqu'on a eu le cœur déchiré, ces retours au passé ne se font pas sans un grand ébranlement. Me voilà donc pardonnée d'une faute apparente. Plus qu'un autre, monsieur, vous êtes uni à ces souvenirs, car il vous aimait bien !

« A.-J. Michelet. »

Ces quelques documents épistolaires, ignorés jusqu'à présent, jettent un jour assez lumineux sur les incidents plutôt pénibles qui suivirent la mort du grand historien. Mais ils ont, au surplus, l'avantage de démontrer la sincérité du culte que sa veuve avait voué à sa chère mémoire, anéantissant ainsi les insinuations de la malignité publique.

On a pu faire grief à divers héritiers de grands écrivains d'avoir tiré un parti voisin de la spéculation, soit des œuvres manuscrites qu'ils laissaient après eux, soit de leur correspondance.

Si l'on songe qu'une notable partie des papiers de Michelet a été donnée par sa veuve à différentes bibliothèques, sous réserve de leur conserver le caractère de l'inédit jusqu'à extinction de ses co-héritiers, il sera donc aisé de conclure au parfait désintéressement de l'épouse soucieuse avant tout de ne faire servir ces précieuses reliques qu'aux seules recherches de l'érudition et de la critique (le substantiel ouvrage du regretté Gabriel Monod nous en offre une preuve), et d'entourer le nom de Jules Michelet du nimbe glorieux d'une imposante et universelle consécration.

HAUSSMANN MINISTRE DE PARIS

Une correspondance révélatrice. — Haussmann et l'Empereur. —
Le Préfet-Ministre et le Ministère de Paris. — Lettres inédites.

En 1903, le Musée Carnavalet acquit un intéressant
dossier de correspondance inédite entre Napoléon III et le
baron Haussmann. Ces lettres ont, à défaut d'un sentiment
bien net de l'intérêt du peuple, l'avantage de mettre en
valeur les préoccupations majeures qui hantèrent constamment ces deux hommes, dans la mesure de leurs fonctions publiques.

Lorsque Napoléon III laissa choir la fortune de son
pays dans la guerre meutrière que la revanche glorieuse
de 1914 n'a pas fait oublier, il dut souffrir beaucoup de
se sentir désormais banni de Paris.

Il n'est pas excessif de dire que le baron Haussmann
s'appliqua de toute son énergie à gagner la fantastique
fonction qu'il avait rêvée de ministre de Paris. Une des
lettres du dossier jette un jour vraiment intéressant sur
ce projet. Napoléon y déclare bien que le titre de Ministre
de Paris serait un illogisme s'il était attaché à une fonction officiellement dévolue, et surtout si M. Haussmann
devait être appelé à en bénéficier ; mais ce dernier dans
ses Mémoires nous présente à plusieurs reprises ce projet
de ministère comme une obsession du cerveau impérial,
et l'on se demande qui des deux était sincère en la circons-

tance. Après sept années de préfectorat, Haussmann n'avait pu se défendre d'exprimer à l'Empereur son désir d'être l'égal des Billault et des Rouher. En décembre 1860, croyant le moment propice, il avait intrigué, et sans avoir le titre effectif, il se voyait par décret nommé conseiller d'Etat avec voix délibérative, quoique sénateur ; le décret de décentralisation de 1852, dont le département de la Seine ne pouvait bénéficier jusqu'alors, lui devenait applicable, par décret nouveau du 9 janvier 1861, bientôt suivi de celui du 13 avril 1861, augmentant plus encore les attributions préfectorales ; enfin par *Lettre close*, l'empereur admettait Haussmann au conseil des ministres, toutes les fois que le préfet le jugerait à propos pour les intérêts de la Ville de Paris.

C'était plus qu'il n'en fallait pour attiser à son endroit la jalousie de quelques-uns des membres du Cabinet.

Sept ans après, Haussmann, désireux de goûter les honneurs des hautes dignités, revenait à la charge et proposait à Napoléon, trois modèles de décrets. L'un d'eux, le plus osé, a été mis au jour par le *Figaro*, il nommait carrément le baron Haussmann ministre de Paris. Les deux autres, qui semblent vouloir s'ingénier à circonvenir la lettre du troisième, méritent également d'être cités. Les voici :

Art. 1er. — L'administration départementale, communale et hospitalière est distraite du ministère de l'intérieur et placée sous les attributions du ministre de l'agriculture, commerce et travaux publics, qui prendra désormais le nom de ministre des intérêts publics.

Art. 2. — Le baron Haussmann est nommé ministre secrétaire d'Etat du département des intérêts publics.

Jusqu'à ce qu'il en soit autrement ordonné par nous, il conservera l'administration directe de la Ville de Paris et du département de la Seine.

L'autre projet était moins affirmatif, et se contentait d'une assimilation :

Le baron Haussmann, sénateur, préfet de la Seine, a rang de ministre, et a séance en cette qualité dans nos conseils. L'autorité ministérielle lui est dévolue dans son ressort, en matière d'administration départementale, communale et hospitalière.

Malheureusement pour Haussmann, rien de tout cela ne se fit. Emile Ollivier, dont il n'avait pas la sympathie, renversa toutes ses espérances par sa venue au ministère, et l'homme au *cœur léger* exigea le départ du confident municipal de son souverain. Au printemps de 1870, raconte Haussmann dans ses Mémoires, Napoléon III, déjà fatigué de l'incapacité de ses nouveaux ministres, essaya d'enrôler quelques serviteurs de son parti pour former un ministère de réaction contre celui de l'Empire libéral, et pressentit Haussmann, au cours d'un déjeuner à Saint-Cloud, le 12 juin de l'année fatale. Celui-ci, à la manière du renard de La Fontaine, dédaigna cette grappe qui jusqu'alors avait fait vainement l'objet de sa gourmandise. Les événements qui suivirent lui prouvèrent le bien-fondé de sa prudence. Il n'était pas sans intérêt de retrouver dans la correspondance qui contient ces projets de décrets et ces lettres impériales, quelques traces de l'intérêt passionné réellement apporté par Napoléon III aux questions d'ordre municipal de la Ville de Paris. Année par année, chacune des lettres parcourues comporte un point de vue qui semble démontrer que le souci des petits détails hantait précisément l'esprit de ce chef d'Etat dépourvu de toute conception d'ensemble.

Le 2 janvier 1866, il écrit à son préfet de la Seine :

Mon cher Monsieur Haussmann,
Je vous envoie un petit croquis du Trocadéro pour vous

faire comprendre comment j'entends l'arrangement de cette place. Je voudrais qu'à partir du rond-point, le talus fût simplement en gazon.

C'est le prélude aux embellissements de 1878 qui firent la gloire d'Alphand.

Une autre fois, le 13 juillet 1860, il signale le défaut d'assistance des hôpitaux :

Vous savez qu'il y a quelques mois des plaintes m'étaient parvenues au sujet du défaut d'assistance dans les hôpitaux. J'en ai parlé au préfet de police qui m'a transmis les renseignements ci-joints... Croyez à mes sentiments d'amitié.

NAPOLÉON.

Le 27 mai 1861, il entretient son dévoué subordonné de l'expropriation de maisons au boulevard Malesherbes, et lui rappelle « qu'il ne voudrait à aucun prix léser des intérêts particuliers sans une bonne raison. »

Mais il a le souci du bien-être de ses courtisans, car le 15 janvier 1863, il lui dépêche ce mot de désir, formé à l'intention de qui veut le comprendre :

La princesse Radziwill m'a envoyé la note ci-jointe à laquelle elle attache une grande importance. Je vois bien que son hôtel est de travers, mais ce n'est pas une raison pour l'empêcher de le vendre et lui retirer toute valeur en tenant à l'alignement. Je désire donc que l'hôtel soit accepté, sauf à obliger à l'alignement dans le cas où il serait rétabli.

Il s'intéresse aussi à l'entretien de la glace pour ses amis du Cercle des Patineurs du Bois de Boulogne, ainsi qu'aux maisons qu'on va démolir rue de l'Échelle, jusqu'à la place du Théâtre-Français.

Nous arrivons en mars 1866. L'empereur ne perd pas de vue les mesures qu'il va falloir employer pour sa propre sécurité, d'ici à 1869.

Vous ne devez pas oublier que dans les circonstances présentes, il faut que l'idée politique domine toute autre préoccupation. Ainsi, quoiqu'il y ait plusieurs questions dont vous m'ayez déjà parlé et dont la solution réaliserait de véritables améliorations pour la ville de Paris, je tiens à ce qu'elles ne soient pas agitées avant les nouvelles élections ; dans ce nombre se trouvent la *suppression des chiffonniers et la translation des cimetières hors Paris*. Ces deux changements, utiles sans doute, froisseraient beaucoup d'intérêts qu'il ne faut pas inquiéter avant 1869.

Je vous prie de bien vous pénétrer de ces recommandations, et de croire à mes sentiments d'amitié. — NAPOLÉON.

P.-S. — Quand donc la question des petites voitures sera-t-elle résolue ?

Mais ni ces moyens termes, ni les concessions au prolétariat, caractérisées par le dégagement des objets de literie récemment déposés au Mont-de-Piété, n'arrêteront les effets de la réprobation publique. Celle-ci déjà se fait sourdement sentir dans la note suivante :

6 avril 1869.

Je vous transmets la note ci-jointe, afin que vous tâchiez de remédier à des mécontentements qui malheureusement surgissent de bien des côtés.

Suit la pétition :

Parmi les 1.800 marchands établis dans le nouveau marché du Temple, il règne un vif mécontentement.

Depuis la reconstruction de ce marché par une Compagnie qui paie à la Ville une redevance annuelle de 200.000 francs, le prix des places a plus que quadruplé ; la patente a subi la même progression et la clientèle ordinaire du marché s'est éloignée, l'élégance des nouvelles boutiques ayant influé sur celle des marchandises.

Aussi deux cents places sont-elles constamment inoccupées, et tout en restant fort calmes à l'extérieur, les marchands ne cessent de dire qu'on les a logés dans un palais, mais qu'on leur a enlevé le moyen d'y vivre.

Ce mécontentement de 1.800 familles dans le même quartier semble devoir être signalé tout particulièrement à l'attention de l'Empereur.

Ajouté à tous les autres mécontentements particuliers, il devait précipiter la ruine du pouvoir impérial par le cataclysme national dont le pays fut la victime.

En 1864, pendant qu'on étudiait la reconstruction de l'Hôtel-Dieu sur l'emplacement actuel, il vint à l'Empereur une idée baroque, celle d'abandonner les travaux commencés pour édifier cet établissement sur les terrains de l'île Louviers, rattachée comme on sait au sol parisien sous Louis-Philippe, et sur l'emplacement de laquelle s'élève aujourd'hui le boulevard Morland. M. Piétri, attaché au secrétariat de Napoléon, demanda au préfet dans un délai de deux mois, un projet à cet effet. Ce dernier qui était en villégiature à Longchamps lui écrivit en réponse une lettre de quatre pages très serrées, dans laquelle il accumula une dizaine d'arguments qu'il avait servis à son souverain au cours d'une promenade, contre cette désaffectation d'un emplacement traditionnel. Quelques unes de ces raisons méritent d'être signalées, et prouvent combien, tout en raisonnant très juste quant aux conséquences, l'esprit du baron Haussmann était inféodé aux préjugés d'autrefois.

Il invoque tour à tour l'espèce de superstition populaire qui ne manquerait pas d'être choquée, si l'on éloignait l'Hôtel-Dieu de Notre-Dame; l'habitude prise par la population d'aller aux consultations du Parvis; le soulèvement qu'on exciterait parmi la puissante communauté de l'Hôtel-Dieu, si on éloignait les sœurs du Parvis Notre Dame; et les difficultés qu'on éprouverait à maintenir le fonctionnement régulier du service des médecins et des chirurgiens, dont plusieurs préfèrent déjà celui de la Charité et de Beaujon ou de Lariboisière à l'Hôtel-Dieu qui nuit à leur clientèle riche.

Ces divers arguments durent être persuasifs, car les travaux se pousuivirent sur l'emplacement actuel, de 1866 à 1872, absorbant un crédit d'une quinzaine de millions ; après quoi, la commission des Hospices éprouva le besoin de modifier les plans adoptés pour l'achèvement de l'Hôtel-Dieu ; mais son avis resta lettre morte et les bâtiments purent enfin être inaugurés en mars 1878.

D'ailleurs, ces variations d'esprit semblaient inscrites dans la destinée de cet établissement, puisque déjà, en 1781, on avait proposé sa reconstruction sur l'ancienne île des Cygnes, rattachée quelques années plus tard au Champ de Mars, et dans laquelle avaient été inhumés, en 1544, nombre de pestiférés de l'Hôtel-Dieu. En 1788, il fut même question de l'installer à l'Ecole Militaire et il ne fallut pas moins d'un demi-siècle pour qu'on se décidât à conserver l'emplacement aux abords duquel, douze siècles avant, Saint Landry recueillait et soignait les pitoyables affamés du chapitre Notre-Dame. Les travaux entrepris en 1838 avaient été interrompus par la Révolution de février. En poursuivant leur reprise, Haussmann s'est acquis un titre de plus à la reconnaissance des Parisiens.

L'ARSENAL SOUS LA COMMUNE

Débuts de la Commune. — Un Malitourne fort pittoresque. — « Allumez le gaz et reconnaissez-moi ». — Les incendies. — La balle d'Hippolyte Lucas. — Un trait à l'adresse de Victor Hugo.

L'histoire, lorsqu'elle redira, en tenant compte des effets de recul que donne le temps à l'optique des choses, les pages terribles et les souffrances de l'époque néfaste de 1870-1871, glissera sans doute sur les menus faits pour ne s'occuper que de la synthèse. Le secret de bien des misères, de bien de calamités d'ordre privé s'en ira dans la tombe où l'ont déjà précédé la plupart de ceux qui ont vécu ces tristes jours et conservé leur souvenir.

C'est afin de le préserver de l'oubli que fut, on le sait, créé en 1899 le Musée du Siège de Paris, logé dans les combles de Carnavalet. Dans ce Musée, on pouvait aisément remarquer entre autres documents précieux inclus sous vitrine, les impressions épistolaires d'un écrivain d'élite, Hippolyte Lucas, (¹) mort depuis, et qui fut bibliothécaire à l'Arsenal. Détail intéressant, il avait été le seul

(1) Hippolyte Lucas, né à Rennes en 1807 ; reçu avocat en 1826, vint à Paris en 1829, collabora à nombre de journaux dont le *Charivari*, le *Siècle*, le *National*, contribua à la fondation de la Société des Gens de lettres. Auteur fécond, il composa des pièces de théâtre, maints livrets d'opéra et un certain nombre d'ouvrages d'histoire. Entré à la Bibliothèque de l'Arsenal en 1850, il y resta jusqu'à sa mort, en 1878.

collaborateur agréé par Victor Hugo, dont il adapta, à usage de féerie, le conte du *Beau Pécopin*. Ces sept lettres narrant avec tristesse les horreurs de la guerre, nous suscitèrent l'idée de rechercher dans les archives du Musée, s'il ne s'en trouvait pas quelques autres relatives à la Commune, leur auteur étant demeuré courageusement, nuit et jour, à son poste durant toute cette période. Il nous fut donné par bonheur, d'en exhumer une douzaine que la piété filiale de M. Léo Lucas, avait ajoutées à ce don précieux. Ces lettres se réfèrent toutes en effet à l'époque de la Commune, et il n'est que de les suivre pas à pas pour partager, à un demi-siècle de distance, les affres et les transes du bibliophile et du fonctionnaire en présence du danger grandissant qui menaçait la bibliothèque de l'Arsenal et son inestimable contenu. Adressées, la plupart, soit à Mme Lucas, soit à Mme Bowes, née de Saint-Amand sa belle-fille, soit au fils de l'écrivain, elle sont d'une éloquence et d'un enseignement qu'on ne saurait oublier.

Elles forment, d'autre part, en quelque sorte, le complément de l'intéressante correspondance mise au jour dans la *Nouvelle Revue Rétrospective* en 1895 (t. II) par M. Paul Cottin, et qui nous conduit, depuis les premières appréhensions du manque de vivres au début du siège, depuis les angoisses de la solitude inaccoutumée du père de famille, heureux cependant de sentir les siens en sûreté, bien qu'au loin, jusqu'aux ultimes convulsions sociales de la Commune.

C'est au cours de cette série de lettres déjà connues du public qu'Hippolyte Lucas nous tient au courant des libelles scandaleux qui circulaient sur le compte de la famille impériale, des difficultés de toutes sortes qui entravaient le service de la bibliothèque, après qu'on eût été contraint de déloger par précaution les manuscrits de leur salle habituelle, d'éteindre le calorifère, et de continuer à satisfaire cependant le rare public, trois ou quatre vieux à moitié toqués et quelques soldats de la caserne voisine ou quelques mobiles de passage, obstinés à chercher du repos dans cet asile.

Il nous conte un peu plus tard, comment, le 8 Janvier 1871, en pleine disette, Malitourne, un des employés, soucieux de s'assurer quelque plat quotidien au restaurant le plus proche, conquit un morceau de fromage, acheté par sa voisine de table à la vente du ministère de l'Instruction publique, et comment cet exploit fut compensé, dans la suite, par les assiduités obsédantes de cette dame.

Puis, dans le cours de février, il nous annonce la prochaine translation des livres de la bibliothèque dans les caves, opération dont il reparlera le 22 mars suivant dans une des lettres inédites qui vont suivre.

C'est aussi vers la même époque, le 19 février, qu'il rappelle sa proposition à Charles Hugo, renouvelée de celle faite quelque temps avant à Victor Hugo, de venir habiter l'Arsenal pendant le bombardement ; propositions demeurées sans suite. On sait, d'ailleurs, que Charles Hugo mourut le 21 mars suivant.

Enfin, le 22 avril, nous apprenons l'épisode tragi-comique de l'arrestation de Malitourne qui, se promenant, la veille, aux alentours, en fumant son cigare, a paru suspect aux gardes nationaux, parce qu'il regardait les maisons. Désireux de contrôler ses affirmations, ils l'escortent jusqu'à la grille de la bibliothèque où le concierge Guérin, réveillé à l'improviste, est venu ouvrir en bonnet de nuit. Alors, Malitourne s'est écrié : « Allumez le gaz et reconnaissez-moi ! »

« Guérin n'a pas allumé le gaz, mais il a reconnu Malitourne à la voix, continue l'épistolier ; il a dit : Parbleu, vous êtes M. Malitourne. Les gardes nationaux ont fait des excuses à notre cher collègue qui leur a donné force poignées de mains. C'est égal : — Allumez le gaz — restera.

Cet incident, qui aurait pu tourner au drame, met une note de gaieté dans ce concert de tristesses et d'horreurs que sait évoquer le narrateur avec cette acuité de vision, ces nuances d'impressionnisme rapide et saisissant, que suscitent la proximité et parfois l'imminence du danger, sur un esprit accoutumé au sang-froid et sachant au besoin affronter la mort.

La série des lettres inédites dont il nous a été donné de réunir ici les passages les plus intéressants, les plus étroitement liés à l'histoire de Paris pendant la Commune, ajoutera, nous l'espérons, sa contribution documentaire aux précédentes. Par un sentiment de discrétion bien naturel, nous en avons élagué les passages d'ordre intime et familial, pour mieux dégager ce qui s'y réfère aux événements publics.

La première, datée du 20 mars 1871, annonce pour ainsi dire l'ouverture de l'ère communiste proclamée l'avant-veille. Billet laconique, et jeté en hâte à la poste du faubourg Saint-Antoine, il résume le changement politique qui vient de se produire.

Gouvernement de l'Hôtel de Ville installé aujourd'hui avec fanfares, clairons, tambours ; personne ne lui dit rien... Canons enlevés hier sur la place pour laisser le public jouir des illuminations...

A demain des nouvelles plus sérieuses s'il y en a.

H. L.

Deux jours après, quelques détails plus circonstanciés témoignent à la fois d'une certaine confiance dans la marche des événements, en dépit de leur gravité apparente grossie démesurément d'ailleurs par l'opinion.

On ne s'est battu le moins du monde. Je ne dis pas que

cela ne finisse par là ou que quelques bataillons de la garde nationale n'échangent entre eux des coups de fusil. Cependant il est bien tard. Si les bataillons opposés avaient dû agir, ils auraient agi au moment opportun. Le danger pour Paris ne peut venir que des Prussiens, ou de Versailles, si l'Assemblée continue à se montrer provocatrice et à vouloir la guerre civile au lieu de chercher la conciliation. Les députés de Paris, Louis Blanc en tête, cherchent à tout pacifier, ainsi que les maires qui se conduisent très bien.

Tu te fais des craintes chimériqnes aussi pour l'Arsenal. La Caserne (des Célestins) ne sera pas reprise par la force des baïonnettes. Si le gouvernement de Versailles triomphait, il triompherait avant d'arriver à la caserne et elle serait évacuée immédiatement par ceux qui la gardent actuellement. Si la famine vient, j'ai encore des biscuits du Siège, et à moins qu'on ne réquisitionne à domicile, j'en ai pour quelque temps : mais j'espère qu'on n'en viendra pas là.

La situation est certainement très grave, mais c'est pour la France en général. Nous traversons une époque désastreuse. Quant aux simples particuliers, ils se tireront plus ou moins d'affaire, et tu sais que je suis prudent, et que je ne manque pas de sang-froid. Ne crains rien pour moi.

. . . .

Nous commençons aujourd'hui à replacer nos livres. On a ouvert les caves. Il y a plusieurs manuscrits un peu endommagés par l'humidité. Il était temps de les remonter. Ceux qui avaient placé des objets dans leurs caves sont désolés. M. Vaissade y avait mis des couteaux, des couverts d'argent, tout est rouillé et hors de service. J'ai peur pour les tableaux de Lacroix et de M. Labiche. Je suis très content de n'y avoir pas laissé ton coffre. Il est dans mon cabinet ; il sert de piédestal (recouvert d'un tapis) au buste de Boulay-Paty.

. . . .

Le canon prussien a tonné toute la matinée ; mais c'était pour fêter l'anniversaire du roi Guillaume, ou peut-être pour montrer que l'ennemi était toujours là. On va peut-être nous effrayer avec ce bruit.

Vers la fin du mois, le danger, loin d'être conjuré, se précise. Ce n'est plus le moment pour les siens de penser à revenir à Paris, quelque désir qu'ils en aient :

Vendredi 31 mars.

Ma chère amie, je fais mettre cette lettre à la poste de Versailles parce que la poste de Paris est entre les mains du nouveau gouvernement et je ne sais pas encore ce matin si la poste continue son service.

La situation est plus tendue que jamais, et l'on s'attend d'un jour à l'autre à des événements très graves.

. . . .

Toute position est attaquée en ce moment-ci. Personne n'est sûr de rester comme il est. S'il m'arrivait d'être obligé de quitter le poste que j'occupe ou de déménager, je serais bien embarrassé.

Nous serons payés ce mois-ci, quoique Guérin m'ait effrayé hier ; il m'a dit quand je suis rentré : « M. Ravaisson est revenu de Versailles, sans argent; l'état est perdu. » J'ai cru qu'il voulait parler de la France, c'était simplement la feuille d'émargement qu'on avait égarée à Versailles et qu'on nomme habituellement l'*état*. Guérin a un langage impossible, auquel il est difficile de s'accoutumer.

Hippolyte Lucas, qui espérait revoir les siens, doit renoncer à cette joie. Le mercredi 5 avril, il en exprime sa tristesse à sa femme :

Ma chère amie, il est cruel, au moment où j'espérais te revoir, de rencontrer encore une révolution qui nous sépare. Mais il faut que tu restes encore à la campagne quelque temps. Les chemins de fer, au milieu de la bagarre actuelle, n'offrent aucune sûreté. J'ai vu avec effroi qu'un ordre avait été donné par la Commune de les faire dérailler avec une poutre, aux environs de Paris, lorsqu'ils ne s'arrêteraient pas dès le premier signal. Celui qui avait donné l'ordre a été tué, mais l'ordre n'en subsiste pas moins, probablement. On dit ce matin

que Flourens a été tué par un commandant de la gendarmerie
de Versailles. Je regrette pour lui qu'il n'ait pas été tué contre les Prussiens. L'armée de la Commune a été battue, on ne
peut guère se le dissimuler, mais tout cela n'est pas fini, et
Paris n'est pas pris. Nous avons encore des jours terribles à
passer.

Ne sois pas inquiète pour nous, nous nous portons bien et
nous n'avons pas de raison de craindre pour notre liberté et
pour notre existence. La séparation nous est seulement très
douloureuse, surtout au moment où nous nous flattions qu'elle
allait finir.

Il n'y a rien de nouveau dans la maison qui puisse t'intéresser. Je n'ai pas reçu de lettres de toi depuis huit jours ; je
pense qu'il y en a de concentrées à Versailles. Elles m'arrive-
ront plus tard, comme pendant l'occupation des Prussiens.
Evite autant que possible de parler politique, car je ne suis
nullement certain du secret des lettres.

Je crois cependant que les deux gouvernements qui se dis-
putent le pouvoir sont trop occupés pour jeter les yeux sur les
correspondances privées.

Le même silence inquiétant se renouvelant à quelque
temps de là inspire les termes de la lettre suivante, datée
du samedi 29 avril, et narrant, au passage, un incident
professionnel :

Ma chère amie, je n'ai rien reçu de toi depuis deux ou trois
jours. Mais je sais que les lettres mettent un certain temps à
venir ; elles font trente-six tours, de sorte que je ne m'inquiète
pas. Je me porte bien.

Il est venu hier un inspecteur de la Commune à la bibliothèque et il s'est trouvé que c'était un de mes anciens confrères
du *Siècle*. [1] C'est moi qui lui ai fait voir notre travail de dépla-
cement, et il s'est retiré enchanté.

-----

(1). Déjà, le 31 mars précédent, dans une des lettres publiées par la
Nouvelle Revue Rétrospective, Hippolyte Lucas signalait une visite du
même genre et de même issue favorable.

Rien de nouveau dans la situation.

Versailles se flatte d'entrer dans Paris d'ici à quelques jours et Paris prétend que cela ne sera pas. Il est impossible de démêler la vérité et de savoir à quoi s'en tenir.

En attendant, on vit comme d'habitude, et rien n'est changé à l'intérieur.

D'ailleurs, la Commune avait vu ses rangs se désorganiser quelques jours avant :

Félix Pyat vient de donner sa démission, écrivait Hippolyte Lucas, le lundi précédent, et si Pyat est débordé, en quelles mains allons-nous tomber ? Cela devient inquiétant.

Ce jour-là, une mauvaise nouvelle est venue assombrir encore l'esprit du lettré. Il a appris la mort du poète Emile Deschamps, et se désole de ne pouvoir se rendre à ses obsèques auxquelles un faire-part l'a convié, et qui doivent avoir lieu à Versailles, mais le voyage est presque impossible en ce moment.

Puis un mois environ s'est passé durant lequel la nervosité des esprits s'est développée dans l'attente des lendemains tragiques.

L'armée de Versailles a gagné pied à pied du terrain dans Paris et commencé les terribles représailles. Les défenseurs de la Commune ont incendié les palais et les édifices publics où ils avaient siégé. Qui saura jamais quels instincts inavoués, communistes ou autres, ont dicté ces ordres épouvantables, et la destruction par les flammes des milliers de dossiers dont la conservation eût peut-être apporté quelques lueurs de vérité et de compréhension dans cette incohérence finale d'un régime éphémère ?

Je viens, écrit H. Lucas, le 27 mai, de parcourir le quartier pour voir les désastres. C'est effroyable. Il ne reste de l'Hôtel de Ville, ce splendide palais, que les murailles, surmontées de leurs statues, tout le reste disparu, effondré, fumant encore. De l'autre côté de la place, dix ou douze maisons, également à jour, tout brûlé, la mairie où je suis entré, avec M. Vaissade, plus d'à moitié détruite; Saint-Paul criblé d'obus, mais on n'y a pas mis le feu ; le café du coin de la Bastille, détruit; les phares seuls ont été épargnés et n'ont que des éclats d'obus, le magasin sauvé. La place de l'Arsenal entièrement détruite des deux côtés; des appartements du général Beurré, plus rien que les fenêtres qui se découpent à jour, et dont quelques parties se détachent pour s'effondrer ; le Grenier d'Abondance qui était rempli de vin, de pétrole, de liqueurs, toujours enflammé et brûlant, mais les flammes ne s'élèvent plus; il brûlera encore ainsi une dizaine de jours, sans danger, assure-t-on, pour les maisons voisines ; en un mot il n'y a de préservé que la caserne des Célestins et la Bibliothèque de l'Arsenal ; à voir le cordon de feu qui nous entourait et rappelait l'enfer, j'aurais cru la rue de la Cerisaie plus profondément atteinte ; il reste encore des maisons presque intactes, des cadavres partout derrière les barricades ; nous en avons un sur notre trottoir qui n'est pas encore enlevé ! C'est un sergent de la garde nationale que j'ai vu de mes yeux fusiller à l'entrée des troupes de Versailles.

On ne peut se faire une idée de toutes les horreurs dont nous avons été témoins depuis trois jours. De ma fenêtre d'en haut, j'apercevais le feu dans tout Paris. Je ne suis pas encore allé aux Tuileries; mais elles sont dans l'état de l'Hôtel de Ville. La bibliothèque du Louvre est complètement brûlée ; le musée seul a été sauvé, et c'est un grand bonheur; le Théâtre-Français a été aussi sauvé, quoiqu'on ait déjà préparé le pétrole pour le brûler. Jamais de tels actes de sauvagerie n'ont été commis chez une nation civilisée; la plupart des membres de la Commune ont été fusillés ou vont l'être; de leur côté, ils ont fusillé (dit-on) l'archevêque et l'abbé Deguerry qu'ils avaient comme otages ; ils ont fusillé à Sainte-Pélagie le pauvre Gustave Chaudey, un des rédacteurs du *Siècle*. Paul Meurice a été arrêté et conduit à Versailles. On ne parle pas de Vacquerie, mais je crois que la rédaction du *Rappel* a été prise

dans une razzia faite au journal. J'ai bien peur que notre ami
Allix n'en fasse partie. S'ils avaient surtout conservé leur mi-
trailleuse que j'avais vue autrefois dans le bureau, ils auraient
été probablement passés par les armes. Cependant le *Rappel*
s'était montré assez modéré dans les derniers temps.

L'épistolier croit même, se référant aux on-dit qui cir-
culent, qu'on a fusillé Pyat, Vallès et Delescluze. Ces
bruits n'étaient qu'erronés, et Delescluze seul devait trouver une mort héroïquement silencieuse, frappé d'une
balle anonyme sur la place du Château-d'Eau.

Il se félicite donc à juste titre que les siens aient été
absents de Paris durant de telles journées, à la merci de
perpétuelles alertes. Mais il ajoute, dans sa lettre du dimanche 28 mai :

Cependant, il y a eu un moment où j'aurais eu grand besoin
de toi; c'est lorsque les flammes du Grenier d'Abondance nous
ont sérieusement menacés. Il fallait opérer un sauvetage quelconque; tout le monde le faisait, la prudence la plus simple
l'exigeait, mais je ne savais ce qu'il fallait mettre de préférence
à l'abri.

. . . .

Tout le monde dit que c'est un miracle que nous n'ayons
pas été atteints par les obus à pétrole ou par les flammes des
monuments qui ont brûlé autour de nous. Il est certain que cela
n'arriverait pas deux fois, et que nous avons été bien privilé-
giés dans ce désastre si complet.

J'ai presque tout vu depuis hier. Les Tuileries brûlées
entièrement à l'intérieur et sans toits, l'Hôtel de Ville où il ne
reste que les murs, etc. Je t'ai déjà parlé de cela, mais il faut
le voir pour s'en faire une idée ; quels sauvages que ces hommes qui ont voulu brûler Paris tout entier! Les journaux te donneront là-dessus tous les détails, mais les journaux ne sont pas
toujours exacts.

Ravaisson est revenu hier. On lui avait dit que la Bibliothèque avait brûlé. On vous l'a peut-être dit aussi à vous.

Il a dîné avec moi et chez moi ; nous avons passé la soirée à causer...

Puis cet émouvant *post-scriptum* :

Que de choses j'aurai à te raconter ; rien que l'histoire de ma balle est une épopée, sans compter les balles des autres, et même des serins de Mme Guérin (femme du concierge de la Bibliothèque) qui ont eu la leur dans leur cage.

Cette histoire de balle a si profondément remué l'écrivain qu'il ne peut résister au désir d'en faire la narration écrite dès le lendemain à son fils. Il nous souvient d'ailleurs, (impressions personnelles de prime enfance, renforcées des récits de source familiale, entendus autour de nous sur ce sujet, dans le quartier du Panthéon où nous habitions nous-même), du danger qu'il y avait à s'aventurer ces jours-là dans les rues, voire de mettre le nez devant sa porte. Les balles pleuvaient dru, guidées dans certaines directions par des voisins dénonciateurs, touchante solidarité durant ces phases de trouble social ; et plus d'une, entrant par une fenêtre dont elle brisait la vitre, frappa quelque innocente victime, comme si les souffrances du siège qu'on venait de subir ne suffisaient pas à ce calvaire immérité du peuple de Paris.

Ecoutons donc le récit de l'épisode dont Hippolyte Lucas se trouva le héros. Il est daté du 29 mai 1871 :

Nous avons passé les jours et les nuits sous une pluie d'obus et de balles, et tes nerfs auraient tressailli plus d'une fois. J'ai failli être tué par une balle qui est entrée dans ma chambre à coucher. Par un grand bonheur qui vient de ma prudence, je m'étais levé à cinq heures du matin, en entendant siffler les obus sur notre toit ; mais une heure plus tard, j'aurais été blessé ou tué. La balle a cassé un verre d'eau sur la table de nuit, et est entrée dans la porte qu'elle a brisée, ou du moins dont elle a fait sauter des éclats. Si j'avais eu le malheur de mettre mes bas en ce moment-là, comme je le fais d'ordinaire, en restant assis sur mon lit, je recevais la balle dans la tête. C'était inévitable[1].

D'ailleurs, pendant quelques instants, on crut, en effet, qu'Hippolyte Lucas avait été tué, ou blessé grièvement, et qu'il s'était traîné quelque part pour y mourir en appelant au secours. Tout le personnel de la Bibliothèque était déjà affolé de terreur à cette pensée, lorsqu'une bonne affirma l'avoir vu descendre, et suivre M. de Bornier qui était venu l'inviter à aller fumer chez lui. Alors ce fut une explosion de joie :

J'ai vu, dit-il, que j'avais l'affection de toutes les personnes de la maison. J'ai tourné ma balle en plaisanterie, et l'on a été assez gai ; mais une terrible secousse nous est revenue à tous, l'incendie du Grenier d'abondance. Nous n'avons pas brûlé parce que le vent n'a pas porté les flammes de notre côté, ni du côté de la caserne, quoique l'on ait vu les flammes dessus, au milieu de gros nuages de fumée. Quelles transes après tant d'autres, et quel cordon de feu bientôt, tout à l'entour de la caserne. Il n'y aura plus de feu d'artifice pour ceux qui ont vu ce spectacle.

J'ai parcouru depuis Paris. C'est inimaginable ! et dire qu'il y a eu cinquante mille scélérats en France et à Paris pour une œuvre que Cartouche et Mandrin n'auraient pas osé concevoir. On fusille actuellement les membres de la Commune et un grand nombre d'autres insurgés qui ont été pris les armes à la main. Tout cela est épouvantable, et l'on parle de civilisation. Jamais les hordes barbares n'ont commis de telles atrocités.

Le surlendemain, deux nouvelles lettres, la première assez courte, narrant en quelques lignes les moyens employés pour éteindre les derniers incendies :

---

(1) Une lettre du 31 mai, publiée par la *Nouvelle Revue rétrospective*, raconte en détail cet incident.

Je ne suis pas allé encore dans le quartier des Champs-Elysées, on trouve des obstacles nouveaux à chaque pas. Autrefois, on nous faisait mettre des pavés aux barricades, maintenant, on vous les fait déplacer, et on vous met en réquisition pour les pompes ; il y a tant de faux pompiers. Mais ce n'est pas agréable de faire la chaîne, enfin tout est fini...

La seconde du même jour se réfère aux bruits répandus de la destruction de l'Arsenal :

M. Moutier est venu me voir, il était arrivé d'hier soir, et il lui a fallu un laissez-passer. Mais ce qui m'a effrayé, c'est qu'il croyait la Bibliothèque brûlée ! Il a lu dans les journaux de province que nos livres avaient été employés à faire des barricades ; il n'y a pas un mot de vrai dans tout cela. Sauf les obus et les balles dont je t'ai parlé, nous n'avons pas eu le moindre dégât.

Mais on peut dire que c'est grâce à une vigilance de tous les instants, au risque perpétuel de trouver la mort, que le gardien héroïque de nos collections de l'Arsenal est parvenu à les préserver du sort de tant d'autres précieux trésors. Maintenant, le voici rassuré, et désireux de faire partager aux siens sa tranquillité. Nous sommes au 1er juin.

Il n'y a rien de nouveau. Nous sommes quittes de tout danger. De Bornier prétend qu'on a trouvé à la caserne des Célestins une liste de personnes que les fédérés devaient fusiller à la Bibliothèque, et qu'il y était compris avec MM. Laurent et Thierry. Cela n'est pas encore bien prouvé, et nous croyons que de Bornier s'exagère son importance. Je n'étais pas du reste sur la liste, et de ce côté-là, je n'ai échappé à aucun danger, mais il est bien certain que si les gens de la Commune avaient eu quelques jours ou seulement quelques heures de plus à leur disposition, nous y passions tous ; la Bibliothèque était brûlée. Poursuivis par la ligne, ils se sont sauvés et bornés à mettre le feu au Grenier d'abondance, en se disant que

ce feu nous atteindrait, ce qui n'eût pas manqué d'arriver si
le vent avait donné de notre côté. Ils étaient partis heureusement de la caserne qu'ils occupaient pour se porter ailleurs, et
c'est ce qui a empêché que la caserne ait été comprise dans les
incendies au pétrole.

Et en *post-scriptum* :

Hugo vient de se faire expulser de Bruxelles pour une
lettre absurde qu'il a cru devoir écrire. Depuis la mort de son
fils, il avait une si belle occasion de se taire.

Ainsi chacun de se rassurer. Pourtant l'inquiétude doit
hanter encore Mme Lucas. La dernière lettre de son mari
s'emploiera à dissiper ces angoisses qui n'ont plus de fon-
dement. Elle est datée du samedi 4 juin (3 h. 1/2) :

Ma chère amie, tu n'es pas raisonnable ; je reçois ta lettre
et celle de Léo et j'y vois avec regret toutes tes inquiétudes. Je
me porte bien et je ne sens aucun danger. Il n'y a plus le
moindre danger à Paris, ni des balles ni des obus, ni comme
hygiène. L'air y est fort sain. Ne t'alarme donc pas. J'aurais
été désolé que tu eusses envoyé une dépêche télégraphique.
C'est déjà trop d'avoir écrit à Ravaisson qui, du reste, est parti
aujourd'hui pour Versailles et ne pourra me donner ta lettre
que dans deux ou trois jours. Tu comprends que tout cela est
inutile désormais.

La poste fonctionne bien ; mais comme je ne peux pas porter mes lettres à la grande poste, rue Jean-Jacques Rousseau,
tous les soirs, il y a encore des retards dans les bureaux de
Paris, et c'est ce qui explique que les lettres ne partent quelquefois que le lendemain. Tout le monde écrit, on n'a pas le
temps de faire le triage. Calme-toi donc.

. . . .

Il fait très froid depuis deux jours et je pense que nous
avons le même temps. Je prends mes précautions pour ne pas
m'enrhumer. Je n'ai pas fait la moindre imprudence et je n'en

ferai pas. Je ne te donnerai plus les moindres détails, puisque tu t'exagères tout, et que cela te rend folle.

Mille et mille amitiés à tes bons voisins.

Et ce roman vécu, tragique à certaines heures, mais où pointe cependant, malgré tout, une lueur d'optimisme réconfortant, s'arrête là.

Simplement, sans bruit, Hippolyte Lucas est resté fidèle à son poste. De même que durant le siège, il veillait sur les livres dont il avait la garde, sur les trois ou quatre lecteurs demeurés quand même assidus à la Bibliothèque, en se disant peut-être qu'ils y étaient plus en sûreté que chez eux, il voulut, attendant héroïquement et de sang-froid la mort si elle était venue, s'acquitter de son devoir. Inconnu, il fût resté l'un des mille héros obscurs de cette période néfaste ; sa notoriété d'écrivain a permis que l'on conservât comme des reliques précieuses et sacrées les impressions profondément touchantes dans leur sincérité, qu'il adressait aux siens, lesquels, par bonheur, avaient trouvé un asile de sécurité en Bretagne, aux environs de Rennes. Grâce à ces lettres, nous avons, par le menu, appris à quel miracle la Bibliothèque de l'Arsenal, la plus riche de France après la Nationale, dut d'être sauvée d'une irréparable destruction.

CARNAVALET SOUS LA COMMUNE

(Impressions d'un gardien)

Les transes d'un brigadier-concierge. — Acharnement que met la Commune à vouloir prendre Carnavalet. — Le Musée Parisien durant la guerre de 1914 à 1918.

Bien que le Musée Carnavalet n'ait été inauguré qu'en 1873 avec les éléments primitifs servant à le former, et dont beaucoup se voient encore dans les galeries archéologiques du rez-de-chaussée, il contenait déjà, depuis 1866, époque où l'Hôtel fut acquis par la ville de Paris, un certain nombre des objets d'art destinés à constituer l'embryon des collections historiques de Paris, ainsi que les éléments recueillis au cours des fouilles suscitées par le percement des voies nouvelles à travers la capitale.

Il y avait même un conservateur préposé à leur garde et qui n'était autre que Charles Read. Mais il se trouvait hiérarchiquement subordonné au Directeur des Travaux de Paris et, plus immédiatement encore, au chef du bureau de la première division de ce service. Nul fonctionnaire n'habitant l'immeuble, pas plus qu'aujourd'hui, d'ailleurs, il advint que, lors du siège de Paris et de la Commune, il n'avait pour gardien de sa sécurité que son concierge, nommé Delmotte. Ce Delmotte qui était un brave homme, fidèle à sa consigne, se montra, comme on va le voir, à la hauteur de ses fonctions et des graves responsabilités qu'elle comportait, durant les jours néfastes de la Commune.

Il nous a été donné de retrouver, en scrutant diverses pièces d'archives, un rapport rédigé par ses soins, sur les faits intéressant Carnavalet, du 18 mars 1870 jusqu'à la fin de l'insurrection. Ce rapport, assez sobremént rédigé, atteste que, là encore, comme à l'Arsenal, le sang-froid aida à préserver d'une perte irréparable, l'un des derniers vestiges parisiens de l'architecture privée de la Renaissance et ce qu'il contenait.

Ecoutons le récit de M. Delmotte :

« Le 31 mars, au matin, un fédéré (artillerie) m'apporte un ordre écrit du délégué de la Commission exécutive, m'enjoignant de mettre une salle à la disposition du Comité central de l'artillerie pour les élections des chefs provisoires de la 2me batterie.

Les élections ont lieu dans l'après-midi ; je m'y suis trouvé, veillant à ce que rien ne soit dégradé.

Chaque visiteur qui m'était adressé par la Commission m'exposait qu'il fallait que l'Hôtel fût muni d'un poste de fédérés, prétendant que, sans cela, ma responsabilité pourrait se trouver compromise.

Comprenant le danger qui pourrait en résulter pour l'Hôtel, j'ai combattu chaque fois cette idée, déclarant que c'était inutile. Enfin...

Le 3 avril, un ouvrier, porteur d'une carte signée par la Commune pour visiter l'Hôtel, vient nous accuser d'avoir laissé sortir des objets d'art.

Ayant protesté que ce n'était pas, il nous répondit que nous ne saurions pas en dire autant des magasins du quai de Béthune (où se trouvait une réserve de l'hôtel).

Sur une nouvelle protestation de notre part, cet individu s'est retiré.

Le 4 avril, un individu porteur d'une carte signée de la Commune, avec une casquette galonnée et ceint d'une écharpe, est venu visiter l'Hôtel, disant que l'on allait sans doute y installer une école.

Le 8 mai, deux individus m'ont demandé s'il y avait longtemps que j'étais préposé à la garde de l'Hôtel. Je leur ai répondu qu'il y avait quatre ans et demi. Ils m'ont demandé alors le nom du directeur et à lui parler. Je leur ai déclaré qu'il était malade. Sur leur insistance, je les ai introduits chez M. Read qui n'a pas voulu les recevoir.

Le 10 mai, ces individus sont revenus avec un troisième et ont passé l'inspection de l'Hôtel en relevant des notes ; après quoi, il m'ont demandé si j'adhérais à la Commune, alléguant que, quoique ma mission n'était pas politique, ils ne pourraient pas maintenir à ce poste un homme qui leur serait hostile.

Comprenant que mon devoir était de me maintenir au poste que l'Administration m'avait confié, je leur ai répondu que mon désir était de rester préposé à la garde de l'hôtel, acceptant toute responsabilité vis-à-vis de la Commune. Sur ma réponse, ils me déclarèrent que mon chef était destitué, mais que je pouvais me considérer comme provisoirement maintenu à mon poste.

Le 12 mai, un fédéré m'apporte un ordre signé par le délégué aux services publics, m'enjoignant de ne laisser entrer dans l'Hôtel que des citoyens accrédités par la Commune.

Le 13 mai, je reçois une pièce m'investissant d'une responsabilité momentanée, en me constituant gardien-conservateur des objets d'art et autres contenus dans l'hôtel Carnavalet.

Le 16 mai, je reçois une lettre m'apprenant qu'un article du *Journal Officiel* m'avait révoqué en compagnie de mon chef, mais que je n'avais pas à m'en préoccuper, une rectification devant avoir lieu.

Pendant ce temps, je n'ai reçu aucun appointement de la Commune. Deux fois, je me suis présenté à Versailles, en compagnie de M. Laisné, architecte de l'Hôtel.

Les derniers jours de l'insurrection, j'ai redoublé de surveillance, afin de ne laisser pénétrer dans l'Hôtel qui que ce soit. »

Pour si laconiques que puissent sembler ces notes, au point de vue documentaire, elles nous auront appris pourtant que la personnalité d'un conservateur demeuré fidèle à l'ancien état de choses avait attiré sur Carnavalet l'attention de la Commune ; qu'un mot placé mal à propos eût amené la transformation de l'Hôtel en caserne, l'exposant ainsi aux pires dégradations, et qu'enfin, sous la garde de ce modeste fonctionnaire, Carnavalet eut la chance d'éviter le sort de la plupart des monuments publics, puisqu'on ne songea pas, non seulement à y mettre le feu, mais à enduire même ses murs de pétrole.

Nous ne savons pas si le brave Delmotte fut remboursé des arrérages de traitement non payés dont il fait mention ; du moins, demeura-t-il à vie dans ses fonctions qu'il occupait encore vers 1896, époque approximative de sa mort.

Il avait largement acquis son droit à garder cet emploi que d'aucuns, bien à tort d'ailleurs, considèrent aujourd'hui encore comme une sinécure (1).

---

(1) Ce ne fut certes pas non plus une sinécure que le poste de brigadier-concierge à Carnavalet, au cours de la dernière guerre. Le titulaire se trouva seul ou à peu près, lorsque parut le décret de mobilisation, pour assurer la garde matérielle des collections parisiennes. Tous les surveillants rejoignaient leurs dépôts militaires ou se voyaient affectés à d'autres services dépendant de la Ville de Paris et dont il importait de combler d'office les vides. La plupart, anciens sous-officiers, eurent bientôt l'occasion de se signaler au front et d'y gagner la croix de guerre ou la médaille militaire, parfois les deux. Parmi eux, l'adjudant Méhaux fut tué en Lorraine, dès le début des hostilités, le sergent Fadeuilhe, du 203e d'infanterie, plusieurs fois blessé et cité, notamment au Mort-Homme, en 1916 ; le lieutenant Schminke, du 52e terrritorial, cité ; le territorial Grossel, du 26me, fut blessé en Flandre, presque dans le même temps qu'un jeune attaché à la Conservation, M. Roger Boutet de Monvel. Enfin, l'ouvrier d'art Philippick mourait à l'hôpital St-Martin, d'une congestion pulmonaire, quinze jours à peine après avoir rejoint son corps, en août 1914.

Le Musée Carnavalet, on le voit, a mérité une petite page au livre d'or de la guerre.

Lorsque la retraite de nos troupes, après Charleroi, nécessita la mise à l'abri des richesses d'art de la capitale, le brigadier-concierge Lothon donna la belle mesure de son inlassable activité mise au service de la maison, puisqu'en trois ou quatre jours les œuvres et objets d'art les plus précieux purent être emballés et expédiés à Toulouse sous la conduite du conservateur en chef, M. Georges Cain, mort depuis, le 4 mars 1919.

Ils y restèrent pendant toute la durée de la guerre. Un nouveau convoi vint même les rejoindre en fin juin 1918, époque à laquelle nous étions préposé à leur garde, lorsque l'effort de suprême offensive des Impériaux vint échouer une seconde fois, et définitivement, sur les bords de la Marne.

Entre temps, le Musée avait pu, grâce aux succès de nos armées, reprendre un peu de sa vitalité d'autrefois. Quelques galeries d'exposition, décorées tant bien que mal avec les réserves disponibles demeurées à Paris, étaient temporairement rouvertes au public, ainsi que le Cabinet des Estampes qui, lui, fonctionna sans arrêt, même pendant la période la plus critique des bombardements dont les quartiers Saint-Gervais et du Marais subirent les terrifiants effets.

Par bonheur, les dégâts matériels se bornèrent, à Carnavalet, à des vitres brisées, ainsi qu'à la rupture d'un fragment de la statue de haut-relief qui décore la façade du Pavillon des Drapiers, dans le jardin du Musée.

Après la signature de l'armistice qui consacrait la victoire, les collections parisiennes, ramenées de Toulouse, furent réinstallées avec un goût et une célérité dignes d'éloges, sous la direction de M. Jean Robiquet, successeur de M. Georges Cain, et brillamment inaugurées le 30 avril 1919, c'est-à-dire presque deux mois avant la signature du traité de paix imposé à l'Allemagne.

LA PHILOSOPHIE INTIME
DE DUMAS FILS

D'après une correspondance inédite (1872-1892)

Comment un correspondant occasionnel amène Dumas à de succes-
sives et intéressantes déclarations. — Dumas défend le « Tue-la !» de
la *Femme de Claude.* — Les haines de Dumas ; il a en égale détestation
les artistes raseurs et Gambetta. — La femme du monde au théâtre.
— Dumas farouchement irréligieux ; conclusions de sa philosophie. —
Le plan inspiré par lui d'un grand ouvrage. — Dumas pessimiste et
misanthrope ; il en vient à peu près à juger la profession d'homme de
lettres comme la plus misérable.

L'amitié d'un grand homme est un bienfait des dieux.
Telle dut être la pensée de feu le commandant Basset,
ancien officier de marine, lequel, ayant pris sa retraite peu
de temps avant la guerre de 1870, résolut d'en occuper
les nombreux loisirs à classer ses souvenirs de vieux loup
de mer, ses idées sur la nature, ses réflexions sur l'humanité, et, bien qu'établi en solitaire dans son cottage d'A-
vranches, au cœur du Cotentin, de se documenter sur le
mouvement littéraire et le théâtre parisien.

Il s'opérait, en effet, au lendemain de nos désastres,
une de ces réactions d'activité intellectuelle telles qu'on
les peut observer à la suite de divers bouleversements
politiques de notre histoire.

Toutefois, sans prendre les vastes proportions de la
Renaissance ou du Romantisme, elle orientait cependant

l'esprit humain vers des horizons jusqu'alors inexplorés et développait presque en même temps l'école parnassienne des poètes, le naturalisme dans le roman et le réalisme au théâtre, avec notamment, les pièces à thèse dont Alexandre Dumas fils fut l'un des protagonistes.

L'une de ces pièces, demeurée des plus célèbres, *La Femme de Claude*, provoqua dans la presse, dès avant son apparition à la scène du Gymnase, (la première représentation en fut donnée le 16 janvier 1873,) une série de polémiques engendrées par la netteté brutale des conclusions de l'auteur. La thèse qu'il soutenait n'était pas sans hardiesse pour l'époque, puisqu'au geste du pardon enseigné par l'Evangile, elle substituait, pour l'honnête homme trompé dans ses affections conjugales par une épouse indigne le droit de la supprimer comme une bête malfaisante.

Ce « *Tue-la* » fit couler des flots d'encre.

Aussi, quand on relit la préface donnée par Dumas fils à sa pièce lors de sa publication, on reste étonné des contrastes qui se dégagent entre le Code et l'Evangile. Plus l'Etat paraît s'éloigner de la Religion, plus les lois nouvelles semblent s'inspirer de cette même indulgence dont le Christ s'était donné mission d'appliquer les principes.

Rien de surprenant, dès lors, à ce que, parmi tant de lecteurs passionnés à ce débat, propre à effarer quelque peu « l'ordre moral » qui gouvernait alors le pays, le commandant Basset ait éprouvé quelque émotion. Elle dut même être assez forte pour le décider à s'en ouvrir tout uniment à l'écrivain, que vraisemblablement, il ne connaissait encore que de nom, par ses œuvres précédentes. La comparaison de celles-ci avec les théories de Claude, tant en matière sociale que sentimentale, avait contribué sans doute à augmenter sa surprise de l'antithèse qui lui paraissait s'en dégager, au point qu'il résolut, en

vieux marin que nul abordage n'intimide, de s'adresser
à Dumas fils. Entre cent autres lettres du même genre
dont chaque jour le courrier du dramaturge se devait encom-
brer, celle du commandant Basset lui parut mériter une
réponse. Le psychologue tapi dans son ermitage de Puys,
voisin de Dieppe, avait-il deviné chez ce correspondant
occasionnel un esprit digne de son attention ? On le peut
supposer, puisque cette première imprudence d'un accusé
de réception ouvrit le champ à des rapports épistolaires
plus ou moins espacés, mais dont nous relevons la trace
jusqu'en 1892, c'est-à-dire l'espace d'une vingtaine d'années.

« Monsieur, lui disait-il, je suis très heureux de penser
« que ce que j'ai écrit ait pu quelquefois vous réconforter,
« mais je n'en regrette que davantage la mauvaise im-
« pression de mon « *Tue-la* ».

« Peut-être n'avez-vous pas lu attentivement ce qui
« le précède ? Vous auriez vu que je demande tant de
« vertus à mon fils et tant d'infamie à la femme, que le
« danger n'existe plus guère. En réalité, ce gros mot n'est
« pas un conseil aux hommes. C'est un argument contre
« la Loi qui, ne voulant pas s'occuper de la question du
« mariage, va rétablir le divorce que le Christ lui-même
« acceptait dans le cas d'adultère comme un moyen de
« libération. En tout cas, monsieur, croyez que je suis très
« touché de ce témoignage de sympathie que je reçois de
« vous, et veuillez agréer l'assurance de mes sentiments
« les plus distingués. »

On imagine l'effet que dut produire sur l'esprit du
commandant un tel honneur fait à la prose confidentielle
d'un correspondant inconnu.

Non qu'il fût homme à en tirer vanité, son genre de
vie ne l'y ayant guère disposé ; mais ainsi flatté dans son
amour-propre, il ne pouvait s'en tenir à ce fugace échange

d'impressions. Bientôt après s'élaborèrent de nouvelles lettres, d'un tour progressivement plus familier, où il devait être question, outre les compliments d'usage, de la pluie, du beau temps, de la prochaine première de la « *Femme de Claude*», de la religion et de la politique en France au cours de cette même année 1872, durant laquelle la patrie s'essayait à panser les plaies profondes causées par nos désastres et par la guerre civile.

Incidemment, le vieux marin avait dû avouer son faible pour le culte des Muses et solliciter sur ses menus essais les avis du dramaturge, qui se doublait d'un poète; mais les préoccupations d'une vie active, la reprise de la *Dame aux Camélias*, les répétitions de la *Femme de Claude*, reportèrent à septembre 1872 les effets de la première imprudence, en les ponctuant d'un geste amical et bref, par lequel Dumas confirmait les raisons qu'il avait de se heurter une fois de plus contre les préjugés de son temps, avec ce fameux « *Tue-la* » qui, décidément, remuait le monde. Mieux encore, il ouvrait sa porte à cet ami tombé du ciel, et l'assurait de son bon accueil:

« Un de mes bons amis, Henri Rivière (le comman-
« dant) (¹), est un de vos camarades. Si vous venez à
« Paris, rappelez-vous que je demeure 120, avenue de
« Wagram ; si vous venez à Dieppe, que je demeure tout
« près, à Puys, jusqu'au 15 octobre et que dans l'un et
« l'autre endroit, je serai heureux de vous serrer la
« main.

Trois mois après, le commandant Basset était invité à envoyer à son nouvel ami « un peu de ses *Brises et Rayons* de voyageur enclos dans quelques strophes. »

----

(1) Le commandant Rivière, dont les souvenirs sur la Nouvelle-Calédonie rappellent une partie de sa carrière d'explorateur et qui mourut en Indo-Chine, tué par les Annamites en 1883 (le 20 mai).

Dumas le jalousait de « patouiller » à la mer, tandis que la vie de Paris dévorait entre la boue et la pluie, l'auteur de la « *Femme de Claude* », absorbé par les dernières répétitions et les mille soucis accessoires, inévitables aux approches d'une première à sensation. Déjà apparaissent les préludes de cette misanthropie si caractérisée vingt ans plus tard :

« Ne vous plaignez pas de la solitude, du silence et de
« la chaleur. Je voudrais être à votre place, et je crois bien
« du reste, qu'un de ces jours, ça finira à peu près comme
« ça. Je prierai un de mes amis, commandant une fré-
« gate quelconque, de me prendre comme lest à son bord
« et de me trimballer dans des tangages et des roulis fous
« qui me fassent perdre jusqu'au souvenir de mes contem-
« porains de terre.

« C'est que le requin n'est rien à côté de l'homme qui
« a fait une pièce, ou de la femme qui veut entrer au théâ-
« tre et qui sont convaincus tous les deux naturellement
« qu'ils vont enfoncer Molière et Mademoiselle Rachel.

« Or, ces gens-là sonnent chez moi du matin au soir,
« sans compter les emprunteurs, les demandeurs de bil-
« lets et les oisifs. Et pendant ce temps-là, vous regardez
« le soleil qui se couche dans le pourpre et l'or, et vous
« dormez les fenêtres ouvertes et vous croyez que je vais
« vous plaindre...... C'est bien assez de vous envier. »

Cette haine à l'égard des artistes raseurs, n'a d'égale chez Dumas que celle qu'il professe à l'égard de Gambetta. Dans cette même lettre, il la manifeste en donnant au commandant Basset qui les a souhaitées, des nouvelles de la Patrie. La situation politique est alors tourmentée, et l'on ne peut prévoir encore si l'habileté de Thiers qui, à ses yeux, personnifie le bon sens incarné, vaincra les obstacles de toute nature qui se dressent devant le gouvernement :

« Nous sommes toujours en république, aujourd'hui 3
« décembre 1872, je ne vous promets pas que nous y se-
« rons encore quand cette lettre vous arrivera, si elle
« vous arrive. Je crois cependant que c'est ce que nous
« aurons de mieux à faire, comme ce que nous aurions
« eu de mieux à faire auparavant, c'eût été de ne jamais
« nous y mettre. Si mauvais que soit un gouvernement
« qu'on renverse, il valait toujours mieux que celui qui
« le remplace.

« M. Thiers a reçu un assaut dont il est sorti victo-
« rieux. Il est le bon sens incarné ; mais le bon sens tri-
« omphera-t-il dans ce pays, et celui *qui a ses yeux* gou-
« vernerait-il mieux ce troupeau de *borgnes* et d'aveugles ?
« Moi, je crois qu'il est un précurseur et que l'homme d'ac-
« tion est en réserve dans un coin que nous ne voyons
« pas. L'épreuve loyale que M. Thiers fait de la républi-
« que, sans conviction mais sans traîtrise, aura cela de
« bon qu'elle sera définitive et que, ou la république sera
« fondée à tout jamais, ou, si elle succombe, il sera à tout
« jamais interdit de l'espérer de nouveau. Certes, il est
« dur, pour le pays de Clovis, de saint Louis, de Louis XIV
« et de Napoléon, d'avoir à subir un gouvernement dé-
« crété par M. Gambetta, une des nullités les plus com-
« plètes que les oppositions, qui en produisent cependant
« beaucoup, aient jamais produites, et cependant, il y a
« bien des chances que cette république dure, parce que
« la France est, par excellence, le pays du fait accompli.
« *Si elle dure, dans vingt ans d'ici, toute l'Europe sera en*
« *république. Tout exemple que la France donnera sera sui-*
« *vi par les autres nations, bon ou mauvais, et l'Allema-*
« *gne sera la première bouleversée.* Ce sera là notre revan-
« che. »

Cette dernière phrase, ainsi que semblent le prouver
les événements qui s'accomplirent, sinon vingt ans, du

moins un demi-siècle plus tard, ou à peu près, émanait d'un prophète. Le retard provient peut-être de ce que l'homme d'action souhaité par Dumas ne se fit point connaître assez tôt ; mais les nouvelles générations n'auront pas perdu pour attendre.

Au reste, l'opinion émise sur Thiers, et ce jugement, un peu sévère, à notre avis, sur Gambetta, dont l'esprit de décision sauva, quoi qu'on dise, le pays de l'irréparable désastre, nous les avons pu lire déjà dans la *lettre de Junius, sur les choses du jour*, que publiait, en 1871, Dumas fils, et qui fut réimprimée plus tard dans son volume : *Entr'actes*. Combien il lui préfère le simple geste d'abnégation de Théophile Gautier, revenant, de Suisse, où il est en villégiature, s'enfermer dans Paris et subir les horreurs du siège, dès qu'il apprend qu'*on bat Maman*, selon son mot demeuré historique et réédité par maints artistes et poètes en 1914, notamment Abel Faivre.

Et s'il constate, en les énumérant, les contradictions d'esprit du peuple de France, élevant, détruisant et vénérant tour à tour ses idoles, qui suspectera l'amour qu'il lui voue, dans cette *Lettre de Junius*, : « Jour de Dieu ! « Quel peuple ! Et comme je comprends bien qu'il gêne « les autres et que la Prusse soit chargée par eux de le « détruire, ce à quoi elle arrivera, si nous ne prenons pas « enfin le parti de savoir ce que nous voulons. »

Mais il n'est entré que par hasard dans ces considérations patriotiques. On ne les reverra plus, durant ses entretiens épistolaires avec M. Basset, et nous le regretterions, si la préface de la *Femme de Claude* et quelques tirades de la pièce sur l'immoralité de la guerre et l'espionnage étranger ne compensaient largement ce silence.

« Je ne vous en dis si long sur la politique, (continuait-il « dans la même lettre de décembre 1872), que parce que « vous êtes loin, et que je suis sûr de ne pas retrouver

« demain ma lettre dans un journal ; et puis, de même
« que vous me parlez de ce qui vous entoure, je vous
« parle de ce qui nous étreint, et si philosophe qu'on soit,
« on ne peut se soustraire complètement à cet air-là qui
« passe sous toutes les portes malgré les bourrelets.

Ce qui l'occupe d'ailleurs le plus à ce moment-là, c'est
la lecture, aux artistes, de la *Femme de Claude* : « Ils ont
trouvé naturel que je la tue. On ne la tuera cependant
qu'après que la *Dame aux Camélias*, qui vient de reprendre avec un grand succès, aura fini sa nouvelle carrière »

Dans l'intervalle, il s'est occupé d'une préface au mauvais *Faust* de Gœthe et écrit à son ami (Lettre de juillet
1873) qu'il s'est efforcé en passant de dire la vérité sur
« ce faux chef-d'œuvre et ce faux grand homme ». Dumas engage le commandant à ne pas acheter le livre à son
apparition, puisqu'il le lui enverra, et lui demande enfin
comme un service, puisqu'il emploie beaucoup de ses
loisirs à recueillir les extraits de ses lectures, de les lui
communiquer. Ainsi l'écrivain gagnera du temps, lui qui
n'a pas toujours le loisir de lire, d'extraire ou de se rappeler, alors qu'il est si nécessaire de pratiquer l'esprit d'observation, de le coordonner et de le montrer au public.

La Femme de Claude, il n'y reviendra que par hasard,
dans sa lettre de septembre 1873, où il répète l'assertion
colportée à son sujet par l'amiral et Mme Penhoat, amis
du commandant, qui reprochent, paraît-il, à son théâtre, d'où venait d'émerger la *Princesse Georges*, de n'avoir
pas encore montré une vraie femme du monde.

Une vraie femme du monde, le public élégant du boulevard ne la trouvait pas dans la *Princesse Georges* ; il
ne la voulait d'ailleurs trouver nulle part dans le théâtre
de Dumas dont les héroïnes lui semblaient trop peu flat-
tées pour que la sincérité même de leur présentation
parût acceptable. Mais l'auteur savait se défendre :

« Eh bien ! écrivait-il à M. Basset, qu'est-ce que c'est
« que cette même Princesse Georges, sinon une vraie
« femme du monde, qui fait, en pardonnant à son mari,
« ce que peu de femmes du monde font, et qui n'a pas
« un petit reproche à se faire ?

« Qu'est-ce que Mme Aubray ? C'est plus qu'une fem-
« me du monde poussant sa croyance jusqu'au plus grand
« sacrifice. Qu'est-ce que Mme de Simerose, de *L'Ami*
« *des femmes* ? Une femme du monde poussant la pudeur
« si loin que la seule cause de brouille avec son mari
« vient de l'étonnement et de l'effroi que l'amour physi-
« que lui cause. Et Marceline, de *Diane de Lys* ?, et
« Mme de la Rivonnière et Mme Godefroy, du *Père Pro-*
« *digue* ? Qu'est-ce donc que toutes ces femmes-là ? »

Lui reproche-t-on de glorifier la courtisane, de vouloir
la rendre plus sympathique, en rabaissant le femme du
monde, en choisissant, pour exprimer celle-ci, des types
exceptionnels, voire monstrueux, comme la *Femme de
Claude*, tandis qu'il tresse des couronnes à la courtisane :

« Dans toute mon œuvre, où est la glorification de la
« courtisane ? Je la plains dans la *Dame aux Camélias*, je
« la dénonce dans le *Demi-Monde*, je la chasse dans *La
« Princesse Georges* et je la tue dans la *Femme de Claude*.
« Est-ce que la courtisane n'existe pas ? Est-ce que ce
« n'est pas un produit toujours en progression dans nos
« sociétés modernes ? Est-ce qu'elles ne dévorent pas les
« fils, les frères, les maris, les pères des vraies femmes
« du monde, sans compter les femmes du monde qui les
« imitent ? — (et c'est le cas de la *Femme de Claude*). —
« Est-ce que moi, prosateur et poète dramatique, je puis
« peindre la société que je vois et que je juge, sans tenir
« compte de cet élément nouveau ? »

Car le théâtre ne vit que d'exemples ; sans quoi il ne
serait pas le théâtre. Réduit aux idées générales, il n'au-

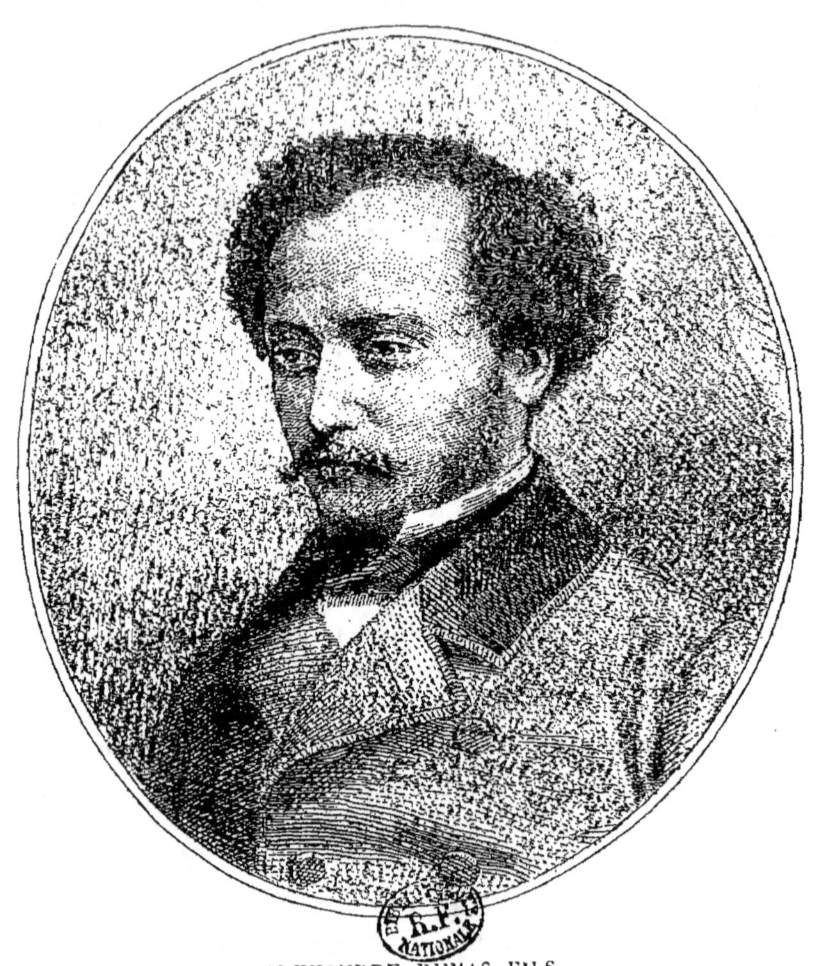

ALEXANDRE DUMAS FILS.

rait plus qu'à se taire. Or, la monstruosité ne forme-t-elle
pas le fond du théâtre antique aussi bien que du moderne ? N'étaient-elles pas femmes du monde, Clytem-
nestre qui tua son époux, Electre qui fit tuer sa mère par
son frère Oreste, et Phèdre, malgré le feu qui lui brûlait
les entrailles et son amour homicide pour Hippolyte ? Et
Lady Macbeth, est-ce là une personne à imiter, et Ju-
liette, recevant Roméo dans sa chambre, le lendemain du
jour ou elle l'a rencontré ; et Desdémone qui plante là
son père pour suivre un nègre, sont-ce des demoiselles
bien élevées ? Les Célimène, les Argine, les Isabelle,
quels trésors pour les familles ! Femmes du monde, cependant, quand encore elles ne sont pas de souche royale
ou princière. Seulement la société d'aujourd'hui se con-
çoit différente de celle d'autrefois. Les manières ont changé. Eh bien non, écrit Dumas à son ami :

« Il y a une chose que les gens du monde ne savent
« pas, ce qui importe peu, mais qu'il faut que vous sa-
« chiez, vous, c'est que le poète dramatique ne connaît
« pas ces distinctions de la femme du monde et de
« l'homme du monde. Pour lui il y a l'homme et la femme
« à quelque classe qu'ils appartiennent. Il y a les femmes
« honnêtes et celles qui ne le sont pas.

« La femme du monde n'est qu'une variété d'espèce,
« comme la levrette dans l'espèce des chiens, et le colibri
« dans l'espèce oiseaux. Et il n'y a pas dans le monde
« que les femmes du monde. Elles habillent mieux leurs
« corps, elles accordent mieux leurs faveurs, elles ca-
« chent mieux leurs ruses, mais déshabillées, elles sont
« des femmes comme les autres, et nous n'avons à les
« mettre en scène que lorsqu'elles nous offrent des côtés
« ou généraux ou particuliers, comme passions, comme
« vices, ou comme vertus.

« Or, en général, elles sont d'une banalité désespé-

« rante, et le plus grand service que nous puissons leur
« rendre, c'est de ne pas dire d'elles ce que nous savons.
« L'humanité, voilà notre matière ; l'homme et la femme,
« voilà nos personnages ; les caractères, voilà notre étude ;
« les mœurs, voilà notre cadre. Avec cela nous consta-
« tons le mal, nous indiquons le bien et nous ne nous
« servons des rangs sociaux que lorsqu'ils peuvent ser-
« vir au développement de notre pensée. Voilà.»

A cette déclaration de principes, Dumas s'est fidèlement conformé. Nous la retrouverons cristallisée en quelque sorte dans toute son œuvre. « Grattons la femme du
monde », ce sont ses propres termes , et nous verrons,
comme chez celle de Claude, que les femmes qui suivent
leurs instincts finissent par se dévoiler quand le monde
fictif qui les couvrait s'est écroulé. Nous constaterons leur
étrange pouvoir d'amener à leur niveau l'homme qu'elles
veulent séduire, et qu'elles ne se résolvent aux aveux que
quand elles ne peuvent faire autrement ; nous entendrons
de Ryons, dans *L'Ami des Femmes*, démontrer leur
illogisme, et force nous sera de reconnaître que l'état de
femme du monde demeure un des avatars les plus malsains et les plus grotesques du féminin chez les peuples
civilisés. *(L'Homme-Femme)*.

Aussi bien pour Dumas fils, l'émancipation, la réno-
vation de la femme, restent-ils des mots vides de sens.
Il n'y a pas, selon lui, à modifier sa fonction et sa destinée. Il n'y a qu'à la bien connaître, *(L'Ami des femmes)*
car elle ne peut-être qu'inférieure ou bien supérieure
à l'homme ; égale, jamais. Et qu'on n'accuse pas
l'écrivain de vouloir ignorer ou méconnaître les revendications du féminisme ; il les a magistralement exposées
dans la préface de *Monsieur Alphonse*, vingt ans avant
qu'elles ne nous fussent révélées publiquement. Elles
ont fait du chemin depuis cette sentimentale de Tou-

raine du *Père prodigue*. « Ça écrit beaucoup, ces femmes-
« là, mais le sexe qui a produit tant d'héroïnes, de pétro-
« leuses, et de badaudes curieuses des exécutions capi-
« tales, n'est pas un sexe faible : il peut vaincre la sen-
« sibilité maladive que nous lui prêtons, et il y sera for-
« cément appelé à l'époque où, par masses et millions
« d'hommes, les peuples se heurteront. La science aura
« fait alors de tels progrès qu'on pourra se battre sur la
« terre et dessous, sur les mers et sous les flots, dans
« les airs, peut-être. » (Préface de *Monsieur Alphonse*,
1873).

Nous avons vécu ces moments angoissants beaucoup
plus, et plus longtemps, que n'aurait pu supposer Dumas,
prophète ; ils sont la rançon d'un progrès trop hâtif
et peut-être, qui sait, d'une évolution mystique.

Et voici, en effet, que la religion intervient dans la
correspondance des deux amis. Nous sommes en 1874
et *l'Antéchrist* a dû hanter les songes du commandant
Basset. Il est probable que celui-ci, incertain de la voie
qu'il devait suivre dans les travaux dont il voulait meu-
bler ses loisirs, avait dû demander conseil à ce sujet au
dramaturge, puisque Dumas, dans une lettre du 25 février 1875, lui répondait de n'en suivre aucune particulièrement. Il n'avait pas cette tendance, si marquée de
nos jours, à la spécialité qui, en amoindrissant la portée
individuelle de l'esprit, donne à ceux qui la cultivent
l'illusion de refléter exclusivement le rayon de leurs études :

« Le Cardinal X... n'est pas plus la religion que Y...
« n'est la politique, que M. Dumas n'est la littérature.
« Ces gens-là ne sont que les formes et les momentanés
« d'un tout qui n'est pas en eux et dont ils ne représen-
« tent que certaines faces. . . . .
« Si M. le Cardinal croit à tout ce qu'il est forcé de

« dire, il est un enfant ; s'il ne le croit pas, il est un dia-
« ble ; si Y... se figure réellement que le bonheur de la
« France dépend d'un gamin de dix-huit ans qui peut
« mourir demain d'une chute de cheval, il est à mettre à
« Charenton.

« Quant à M. Dumas, qui n'est ni dans la religion, ni
« dans la politique, à qui l'Immaculée-Conception donne
« autant envie de rire que l'Appel au peuple, il n'a pas
« l'orgueil de vouloir imposer ses formules ; il dit : voilà
« ce que je pense. Concluez, discutez ; et il réserve pour
« lui seul ce dont il croit être certain, ne voulant trou-
« bler personne, ni dans sa quiétude, ni dans sa fantai-
« sie. »

Tel est le conseil qu'il donne à l'ami soucieux de s'o-
rienter dans la voie littéraire : ne pas s'enrôler. S'il a des
amis oublieux, attendre qu'ils se souviennent de son
silence ; observer l'humanité, noter au jour le jour ses
impressions et ses jugements, les classer plus tard, puisqu'il n'est pas pressé de produire, pour les juger à son
tour. Et c'est l'heureuse occasion d'un de ces aphorismes
que La Rochefoucauld eût enviés et dont l'œuvre de
Dumas fournirait aisément un volume : « L'homme
vraiment fort est celui qui traverse les hommes sans être
effrayé, ni dégoûté, ni entraîné »..

Si cet homme est, comme on doit le supposer, intelligent, (et nous revenons ici à l'objectif religieux,) s'il est
honnête et sérieux, on ne peut lui demander rien de plus
que de déclarer qu'il croit en Dieu et en une morale admirablement représentée par les dix commandements de
Moïse.

« Eh bien ! conclut Dumas, cet homme est Juif ; peut-
« être sans s'en douter, mais il l'est ; quant aux autres,
« ce sont des malheureux ou des farceurs, ou des
« innocents, pour ne pas dire des imbéciles. »

Pour lui, les temps de l'antéchrist, encore que pré-dits, étaient nécessaires à prévoir. Le Christ, image de la perfection, sortira triomphant des épreuves ; il n'a plus aucune raison d'être aujourd'hui l'otage de la politique de l'Eglise, de se voir dominé sinon ridiculisé par le surna-turel qui éblouissait les imaginations ignorantes et naïves de jadis. Avec lui, Marie reprendra sa vraie place, le culte restera, le clergé sera modifié. Ce sera en un mot l'alliance de Moïse et de Jésus, de la vérité et du senti-ment, du corps et de l'âme, de la vie terrestre et de la vie éternelle. Quant à présent, nous vivons l'époque de la lutte entre Moïse et Jésus, comme celui-ci la vivait lui-même lorsqu'il vit se dresser devant lui Jean-Baptiste, le novateur, pour avoir voulu rompre avec la tradition qui ne reconnaissait qu'un dieu, en se déclarant fils de ce dieu et Dieu lui-même.

Et selon Dumas, si Jésus est le plus grand homme de sentiment, Moïse est le plus grand homme de raison. Dans la lutte, c'est Moïse qui triomphera. (*Lettre de déc. 1874*). Et c'est pourquoi les Juifs qui ont tué Jésus étaient plus dans leur droit que les catholiques qui ont tué Jean Huss ; ce qui n'empêche d'adorer Jésus, excepté quand il prêche l'ignorance et la paresse, (*même lettre*). Mais quant à ce qu'il pense de Dieu, c'est trop lui demander. *(L. du 14 Janvier 1875)*.

Au reste, le commandant n'aura qu'à se reporter à la préface de la *Femme de Claude*, il y trouvera développées les conceptions métaphysiques de Cantagnac, elles tra-duisent évidemment la pensée du dramaturge : « Entre « notre naissance et notre mort, la lutte, les passions, » les chagrins, les maladies, les misères de toutes sortes, « une répartition inégale et injuste des biens de la terre, « les gredins presque toujours heureux et triomphants, « les honnêtes gens le plus souvent malheureux et mé-

« connus. On assure qu'il faut rendre grâces à l'auteur
« de cet ordre de choses, l'adorer et le glorifier. C'est un
« point de vue comme un autre ; mais moi je ne tiens
« pour certain que ce que je vois, et pour valable que ce
« qui me sert. »

Le personnage qui s'exprime ainsi, n'est, il est vrai,
qu'un espion ou, comme on dirait de nos jours, depuis
la guerre, un observateur..... Mais à sa logique le psychologue ne trouve guère à contredire.

Quelle fragilité du reste que celle de la religion, malgré sa durée, et quelle insuffisance ! Elle est probante de
l'imbécilité des foules :

« Notre humanité est profondément bête. On lui a
« fait à coups de sentiment et quelquefois à coups de
« canon entrer dans l'esprit des formules religieuses et
« sociales et tellement baroques qu'il est peut-être plus
« amusant, plus honnête et certainement moins dange-
« reux de la laisser se tirer d'affaire comme elle le
« pourra.

« Quant à votre prédicateur, il n'y peut rien. Il va
« faire le cabotin en chaire, il va gesticuler, donner des
« représentations à la Thérésa, et le monde continuera
« d'aller où il va. Mais c'est le ton du jour. Tous ces
« gens-là sont ahuris. Ils ont fait vivre pendant dix-sept
« siècles une chose qui, constituée comme elle l'était
« sur des bases aussi fausses, aurait dû périr au bout
« de cent ans, et qui, constituée comme elle aurait pu
« et dû l'être, n'aurait jamais péri.

« Tout cela va s'écrouler. Les temps sont révolus ;
« il y aura bien des âmes épouvantées et brisées, mais
« il faut que cela soit. Le vieux monde s'en va ; il y a déjà
« longtemps qu'il est parti pour moi, et ce qu'on prend
« pour un continent ferme n'est qu'une épave qui
« flotte.

« L'humanité à l'âge d'homme ! Elle regrette l'his-
« toire du *Petit Poucet* et de là *Belle au bois dormant*,
« mais il faut qu'elle se fasse à cette idée que ce n'étaient
» que de jolis contes. » (*Lettre du 5 Mai 1875*).

Sans doute, la religion aurait été utile pour les masses.
Mais comme elle reste insuffisante ! Elle attend les hommes à l'entrée dans le monde, « comme les omnibus atten-
dent les voyageurs au débarcadère ». Cette figure hardie
prend les allures d'une parabole ; elle exprime tout
Dumas :

« On monte dedans parce qu'ils sont là, qu'on est
« assis, qu'il y a un conducteur, qu'on peut causer ou
« dormir, et qu'on finit par arriver quelque part où l'on
« trouve à coucher. C'est commode, et puis c'est l'habi-
« tude. Moi, j'aime mieux marcher, mon bagage sous le
« bras, ou sur le dos, et choisir mon hôtel. . . . . .

« Je sais ce que je sais, et Dieu et moi, nous nous com-
« prenons très bien. Je ne dirai pas que je respecte les cro-
« yances catholiques; je trouve ces dogmes ingénieux, ces
« légendes touchantes. Je trouve peut-être leurs conclu-
« sions suffisantes pour la masse du bétail humain ; mais
« quand je vois un homme, celui que vous appelez *Vir*, me
« jurer qu'il croit à la divinité de Jésus, à la virginité de
« Marie, aux miracles, à la résurrection, à l'Ascension et à
« ces mille contes des rêveries orientales, je suis pris
« d'une certaine tristesse et je pense au Créateur des mon-
« des, des infinis et des éternités, dont il n'est plus ques-
« tion dans ce conte de Perrault.

« Si mon estomac ne veut pas d'un gâteau et d'un verre
« d'eau sucrée, si mon intelligence ne se rassasie pas avec
« un vaudeville de Scribe, vos formules et vos pratiques
« catholiques ne sont pas un aliment suffisant pour mon
« esprit, pour ma raison, pour mon âme et pour ma cons-
« cience. »

A cette profession de foi, si l'on peut dire, nous pourrions joindre encore un éloquent réquisitoire « contre le « prêtre et le confessionnal, contre cet intermédiaire, vêtu « d'un certain costume, qui, avec sa morale à double face, « a conduit la société où nous la voyons, c'est-à-dire « égarée, impuissante à retrouver le chemin de la vérité « (*Lettre du 22 février 1881*). Car la Théologie a tué l'Evangile, mais au fond, elle est irresponsable et son Dieu n'existe pas » (*L. du 22 décembre 1882*). Mieux vaut donc, par conséquent, se tenir parmi les chrétiens du dehors, c'est-à-dire parmi ceux qui restent dans les idées chrétiennes, sans s'embarrasser du dogme catholique. C'est ce que fait Dumas. Et cela n'abolit pas en lui le principe de l'immortalité de l'âme, exprimé dans *Une visite de Noces*, bien qu'il ait dit dans sa préface de *M. Alphonse*, que « l'homme « a moins d'âme que l'animal, si l'âme est le principe de « la vie, de la volonté, de la pensée. Il a rabaissé sim- « plement de quelques degrés l'orgueil de l'homme. » Mais il s'empresse d'affirmer, dans les *Idées de Mme Aubray*, que les âmes toujours pures font les visages toujours jeunes, et dans la préface de *Diane de Lys* quelle « passion, en traversant l'âme du poète, y dépose les par- « ticules vivaces qui serviront plus tard à l'enfantement « de l'œuvre. Quand le cœur a fini, le cerveau commence. »

Ceux-là sont conséquemment les vrais hommes qui dégagent peu à peu, par l'étude et la méditation, leur esprit des scories protectrices de l'enfance et qui, ayant commencé par les idées étroites que leur imposait leur milieu, finiront dans les idées larges que leur a données la vie (*L. du 2 avril 75*). Ceux-là sont supérieurs qui, nés dans l'instinct, se développeront dans la sensation, pour se hausser peu à peu au sentiment et, de là, rêver à l'idée (*L. du 25 sept. 1876*). L'homme de génie n'est pas d'une essence incompatible avec l'état de misère ; il peut en effet s'en trouver un comme Bonaparte à qui les vingt francs de Talma ont donné un trône, ou comme Racine, à qui Molière a ouvert le théâtre. L'homme de génie peut être ingrat — tel Racine — à l'égard de son bienfaiteur ; mais qu'importe. L'essentiel est que Racine ait été et que Molière ne lui ait pas été indifférent, pas plus qu'il ne lui fut injuste après son ingratitude (*même lettre*). Dumas a eu le loisir d'étudier les hommes : son esprit d'observation fut celui de tous les temps ; les noms seuls ont changé. Sa conclusion, la voici :

« Je crois être allé aussi loin que possible dans l'ob-
« servation des hommes. Je ne les méprise, ni ne les
« hais, ni ne les raille. Je les plains. Voilà ma conclusion.
« Quant à eux, ils sont d'une ignorance désespérante, ne
« veulent rien apprendre, ni regarder, et s'en prennent
« à la méchanceté des autres, quand c'est leur propre
« sottise qui a tout fait. » (*Lettre du 2 avril 1881*). N'est-ce pas, en somme, l'explication donnée par Lebonnard dans la *Visite de Noces*, lorsqu'il caresse le bébé de Cygneroi, et lui prédit qu'à l'exemple de tous ceux de sa race, de son milieu, il sera la victime de sa bêtise, qu'il donnera le jour à d'autres hommes qui seront bêtes comme lui, lesquels en enfanteront d'autres « jusqu'à ce que Dieu n'ait plus besoin de la bêtise humaine, ce qui sera long. »

Mais si le poids de la bêtise humaine doit, ainsi que le proclamait Ibsen dans *Un Ennemi du Peuple*, faire chavirer la terre, c'est du moins dans l'esprit que l'homme trouve ici-bas son salut. C'est un adjuvant indispensable et Dumas en apprécie à tel degré l'utilité, lui qui en est si bien pourvu, qu'il ne se résoudra à s'en débarrasser, écrit-il, à son ami, (*Lettre du 27 février 1880*) «que quand
« tout le monde en aura. Pascal est devenu fou, dès
« qu'il n'a plus été spirituel. Et c'est l'esprit qui, dans le

« jugement de la postérité, fait à divers égards Molière
« plus grand que Descartes et Pascal. »

Ce qui importe aussi, c'est, lorsqu'on a la chance de
se hausser jusqu'aux idées, de mettre en ordre, en harmonie et en mouvement des instincts, des sensations, des
sentiments, et des idées. Savoir les classer, c'est se révéler à soi-même son état de conscience, c'est se rendre
maître de soi, et par conséquent des autres.

Quel immense avantage, en effet, que celui de la domi-
nante sur ses contemporains, au cours de la lutte de l'existence, du perpétuel conflit des caractères qui veulent
s'imposer dans la vie.

« Combien d'existences meurent étouffées au milieu des
« choses, qui seraient si utiles et relativement si heureu-
« ses à la surface ! »

Ne pas s'appartenir constamment dans sa pensée est
un supplice que Dumas ne pourrait supporter. Seules les
femmes lui semblent douées de cette faculté de dédouble-
ment, qui voisine au surplus avec le mensonge et l'hy-
pocrisie. La force n'a pas besoin de ces compagnons-là.
La vie du grand dramaturge nous en offre la preuve.

Et cependant il n'a pas su se défendre lui, brillant,
célèbre, adulé, envié, de jalouser le bonheur de son correspondant qui a pu donner carrière à sa rêverie, élabo-
rer une œuvre, mélange de prose et de vers, mais à laquelle, toutefois, il manque un plan. Ce plan, il le lui
suggèrera charitablement. Il sait qu'il ne s'adresse pas à
l'un de ces parasites littéraires autant inévitables que les
insectes qui vous harcèlent dans les plus beaux paysages
d'Orient ; cependant, chose assez piquante, le livre qu'il
conseillera d'écrire à ce débutant tardif, placé en face de
la création et de la vie, sera précisément celui devant
lequel reculerait plus d'un grand philosophe : « C'est
« l'histoire de la pensée humaine, depuis les Védas jus-

« qu'à la philosophie positive, c'est la biographie de
« *l'homme de Dieu*, c'est-à-dire de l'individu limité tou-
« jours, en quête de l'infini. Faites comparaître devant
« vous l'Inde, l'Egypte, la Grèce, la Rome païenne, chré-
« tienne et catholique, Manou, Moïse, Jésus, Confucius,
« Zoroastre, Socrate, Mahomet, Luther, et la Révolution
« française, sortie de tous ces mouvements, et rendez le
« verdict de votre *moi*, libre et sincère : voilà le livre. Il
« est presque tout entier dans votre correspondance.
« Pensez-y ; mais, de l'ordre, de l'ordre, de l'ordre.
« Cueillez des fleurs dans les champs qui bordent votre
« route, mais sans perdre de vue le clocher où vous
« allez ». (*L. du 23 mai 1881*).

Or, ce livre, ne nous semble-t-il pas avoir été produit
vingt ans auparavant par ce cerveau de génie que fut Michelet, lorsque parut *la Bible de l'Humanité* ? Seulement,
ce que l'historien traitait avec le sentiment, Dumas l'eût
rêvé sous les auspices de l'inflexible raison, avec, de
temps à autre, une oasis poétique, pour reposer le voyageur à travers l'aridité de ce vaste désert, comme dans
les *Lettres à Emilie* de Demoustier.

Mais les ailes du commandant Basset n'avaient probablement pas l'envergure nécessaire pour planer si longtemps d'un haut vol au-dessus de l'humanité. N'ayant
point sous les yeux ses propres lettres, orientées vers
d'autres destinations posthumes que celles de Dumas, il
ne nous fut pas donné d'apprécier jusqu'à quel point elles
contenaient les prémisses d'un tel chef-d'œuvre. Peu
importe, au surplus, l'intérêt essentiel n'est point là. Il
réside surtout dans la variété, la clarté de Dumas, cris-
tallisées en phrases d'une limpidité telle qu'on se résout
avec peine à la réclusion où les condamnait l'intimité
d'un correspondant.

L'ouvrage en question parut vers la fin de 1881. Mais

il ne secoua sans doute pas la torpeur des foules. Son titre même nous demeure ignoré. Un mot de Dumas, qui le considérait comme une paraphrase de l'*Espoir en Dieu*, de Musset, dut consoler l'auteur :

« Moi, je trouve votre ouvrage intéressant, comme je « vous l'ai dit quand je l'ai lu, et de plus, original et « clair. Que voulez-vous ? Le public ne veut pas être « instruit, ni éclairé ; il veut rigoler jusqu'à sa mort et il « va de l'*Assommoir* à Gambetta, et de l'Union Générale (¹) « à *Lili* (²). C'est son affaire. Patience. *Ce sont ceux qui ont* « *raison, qui auront raison.* » *(L. du 2 février 1882).*

Dommage que Dumas lui-même ne l'eût pas entrepris, cet ouvrage dans lequel il entrevoyait le passé, le présent et l'avenir, harmonieusement fondus: «Il y a beau temps, disait-il, que je l'aurais fait, si j'avais eu le temps de lire tout ce que vous avez lu. » *(L. du 26 octobre 1881).*

Mais nous avons déjà vu combien le temps de la lecture lui était mesuré ; puisqu'il se reposait sur son ami du soin de lui communiquer les meilleurs extraits de ses propres lectures. On imagine combien les instants devaient passer rapidement pour celui dont le but d'existence était si délibérément fixé, et qui devait concentrer toute sa force morale à sa réalisation. Et cela nous rappelle une impression qui fut dès longtemps nôtre, à savoir qu'on se prolonge certainement de quelques années, lorsqu'on tend sa volonté vers l'achèvement d'une œuvre. Cette pensée-là, nous la retrouvons dans une des dernières lettres au commandant, datée du 28 janvier 1892, mais parée sous les dehors d'une anecdote que nous regretterions de passer sous silence :

---

(1) Société financière dont la faillite scandaleuse faisait alors grand bruit et ruina de nombreuses familles françaises.

(2) Comédie de Meilhac et Halévy.

« En 1849, le choléra sévissait à Paris, on mourait
« par mille et douze cents par jour. J'habitais alors une
« chambre d'hôtel, rue de Provence, je rentre vers six
« heures pour m'habiller, et je dis au domestique qui me
« servait de me vernir tout de suite mes bottes. C'était
« un jeune nègre, par parenthèse. Je dînais en ville,
« j'étais très pressé. Je m'habille, mes bottes ne revenaient
« pas ; je sonne, pas de réponse ; je resonne, même si-
« lence. J'appelle, personne. Je me décide à descendre
« chez la concierge, en me plaignant avec la violence qui
« appartenait à mon âge, et qui a longtemps fait partie
« de mon caractère : — Que fait donc cet imbécile
« d'Ernest, et pourquoi ne m'apporte-t-il pas mes bottes ?
« — Monsieur, me répond le concierge, Ernest est mort.
« — Il était mort foudroyé du choléra qu'il avait déjà
« depuis quelques jours à l'état de dysenterie et qu'il ne soi-
« gnait pas. Je rentrai chez moi, penaud et troublé. J'eus
« tout de même mes bottes. Un de mes amis qui devait
« dîner avec moi dans la maison où j'allais vint me
« prendre, et je lui racontai l'histoire, non sans émotion :
« — Ce n'est pas gai, dis-je avec l'inquiétude d'un gas de
« 25 ans, qui voit encore que la vie peut-être longue et
« agréable, *ce n'est pas gai de n'être pas sûr de ne pas être*
« *mort cinq minutes plus tard.* — Mon ami était un
« nommé Henri Delaage, dont vous avez peut-être en-
« tendu parler, une espèce de mystique et d'illuminé, le
« meilleur des hommes. Il me répondit : — Ces choses-là
« ne sont pas faites pour nous, mon cher, qui avons une
« mission à remplir sur la terre. — Il était convaincu
« qu'il était dépositaire de certaines vérités supérieures et
« qu'il ne devait pas mourir avant de les avoir révélées
« aux hommes. Il était aussi convaincu que je devais
« faire une révolution littéraire, et il allait à travers l'épi-
« démie et la mortalité comme il se serait promené

« dans les jardins d'Armide en attendant que Renaud
« eût fini. Il n'a jamais eu le choléra, ni moi non plus,
« et je dois dire que l'*influenza* ne m'a pas troublé une
« seconde. » Et, conclusion qui résume toute la vie d'un
penseur :

« Il est vrai que maintenant j'en sais assez long sur
la vie pour ne pas craindre la mort. »

La vie, en effet, n'a pas laissé une empreinte d'optimisme sur l'âme de cet artiste. Il a expérimenté, toujours
à ses dépens, — malgré l'apparente contradiction des succès que lui assura sa célébrité — le néant des choses
d'ici-bas. De même qu'en pleine vogue de ce théâtre
d'observation et de réalité dont il fut l'un des guides les
mieux inspirés, il reconnaissait la nécessité d'un retour
reposant aux œuvres du passé, fût-ce au théâtre de
Scribe, « à ces peintures légères, agréables, comparables
parfois à des gravures enluminées, telles que la *Fête du
village* ou la *Promenade* de Debucourt, de même l'homme
actif qu'il avait été, accoutumé à toutes les fièvres de la
rampe, à tous les à-coups du journalisme et de la publicité littéraire, ne formulait-il plus qu'un vœu fréquem-
ment renouvelé au cours de sa correspondance intime
avec M. Basset, et qui se résumait à peu près ainsi, lorsqu'au début de cette même année 1892, il vivait en vieil
ermite à Marly-le-Roy : « Mon rêve était de dormir huit
« heures par nuit, de travailler huit heures par jour — le
« rêve aussi des socialistes — et de me promener et de
« converser avec des amis le reste du temps, après avoir
« mangé vite et peu. C'est trop demander à la Provi-
« dence. »

Ce n'était cependant pas tout à fait, on le voit, le
rêve d'un misanthrope ni d'un égoïste. Mais, à cette
époque, la santé déplorable d'Alexandre Dumas avait
contraint l'écrivain à cette sorte d'exil qu'aggravaient,

hélas, en sa rigueur, les fréquentes insomnies et le manque d'entrain dans le travail. Et cet état d'âme s'accentuait si vivement que, moins de deux mois après, il informait son ami de la vente de sa maison et de ses tableaux — non par esprit de lucre, comme il advient parfois chez les vieillards, et comme on l'en a soupçonné — mais simplement, disait-il : « parce que je ne veux plus « être attaché au sol par des moellons et des cadres, que « je veux ma liberté complète d'action et le droit de « quitter dans les vingt-quatre heures un pays où il y a « tant d'imbéciles et de canailles. » (*Lettre du 29 mars 1892*).

Tel fut le fruit de l'expérience de la vie et des hommes chez cet observateur affiné, chez ce déterministe qui n'admettait en aucun cas le hasard — ce dieu cher aux ignorants — comme facteur imprévu dans la destinée humaine ; qui souriait ironiquement quand il entendait certaines gens assurer qu'on ne peut avoir du bonheur qu'en en privant quelqu'un, mais qui était persuadé, en revanche, que si les hommes dépensaient pour faire le bien le quart de ce qu'ils dépensent pour faire le mal, la misère sociale ne serait plus de ce monde. » (*Le Fils naturel.*) L'expérience l'amenait donc, le plus souvent, à la très vieille formule : brûler ce qu'on a adoré et rechercher ensuite les cendres de ce qu'on a brûlé jadis. C'est l'inclination fatale vers le renoncement ; c'est l'objectif, chaque jour plus rapproché, de la chartreuse, de la cellule érémitique, où vivre, à la façon précédemment indiquée, ses dernières années ; laisser son œuvre comme le manouvrier son tas de pierre, une fois concassé, et s'en retourner au sein de l'éternité. Etrange contraste, chez celui qui faisait exprimer à Sylvaine, dans la *Princesse Georges*, cette définition de l'arrivisme : « Quand « on veut arriver quelque part, il ne faut pas regarder

« où l'on marche, mais où l'on veut aller ; on en est
« quitte pour ôter ses bottines en arrivant. »

Et comme Dumas n'est pas un arriviste, la conclusion
qui ressort de ces pages sera la même que celle qu'il
dégageait dans son éloge de Théophile Gautier, à savoir
que le métier d'homme de lettres, avec tous ses déboires,
et même ses succès, dans une époque où disparaît la poésie qui nous rendait meilleurs, c'est vraiment la dernière
des professions.

UN COURRIER DIRECTORIAL
A L'ODÉON

La Rounat. — Episode de sa direction d'Odéon. — Débat avec l'acteur Bocage. — Le compositeur Edmond Membrée et la guerre de 1870. — Rivalité entre Odéon et Français, à propos des prix du Conservatoire. — Ours repoussés et ours élus. — Auteurs récalcitrants. — Ténacité de Caliban. — Porel coadjuteur de La Rounat.

Charles Rouvenat, dit Charles de La Rounat, qui occupa longtemps, et à deux reprises, la direction de l'Odéon, personnifiait assez curieusement au théâtre cette époque déjà presque légendaire aux yeux de la jeunesse actuelle, du second Empire et de la fin du XIXe siècle.

Né à Paris en 1819, son éducation, portée de préférence vers la littérature, l'orientait incidemment sur la politique, lorsque surgit la révolution de 1848, au cours de laquelle il remplit, au Luxembourg, les fonctions de secrétaire de la commission du Travail. Mais le coup d'Etat de 1851 enraya ce début de carrière.

Alors, il se confina dans une collaboration régulière à la *Revue de Paris*, cependant que la rencontre de Siraudin et de Montjou le ramenait vers le théâtre où, déjà, il avait fait jouer, en 1849, *Les Associés* et *La Mariée de Poissy*, vaudevilles qui tinrent quelque temps l'affiche, soit au Palais-Royal, soit aux Variétés.

En 1856, il prit la direction de l'Odéon, et résolut le problème assez difficile, d'assurer à ce théâtre un public avec le concours de jeunes auteurs. Il garda cette direction jusqu'en 1867. A la suite des vexations dont l'accablait la surintendance — alors exercée par le comte Bacchiochi — soit à propos de la réception de la *Contagion*, d'Emile Augier, refusée aux Français, soit au sujet de la reprise de *Ruy Blas*, il passa la main à Chilly. Jusqu'en 1880, il partagea son existence littéraire entre une collaboration au *Moniteur Universel*, une comédie, *Marceline*, jouée sans succès en 1871, et un roman, *La Comédie de l'Amour*. En 1880, il reprit la direction de l'Odéon des mains de Duquesnel, successeur de Chilly, et la garda jusqu'à sa mort, survenue le 25 décembre 1884. Porel, qui le secondait dès 1862 comme directeur de la scène, et était même devenu son associé, continua ses traditions jusqu'en 1892, puis céda son mandat à Marck et Desbeaux, pour risquer les aléas d'une entreprise nouvelle, le Grand Théâtre (à l'ancien Eden de la rue Boudreau) où fut créée la *Lysistrata* de Maurice Donnay, puis enfin pour occuper la direction du Vaudeville. Au cours de sa première gestion, de 1856 à 1867, La Rounat avait fait représenter entre autres pièces sensationnelles : *Madame de Montarcy*, et *la Conjuration d'Amboise*, de Louis Bouilhet, *Le Marquis de Villemer*, de George Sand, *Le Testament de César Girodot*, tiré de Balzac par Belot et Villetard, et la *Contagion*, d'Emile Augier, avec une troupe jeune, dont la plupart des éléments lui furent enlevés au profit de la Comédie Française. Elle comptait notamment : Thiron, Febvre, Jane Eisseler, Agar, Rosalia Rousseil, Suzanne Devoyod et Dinah Félix. La seconde direction mit en évidence une troupe dans laquelle on relevait les noms de Paul Mounet, des deux Albert Lambert, de Chelles, Duflos, Matrat, de Mmes Tessandier, Samary, Hadamard, Marie Laure et Segond-Weber, outre, bien entendu, Porel, qui était de toutes les fêtes.

Ce fut le temps des succès de *Jack*, d'Alphonse Daudet, de la *Formosa* d'Auguste Vacquerie, de *Madame de Maintenon* et de *Severo Torelli*, de François Coppée, du *Klephte* d'Abraham Dreyfus, et du *Nom*, de Bergerat.

On imagine la besogne suscitée par la mise en train de ces pièces reçues, depuis l'instant de leur présentation par les auteurs ou leurs porte-parole influents, jusqu'au lendemain de la première, où il importe de surveiller adroitement encore les manœuvres de la critique et de la presse théâtrale à leur égard.

Mais qu'est cela, auprès des mille tracas révélés par l'examen d'une correspondance quotidienne apportant, avec une régularité en quelque sorte mathématique, les nouveaux soucis dont se remplit une carrière ?

Passons, bien entendu, sur les lettres de famille, ou d'amis, d'entre lesquelles cependant, il nous semble intéressant de recueillir cette opinion exprimée sur Louis Bouilhet à Gustave Flaubert par La Rounat, à propos d'un opuscule intitulé *Une fille naturelle*, écrit par l'auteur de la *Conjuration d'Amboise*, et dont ce simple titre faisait bondir d'épouvante le directeur du second Théâtre-Français.

« Mon cher vieux, tu es joli comme tout, et si je puis
« arracher quarante-huit heures ma manche à l'engre-
« nage, ou même vingt-quatre, j'irai te baiser sur les deux
« joues. Mais Bouilhet est une drogue infecte. Il m'a
« cherché, dit-il, le lâche ; mais quand on veut trouver les
« gens, on ne les cherche pas, on leur donne un rendez-
« vous raide et sec. Il ne travaille pas ! A qui a-t-il causé
« de son ordure ? Il travaille — et s'il se trompe ! Les
« journaux m'apprennent que l'opuscule en question
« s'appelle *Une fille naturelle* ! ! Est-ce vrai ? Non, mais
« vrai, là, il était de toute sagesse d'avoir, avant de se
« mettre à l'œuvre, un entretien quelconque...

« Et ne va pas me parler de l'égoïsme dégoûtant avec
« lequel je te laisse dans un coin pour m'occuper de lui.
« Je n'ai pas besoin de toi autrement que comme moyen
« et tu connais assez la belle nature pour la voir verte et
« faisandée sous le fard de la politesse, des précautions
« dites oratoires, et autres menues Jean-foutreries à
« l'usage des gens adroits.

« Tout cela est-il assez spirituel !

« T'ai-je pas dit que j'ai relu d'affilée, à Luchon,
« toute la *Bovary* ? et que je trouve cette saleté de la plus
« haute futaie. C'est vrai, — ceci n'est pas du fard. —
« Après ça, on ne sait pas. Adieu, mon vieux philosophe. »

L'homme qui, dans l'atmosphère du théâtre, a su
apprécier *Madame Bovary*, en dépit du veto officiel, et dé-
pouiller tout artifice dans l'expression de sa sympathie
à l'égard d'un Flaubert et d'un Bouilhet, n'est pas un
théâtreux quelconque. Suivons-le plus avant, et nous
n'aurons pas à regretter notre attention donnée. L'attitude de ses correspondants à son égard, au cours de leurs
lettres, nous permettra, ce jugement préalable étant acquis, de nous fixer sur eux-mêmes.

A côté d'excuses suscitées par des dîners manqués,
sous la plume de Louis Leroy ou de Théodore de Banville, (ce dernier, « retenu aux portes de Paris par des
« accidents comme il n'en arrive jamais, omnibus ne
« marchant pas, par suite du décès de leur entrepreneur
« qui justement avait choisi ce jour-là pour mourir...
« train arrêté une demi-heure à l'entrée d'un tunnel, avec
« torches, grand effroi des voyageurs, etc... », on trouvera
des félicitations motivées, au lendemain des prises de
possession de la scène odéonienne, des premières, des
ouvrages ou des articles de La Rounat, billets qui ne
vontpas sans provoquer plus qu'une ombre de scepti-
cisme dans l'esprit du lecteur. Cette impression se trou-

verait, du reste, fortifiée par les discussions, les chicanes des auteurs à propos des réceptions de pièces plus ou moins retardées, des billets de répétition, des avances d'argent consenties à des artistes, à des écrivains besogneux, et qu'ils contestaient ensuite, peut-être avec l'arrière-pensée que le patron avait omis de les porter en compte. C'est Bocage qui, jadis à la tête du même théâtre entre 1845 et 1848, reproche à La Rounat, le 31 décembre 1856, de ne pas tenir ses engagements, basés probablement sur le dessein de le faire participer à la direction et de lui réserver les grands premiers rôles, d'ailleurs à sa taille. Cependant cette lettre comminatoire se termine sur un ton grandiloquent, ironique et généreux:

« Au lieu de vous blâmer, peut-être aurais-je dû vous
« plaindre; quoi qu'il en soit, tout ce qui s'est passé entre
« nous m'a donné plus de tristesse que de rancune. C'est
« ma faute. Les années ne me corrigent pas. Aussi, ne
« m'en prenant qu'à moi-même du mal qui m'arrive, je
« vous envoie encore, comme au temps où vous portiez
« l'écharpe républicaine, le salut fraternelle » (sic).

C'est Léon Halévy, qui tergiverse sur la date de réception d'un bulletin, et qui, d'instinct originel, conclut « qu'un mauvais terrain est celui qui ne rapporte rien, et où l'on sème sans récolter, » reprochant amèrement à son directeur, de l'avoir placé sur ce terrain-là. C'est Théodore de Banville qui, éprouvé par une cruelle maladie, et venant d'être traité par le Dr Fleury, à Bellevue, insiste vivement, on le comprend, pour que lui soient envoyés les cent francs fixés pour un poème, afin d'acquitter les honoraires du praticien.

Mais parfois, d'heureux dérivatifs s'opposent à ces incidents épistolaires, apportant au littérateur les satisfactions si âprement disputées au « patron » de l'Odéon. Voici Pierre Véron, le légendaire fondateur du *Charivari*, qui entre temps, a créé une revue hebdomadaire illustrée, *L'Art*, dont la collection est encore assez recherchée de nos jours par les bibliophiles. Il a réservé à La Rounat une rubrique de portraits artistiques, et s'excuse de ce que l'importance des ventes de l'Hôtel Drouot, dont *L'Art* est bien obligé de s'occuper longuement, cause quelque retard à la publication de l'article consacré au comédien Régnier (mars 1876) . Quelques mois après, nouveau retard ; il s'agit cette fois de l'article relatif à Mme Arnould Plessy, mais c'est la faute de l'artiste elle-même, qui n'a pas voulu poser pour qu'on pût prendre quelques-uns de ses rôles. Comme fiche de consolation, l'auteur apprendra que les illustrations de l'article sur Delaunay sont prêtes.

D'ailleurs, rien de tout cela ne saurait émouvoir l'homme expérimenté sur les menus faits et gestes quotidiens de la vie littéraire. Mais ce qui peut nous surprendre, nous qui avons connu, traversé et vécu cette époque de parfait égoïsme dont le début du XXe siècle aura donné la plus ample mesure, c'est de voir un collaborateur du *Gaulois* s'entremettre auprès de la direction de ce journal, afin d'en faciliter l'accès à La Rounat. Ces procédés-là sont tombés en désuétude et l'on se résoudrait avec peine à les tenir pour effectifs, même dans le passé, si la lettre de Louis Leroy n'en faisait foi : « A l'heure qu'il est votre « candidature est posée dans le *Gaulois* ..... Cela m'irait « de vous voir pacha quelque part. » Du moins faut-il qu'il apporte quelque chose, et de court, pour qu'on le lise, et qu'un bon accueil lui soit réservé par Henry de Pène, arbitre littéraire de la maison. Le post-scriptum de cette lettre contient un renseignement suggestif pour un débutant, mais qui dut réfrigérer probablement l'enthousiasme du candidat : « Je n'ai fait qu'un article au *Gaulois* « en dehors de ma spécialité, et il y a eu du tirage pour « avoir vingt centimes (la ligne). »

Nous n'avons pas eu le loisir de vérifier dans la collection du *Gaulois* si ce projet avait reçu force d'exécution.. D'autres lettres de Louis Leroy figurent dans cette correspondance. Elles concernent soit une pièce présentée par lui à l'Odéon, soit la situation politique en France au lendemain de la Commune de 1871. Et comme il est naturel qu'un vaudevilliste voie toute chose sous l'angle professionnel, admirons ce jugement confraternel, prononcé sur Rochefort (L. du 1er juin 1871) : « Quel dénouement « piteux Rochefort vient de trouver pour sa pièce politi- « que ! Se sauver après avoir publié une lettre insolente ; « triste, bien triste ! Si les morts ont encore du mépris « de disponible, ils doivent en accabler le lanter- « nier. »

Un autre artiste, le compositeur Edmond Membrée, ouvre occasionnellement une lucarne sur les horizons de la guerre de 1870, avouant un optimisme que les faits devaient bientôt se charger de dissiper, lorsque le 27 juillet 1870, c'est-à-dire au début même des hostilités, réserve faite de son mépris pour les hécatombes organi- sées qui nous ramènent à la barbarie, de son horreur des coups de canon, et même de cet aveu, qu'il lui est pénible de voir sacrifier des centaines de mille hommes pour une baliverne politique, représentée par cinq ou six individus ne valant pas mieux les uns que les autres : Bismarck, Ollivier, Guillaume, Napoléon et le reste, il ajoute :

« Mon cœur et mon esprit seraient au comble de la « satisfaction, si l'Empereur Guillaume, Ollivier, Bis- « marck et quelques autres, pouvaient être enfermés entre « quatre murs, armés de revolvers, de chassepots et de « mitrailleuses ; on les lâcherait les uns sur les autres, « et j'espère qu'après le combat il n'en resterait pas même « les queues.

L'esprit se révolte à la pensée de revivre ces époques.

surannées de la barbarie humaine, ce n'est pas, certes, que la bravoure manque à nos troupes : « Tous nos soldats, « si pleins d'enthousiasme et de boisson, tireront aussi « bravement sur les Prussiens qu'ils ont tiré au faubourg « Montmartre, le 2 décembre. Mais ils ont des chasse-« pots et brûlent du désir de leur faire faire mer-« veille . . . .

« Nous reculons, mon pauvre ami, nous reculons « d'une manière formidable ! Nous proclamons l'infailli-« bilité du Pape, et nous faisons la guerre, ce qui est la « négation de l'esprit humain, en même temps que la « négation de la Divinité, et je pense qu'il serait plus « sage et plus humain de bâtir des écoles que d'inventer « des mitrailleuses, parce que le jour où les peuples seront « éduqués suffisamment, ils mettront tous les rois à la « porte, le Pape par terre, les plumets sous la remise, et, « au lieu de se tirer des coups de canon, on se tirera des « coups de chapeau. On ne verra plus une nuée d'imbé-« ciles allumer des lampions, accrocher des drapeaux, et « s'égosiller à crier sur les boulevards : Mort aux Prus-« siens ! Criez donc : Mort aux punaises ! Tas d'idiots ! ! « Ce serait plus utile. »

De plus, la guerre, si elle ouvre à quelques cerveaux demeurés irrésolus sur le choix d'une carrière, un horizon de gloire ou de repos éternel sous la croix de bois du cimetière improvisé au soir de la bataille, la guerre enraye tous les projets déjà si difficilement réalisables du temps de paix. Edmond Membrée s'en plaint, car on jouerait *l'Esclave*, sa pièce, en janvier 1871, si la guerre..... ; car il ferait exécuter un fragment du *Paria*, au Conservatoire à moins que la guerre...., et même la *Courte Echelle*, chère à La Rounat, auteur du livret, verrait le jour chez Camille du Locle, directeur de l'Opéra, mais la guerre.....

Et pourtant l'ambiance aidant, la guerre a illusionné

le compositeur de musique sur le succès de nos armes, puisqu'à la fin d'août 70, et trois jours avant Sedan, il garde la conviction de nos triomphes prochains, et s'obstine à la vouloir faire partager à son ami. C'est assez dire comment les journaux renseignent le public en temps de guerre ; la manière, hélas, n'a pas changé.

Cet optimisme, Edmond Membrée, le cultive en 1870, avec une candeur digne d'un meilleur sort. Il promet de servir à son ami un fameux plat de Prussiens : « Vous « savez bien, lui dit-il, quelle purée en font Bazaine et « Mac-Mahon... Les Parisiens ont l'idée fixe d'en faire « autant, et plus peut-être !... On n'est nullement décou- « ragé ici, et chacun veut faire son devoir virilement et « tranquillement ». Seulement il demeure convaincu que l'on reculera jusqu'en 1792... et c'est, de ses prévisions, la seule qui se soit, hélas, réalisée, puisque 1871, après nous avoir enlevé l'Alsace-Lorraine, amena la Commune.

Mais regagnons l'atmosphère odéonienne qui sollicite plus spécialement notre curiosité.

Avec l'été 1881, sont advenus les concours annuels du Conservatoire. La Rounat, qui est allé à Aix-les-Bains se remettre des fatigues de la saison, est tenu au courant, par un des artistes de sa troupe, Valnay, des résultats de ces concours. Certes, on se féliciterait de retenir pour l'Odéon quelques-uns des lauréats de tragédie et de comédie. Ce séjour serait un excellent entraînement pour des débutants, les préparant ainsi, tout naturellement en quelque sorte, à l'accès de la maison de Molière. Mais non, comme avant, comme toujours, certains sont réclamés d'ores et déjà par la Comédie-Française, qui ne les fera pas jouer. Ce sont les protégés du Directeur des Beaux-Arts(1). Ainsi, écrit Valnay à son patron :

____

1. Alors M. Turquet, celui-là même qui termina ses jours en religion.

« Mlle Lasnier est déjà engagée, Mlle Durand ne fait pas parler d'elle, mais on dit que M. Garnier (Philippe) serait en pourparlers avec M. Perrin [1] ». Le procédé n'a d'ailleurs pas beaucoup varié depuis cette époque ; il explique au surplus la pénurie de premiers sujets aptes à de grands rôles de caractère dans ce théâtre qui, bien orienté, devrait être l'inépuisable pépinière de nos grandes scènes.

Quelques jours plus tard, le 5 août, Valnay écrit au patron qu'il a eu la bonne fortune de rencontrer, à la répétition de l'*Ami Fritz*, à la Comédie, le jeune Cressonnois, en tenue de soldat et tout disposé, grâce aux latitudes que lui offre son casernement à l'Ecole Militaire, à étudier le rôle qu'on lui voudra bien confier. Ce sera toujours une compensation puisque décidément M. Turquet, le même jour, sous la galerie du théâtre, et le lendemain, officiellement, au Ministère, a enlevé tout espoir à l'Odéon de récupérer Mlle Marguerite Durand et Philippe Garnier, définitivement retenus par M. Perrin. « Ce n'est pas, assure M. des Chapelles, chef du bureau « des Théâtres, mandé à cet effet par le Ministre, qu'au « fond M. Perrin tienne absolument à ces recrues, mais il a voulu affirmer son droit ». Et Valnay de confier au patron sa pensée : « Ce n'est pas pour avoir les deux « lauréats que le bon M. Perrin les prend, c'est pour « empêcher les autres de s'en servir. Et peut-être sera-t- « il vexé qu'on les lui laisse... Mais je n'ai fait que pen- « ser cela ; je l'ai gardé pour moi et pour vous, qui devez « savoir tout ce que je pense à ce sujet.....» Comme cette idée le tient fort, il y reviendra encore le lendemain, dans une nouvelle missive où il affirme qu'il est à peu près certain, si l'on juge l'avenir d'après le passé, que

---

(1) Alors administrateur de la Comédie-Française.

l'aimable M. Perrin ne fera pas grand chose de Mlle Durand, et guère plus de Philippe Garnier. Ce sera une leçon et aussi une économie pour la caisse de l'Odéon. Notons, en passant, que ce Valnay fut assez bon prophète, puisqu'après un bref séjour chez Molière, M. Philippe Garnier s'en fut jouer des rôles à la Porte St-Martin et même écrivit de beaux vers ; cependant que Mlle Durand (Marguerite), résignant sa fonction plutôt honorifique de pensionnaire, pour embrasser la cause du féminisme militant, en fondait l'organe revendicateur, *la Fronde*, qui survivait encore à la veille de la récente guerre.

Mais si les directeurs sont obligés d'intriguer pour assurer les jeunes cadres de leur troupe, inversement, ils sont assaillis par les artistes plus anciens (ou sinon par leurs protecteurs) auxquels l'Odéon apparaît comme le chemin de Damas ou la Mecque des Consolations. C'est Banville et sa femme elle-même qui s'intéressent à Cressonnois, artiste de talent d'ailleurs ; c'est Francisque Sarcey qui, apprenant le retour de La Rounat à l'Odéon, plaide en faveur de Marie Samary et de son maintien dans la maison. C'est Auguste Vitu qui signale le vif désir qu'aurait l'illustre Paulin Ménier de créer le rôle de Marat dans la reprise de *Charlotte Corday* de Ponsard. Et certes c'est d'une heureuse inspiration, parfaitement motivée. « Comme il me semble qu'il te manquait quelqu'un pour le trio terroriste, je te donne cet avis qui pourra peut-être t'être utile ». Soulignons en passant ces allitérations ; dans le style d'un maître de la critique tel que Vitu, elles étonnent d'autant plus que son inspiration semblait judicieuse.

Aux recommandations d'artistes s'ajoutent, en plus grand nombre, celles concernant les auteurs et leurs pièces. Le sort des pièces est d'être acceptées ou refusées.

Il n'y a guère de moyen terme que dans ce qu'il est admis d'appeler une pièce reçue à correction, lisez : poliment ajournée, l'auteur ne disposant, à égalité de valeur littéraire et surtout scénique au regard de tel postulant mieux favorisé, ni de l'influence officielle suffisante, ni des fonds nécessaires à gager l'entreprise. Du reste les appuis officiels ne sont guère de nature à émouvoir outre mesure, surtout dans le cours de sa seconde gestion, un vieux routier tel que La Rounat. Sous le second Empire, il a exercé sa force d'inertie contre les solliciteurs les plus exigeants ; il a mis au pas Camille Doucet lui-même, alors chef du bureau des Théâtres, bien qu'au début de sa direction, en 1857, il lui ait offert de lui jouer une pièce. Politesse un peu gasconne, si l'on songe que le futur secrétaire perpétuel de l'Académie française venait d'en faire accepter une à la maison de Molière. Cependant La Rounat s'est attiré un amical reproche, soit pour n'avoir pas engagé certains artistes, soit pour ne les avoir pas autorisés à figurer sur des programmes privés. Bref, neuf ans plus tard, en 1867, à la veille de son départ, il règne un certain froid dans leurs rapports épistolaires. C'est à ce point que Doucet, fonctionnaire officiel dont la réserve était cependant proverbiale, se risque, à propos d'une candidature d'artiste dont La Rounat n'a pas tenu compte, jusqu'à ces termes acerbes : « Vous avez l'air de dire que vous avez suivi « mes conseils en vous hâtant ; en vous hâtant, soit, mais « non en vous hâtant de mal choisir. Mille regrets. »

Cependant, en 1880, Camille Doucet sera des premiers à venir congratuler le nouveau directeur, ils redeviendront une paire d'amis, et c'est à lui que s'adressera Mme de la Rounat, vers la fin de 1884, pressentant le deuil qui va la frapper, pour lui demander le soutien dont elle aura tant besoin dans ces pénibles circonstances. Et ce ne sera pas en vain, diverses lettres datées de 1885 en témoignent.

Parmi les auteurs que le sort n'a pas favorisés, bornons-nous, par discrétion pour les survivants, à citer Lesguillon, dont le *Washington* n'a pas trouvé grâce devant le comité de lecture. Le comité de lecture à l'Odéon, c'était, officieusement, Mlle de La Rounat, qui, dès la première période de la direction, avait pris ainsi une part appréciable des corvées paternelles, et dont l'impression, résumée en quelques mots, décidait le plus souvent du destin des ouvrages présentés. C'est du moins ce qu'il appert d'une lettre de Legouvé, lors de la réception de *Béatrix*. Plus tard, ce fut Porel. Lesguillon était de ceux qui n'acceptent pas sans discussion un verdict qui taxait notamment sa pièce d'inopportune.

« Or, dit-il, on va jouer, ou l'on joue au cirque un
« drame (*sic*) dont le héros est le mien, et dans lequel
« je trouve même mon guerrier français, c'est-à-dire le
« fond historique de mon ouvrage. Vous voyez que le
« sujet n'est pas inopportun, puisque le ministère le
« permet.... Ceci dit, je n'ai pas à discuter votre jugement ;
« espérons que le temps, et une autre prévention, se
« chargeront de l'infirmer. Mon héros est immortel, et
« j'ai la conviction que mon œuvre, digne de lui, *l'est*
« *comme lui.....* »

Nous ne suivrons pas nécessairement l'auteur dans cette manière de voir, son *Washington* ne s'étant jamais offert à notre curiosité de lecteur ou de spectateur. Mais quel dommage qu'il n'ait pas débuté trente ans plus tard dans la littérature, avec un tel sujet, un pareil contentement de sa personne ! Il eût surement rivalisé avec nombre de nos célébrités éphémères d'avant-guerre dont la fortune et la présomption de leur propre génie ont aidé au mieux l'arrivisme. En tout cas, il ne persuade nullement La Rounat, pas plus d'ailleurs que n'y parvinrent beaucoup d'autres auteurs, dont le talent s'affirma cependant depuis, plus solide que celui de Lesguillon. Témoin Edouard Schuré, le poète et dramaturge alsacien, l'auteur applaudi depuis par les initiés d'avant-garde, de la *Roussalka*, au théâtre de l'Œuvre, l'historien des *Grandes légendes de l'Humanité*, lequel, en dépit d'un chaleureux appui de Francisque Sarcey, ne trouva pas grâce pour son *Vercingétorix* ; idem d'un *Etienne Marcel* de Le Guyader, signalé en 1882 par Legouvé et Régnier, le comédien ; d'une pièce d'Edouard Fournier, dont l'action se passe en partie au Parc aux Cerfs, et que la veuve de l'auteur fait patronner par Kaempfen, alors Directeur des Beaux-Arts ; de la *Tante Angélique* de Louis Leroy, jugée trop voisine des *Deux Frères* de Kotzebue ; d'un *Hercule*, de Maurice Montégut ; d'un *Cousin Pons*, adapté de Balzac par M. de Launay, etc.

D'aucuns, plus heureux, connaîtront cependant, un soir, l'angoisse d'une première. Et La Rounat qui avait su discerner entre 1856 et 1867 le talent d'un Louis Bouilhet, avec *Madame de Montarcy*, puis avec la *Conspiration d'Amboise*, contribue largement, pendant les quatre années de sa seconde direction, au succès de François Coppée en lui jouant *Madame de Maintenon* et *Severo Torelli*, seize ans après avoir accueilli le *Passant*, créé en 1867, quelques mois après que Chilly eut pris sa succession à l'Odéon. C'est à lui que la *Formosa*, d'Auguste Vacquerie, le *Jack* d'Alphonse Daudet, le *Klephte* d'Abraham Dreyfus, le *Dîner de Pierrot*, de Millanvoye, devront d'avoir connu les feux de la rampe. Et si la correspondance qui nous occupe est presque muette sur ces diverses œuvres, du moins y trouve-t-on des lettres de Gustave Rivet, dont la *Marie Touchet* fut représentée en 1881 ; de Jacques Normand, dont on avait créé en 1877

le *Blackson père et fils*, écrit en collaboration avec Dela-
vigne, et qui rêvait de faire jouer sa *Belle-Maman*, avec
Céline Montaland, à défaut de Madeleine Brohan ou de
Mme Pasca ; d'Ernest d'Hervilly dont la *Belle Saïnara*
connut le succès en 1876, et dont *Les Enfants avant tout*
souhaitaient de ne pas être omis sur la liste des petits
actes propices aux levers de rideau ; de Louis Tiercelin,
dont le *Voyage de Noces*, joué en 1881, a fait tomber
sur La Rounat les foudres d'Auguste Vitu. Et aux plaintes de son vieil ami, l'Aristarque du Figaro n'hésite pas à
répondre:

« Si le *Voyage de Noces* eût été joué partout ailleurs
« que chez toi, à la Comédie-Française, par exemple, je
« l'aurais roulé dans la farine, comme j'ai fait de l'*Anne de
« Kerilis* de M. Legouvé.

« ...Regrettes-tu ma franchise envers tes deux princi-
« paux acteurs ? Mais veuille remarquer, mon cher ami,
« que lorsqu'on tient la plume dans le journal le plus
« répandu de France, on n'y peut garder de considération
« et d'autorité qu'à la condition de tenir compte de l'opi-
« nion générale en ce qu'elle a de juste... »

Or, ce soir-là, il n'y avait qu'une voix à l'orchestre,
et même dans la coulisse, pour regretter qu'on n'entendît
pas un mot de ce que disaient Mlle Tessandier et
M. Chelles. « Qui donc les avertira, écrit Vitu, si je me
tais ? »

Ce qui n'empêchait nullement d'ailleurs Louis Tiercelin de présenter l'année suivante *La Comtesse Gendelettre*,
cinq actes, et peu après un *Cœur Sanglant*, évocateur, par
son seul titre, des mélos chers à Pixerécourt, et dont il
désignait à l'avance les interprètes de son choix : Mmes
Petit et Tessandier, MM. Lambert et Paul Mounet. Mais
ce *Cœur Sanglant* demeure accroché au clou de l'inten-
tionnel oubli. La leçon de Vitu avait sans doute porté

ses fruits. De semblables expériences, onéreuses en somme
pour le budget de l'Odéon, motivaient la perplexité de
La Rounat, relativement à l'*Adrienne* de Kervani et
Decourcelle, au *Macbeth* de Jules Lacroix, au sujet
duquel une édifiante correspondance s'engagea, et qui ne
fut joué qu'après la mort de La Rounat, sous la direction
de Porel. Jacques Lemaire avait été plus heureux avec le
Mariage d'André, tandis que Marc Monnier ne pouvait
parvenir à insérer sa *Crinoline*, sur un des programmes
de saison.

*
* *

Mais le record de la ténacité victorieuse des pires obstacles appartient sans conteste à Caliban, c'est-à-dire au
poète Emile Bergerat. Son jeune talent déjà notoire, sa
situation dans la presse, le succès précoce d'un acte en
vers : *Une Amie*, accueilli à la Comédie-Française en 1865,
c'est-à-dire à l'époque de ses vingt ans, trois autres pièces
jouées ensuite à Cluny et au Vaudeville (¹), lui permet-
taient toutes les audaces. Ce fut avec une pièce en cinq
actes, le *Nom*, qu'il les mit en batterie, vers la fin de
l'année 1881, en les appuyant sur l'autorité du conseil de
Got, « cet homme d'élite, le plus remarquable, » écrivait-
il à La Rounat (14 décembre 1881), « que nous ayons dans
son art », conseil qui donnait au jeune auteur l'impression
naïve d'un hommage rendu à l'originalité de son travail
et à sa sincérité d'artiste.

Moins d'un mois après, le 5 janvier 1882, l'examen du
manuscrit avait porté ses fruits, sans toutefois provoquer
un résultat décisif. Alors l'auteur va trouver Auguste
Vacquerie, lui soumet sa pièce, la modifie selon ses indi-

---

(1) *Père et Mari* (Cluny 1871), *Ange Bosari* (en collaboration avec
Silvestre) et *Séparés de Corps* (Vaudeville 1873).

cations. Car il rêvait d'un chef-d'œuvre. « J'ai mené,
« écrivait-il à La Rounat, une si rude campagne contre
« l'imbécillité du public, l'ignorance des directeurs et la
« sottise des cabotins, que si mon œuvre n'est pas hors
« ligne, tout Paris routinier me tombera sur le dos. Mais
« quelle bataille ! Moi je les aime, et vous ? »

Toutefois, les jours passaient ; la période du Salon
annuel de peinture survenant allait absorber Caliban critique d'art, et le remaniement du dernier acte, jugé indispensable, était retardé.

La naissance d'une petite fille, Herminie, puis les vacances au bord de la mer, dans l'ermitage qu'il s'était
choisi à saint-Lunaire, absorbèrent les dernières minutes
disponibles :

« Car, dit-il, j'ai une maison, et chouette encore ! Sur
« une plage nette, solitaire, où rien n'arrive que les musi-
« ques du large. Comme nous n'avons pas d'argent pour
« acheter des meubles, Estelle[1] et moi, nous en peignons
« sur les murs, de japonais et d'hindous, qui sont fort
« consolants à voir. On s'assied par terre pour les
« contempler. C'est la maison de Cadet Rousselle..
« J'attends d'ailleurs la visite de Banville et j'ai acheté
« un vieux plat à barbe de Rouen pour orner et décorer
« son mur. Ah ! cher ami, il faut que vous me fassiez
« gagner cent mille francs avec le *Nom*. Ce sera pour les
« chaises !

« A ce propos, Adolphe Dupuis[2] est allé rue Vernier[3]
« pour me voir, Il m'a laissé sa carte avec des écritures,
« desquelles il résulte qu'il brûle d'envie de créer Blondel..
« Vous avez dû le fasciner. Je lui réponds, que moi

---

(1) Madame Bergerat, fille du grand Théo et sœur de Judith Gautier.

(2) Artiste notoire du Vaudeville.

(3) Domicile d'Emile Bergerat à Paris.

« aussi, vous aussi, et je lui dis d'aller vous voir. Si l'on
« pouvait, avec lui, avoir Geffroy pour le Duc. Hein ?
« C'est ça un rêve. Donnez-moi jusqu'en septembre pour
« le cinqúième acte. D'autant que je sais très bien tout
« ce que vous désirez, et que je n'ai qu'à écrire d'après
« nos derniers entretiens. Je serais si heureux de ne rien
« faire tout le mois d'août, et j'ai tant travaillé ! Pitié ! »

Ainsi, nous sommes au 13 août et ce fameux " cinq "
est encore en suspens. Dupuis ayant accepté le rôle,
il s'agit cependant de terminer la pièce. Elle sort de
l'encrier en fin septembre et Bergerat escompte le premier
billet de répétition pour le 15 octobre. Mais ce cinquième
acte n'est pas encore du goût de La Rounat. L'auteur
s'en étonne :

« Pour un homme épaté, vous voyez un homme épaté.
« J'ai cru sur l'honneur que vous seriez ravi de ce cin-
« quième acte. Je l'ai extrêmement soigné et travaillé et
« ma fierté était de l'avoir fait court selon vos prescrip-
« tions, tout en dénouant la situation de tous côtés... »

D'autres malentendus surgissent : rendez-vous manqués, atermoiements de toutes sortes. Une explication
avec le patron s'impose. Elle surgit le 2 novembre :

« Est-ce à dire que vous allez révéler au public un
« faiseur ? Non, j'espère être un artiste, et individuel.
« J'aurai des hauts et des bas ; mais quand j'aurai
« mordu, les dents y resteront.

« Il ne tient plus qu'à vous que ce soit avec le *Nom*,
« et puisque vous avez épousé mon ouvrage par amour,
« vous allez me le féconder. Cela, j'y compte, et vous vous
« y êtes engagé. »

Cette fois l'auteur a gagné la bataille. Le comédien
Dupuis n'attend plus que de signer pour travailler son
rôle. Les interprètes croient au succès. N'empêche que,
pour obvier aux nouvelles réticences directoriales, Ber-

gerat nous apprend qu'il a refait — *id est* récrit — tout le premier acte : « Il est clair, dit-il, limpide et frappant de lucidité. »

Le 30 novembre il a complètement modifié le deuxième et il compte terminer le troisième, le même soir ! Du " cinq " il ne sera plus question.

« Un jour pour recopier lisiblement, et je suis à vous.
« Me voilà donc prêt à la date fixée. Je puis lire aux ar-
« tistes si vous le voulez. Je ne vous dis rien de mon
« travail ; je préfère jouir de votre surprise. Si après
« l'avoir entendu, vous ne me baisez pas au front, en
« disant : Tu Marcellus eris, c'est que je n'ai plus de
« front et que vous n'avez plus de lèvres. »

Mais ce n'est pas fini. De nouveaux changements vont s'imposer. Et puis, fâcheux contre-temps, en décembre l'auteur est tombé malade. Il voudrait cependant voir la pièce en répétition dans le cours de l'hiver, car il en a d'autres en tête pour l'an qui vient. Enfin Porel le rassure et lui fait savoir qu'on lira, le 3 janvier, aux acteurs. Alors, il exulte, mais ne perd pas le sens de ses utiles précautions : « Peut-être serait-il sage, écrit-il, d'arriver
« avec les rôles copiés, le 3 janvier. Moi je suis prêt.
« Mais je ne puis plus me passer de votre expérience
« maintenant ; c'est trop agréable de travailler à coup
« sûr. Un mot et j'apporte ma timbale. »

Dans le post-scriptum, il pense même aux décors.
« Si on les commandait bien à l'avance, pour être sûr de
« les avoir à temps. Dupuis veut être prêt à la fin de
« janvier, il déborde de zèle. »

La correspondance s'arrête là, nous laissant le regret de n'être point initiés aux incidents des répétitions, aux fièvres de la dernière heure, devant cette œuvre dont l'auteur escomptait le succès, puisqu'il invitait La Rounat à se préparer au plus beau triomphe de sa carrière !

« J'ai obéi en tout à vos sensations, sauf à une seule que
« je n'ai pu m'assimiler logiquement. La pièce est de
« vous, et telle que vous la vouliez. Je vous remercie de
« m'avoir tenu tête, quoiqu'un peu longtemps, et d'avoir
« fait sortir de moi l'homme de théâtre qui barbotait
« dans le poëte. Ça y est et bien. »

La pièce fut donc jouée. Mais l'éclat du triomphe
attendu ne dut pas être aussi éblouissant que l'espérait
l'auteur(1). C'est du moins ce qu'il appert de cette phrase
d'une de ses lettres datée de Saint-Lunaire, le 10 août 1884,
de ce même ermitage où son enthousiasme avait préma-
turément vibré :

« Mais tout cela ne me console pas de la strangulation
« du *Nom*. Je rêve tenacement la revanche que tout le
« public promet de me donner...

« Savez-vous ce que m'a dit, il y a huit jours, un
« de vos amis ? — Si La Rounat avait trente ans, il aurait
« une joie immense à donner la bataille. Je le connais,
« il n'y a que cela qui l'amuse. — Eh bien, vous n'avez
« que trente ans, dites ? »

Hélas ! le *Nom* n'eut pas cette revanche, La Rounat
n'ayant décidément plus de goût pour les batailles. Cependant l'auteur démontra amplement, par la suite, que sa
fécondité dramatique et littéraire n'avait guère été compromise par ce succès d'estime.

Du moins était-il intéressant d'assister aux péripéties
de cette avant-première que Caliban aurait pu baptiser :
Beaucoup de bruit pour...

*
* *

Des courriers de ce genre, bien qu'il dût les trouver
parfois inopportuns, pouvaient cependant s'attirer l'indul-

-----

(1) Le *Nom* eut une vingtaine de représentations.

gence de La Rounat, car, de son fauteuil directorial, le dramaturge de jadis dont le Palais-Royal et les Variétés avaient joué *Les Associés*, en 1849, *La Mariée de Poissy*, en 1850, *La Pile de Volta*, 1854, *Une Panthère de Java*, 1855, qui au Gymnase avait connu le succès d'estime en 1856, avec *Les Vainqueurs de Lodi*, et la guigne en août 1871, avec *Marceline*, ne perdait pas de vue les quelques pièces dont ses collaborateurs se chargeaient du reste de lui raviver le souvenir. Ç'avait été, dès 1877, donc bien avant sa reprise de possession de l'Odéon, toute une campagne pour essayer de monter aux Célestins de Lyon, alors dirigés par Emile Marck ([1]), son opérette *La Courte Echelle*, dont Edmond Membrée avait composé la partition. Il y parvint enfin, trois ans après, ainsi qu'en atteste une des lettres d'Emile Marck, lui annonçant la répétition générale pour le mardi soir 2 mars 1880, et la première pour le surlendemain, sans oublier de le féliciter de sa nomination, qui, disait-il, le rassurait sur l'avenir de ce théâtre où il avait lui-même passé, comme artiste, les plus heureuses années de sa vie, et qu'il aimait de tout son cœur.

C'était encore Jules Claretie qui le tenait au courant de ses démarches relatives à leur *Beau Solignac* tant auprès de Chabrillat à l'Ambigu, que de Paul Clèves, à la Porte St-Martin ; Victor Koning qui déclinait, en toute cordialité, la charge d'assurer au Gymnase un succès à *Calixte*, autre pièce de La Rounat, et Raymond Deslandes qui l'engageait à la patience pour saisir l'occasion de remettre en lumière au Vaudeville la charmante petite pièce de son ami : *La Chambre bleue*.

Il eut suffi de moins pour rendre sceptiques les plus emballés devant le monceau de manuscrits entassés dans

---

(1) Il dirigea l'Odéon de 1892 à 1896, avec Emile Desbeaux, à la suite de Porel.

son cabinet, et qu'au surplus un des anciens artistes de sa troupe, resté fidèle à l'Odéon, et qui en 1885 devait lui succéder, se chargerait de déblayer. Porel, qui en effet possédait à merveille le sens du théâtre, suppléait le patron durant ses absences, et, maître Jacques initié à tous les arcanes de la profession, lui rendait compte en des lettres dont l'esprit était loin de se voir exclu, des mille incidents relatifs aux pièces en cours, aux impresarii en tournée tels que Schürmann, aux artistes de la maison, aux auteurs encombrants, tels que Verconsin, dont les saynètes à succès avaient gonflé l'ambition dramatique, à l'image de la grenouille du fabuliste, jusqu'à la mesure d'une pièce en trois actes dont le sort était réglé d'avance.

Cette intéressante correspondance sur laquelle il ne nous paraît pas loisible de nous étendre ici, jette de curieuses lumières sur la vie théâtrale d'il y a trente ans ; elle montre aussi l'esprit de discernement apporté par l'artiste dans le choix des pièces susceptibles de conserver à la scène française sa belle vitalité, d'en rajeunir les traditions par quelques présentations hardies et neuves pour l'époque. Elle met en relief l'esprit d'initiative dont Porel devenu l'associé, puis le successeur de La Rounat, donna les preuves pendant les sept années de sa gestion, 1885-1892, notamment avec *Les Jacobites*, de François Coppée, *Renée Mauperin* et *Germinie Lacerteux*, d'Edmond de Goncourt, *Crime et Châtiment*, de Dostoïewsky, *La Mer*, de Jean Jullien, *Numa Roumestan*, de Daudet, *Amoureuse*, de Porto-Riche, et diverses adaptations de drames de Shakespeare, poursuivant ainsi les tendances encouragées par son ancien patron. Elle complète enfin ce fonds épistolaire des plus précieux à consulter pour les futurs historiographes du second Théâtre-Français.

TABLE

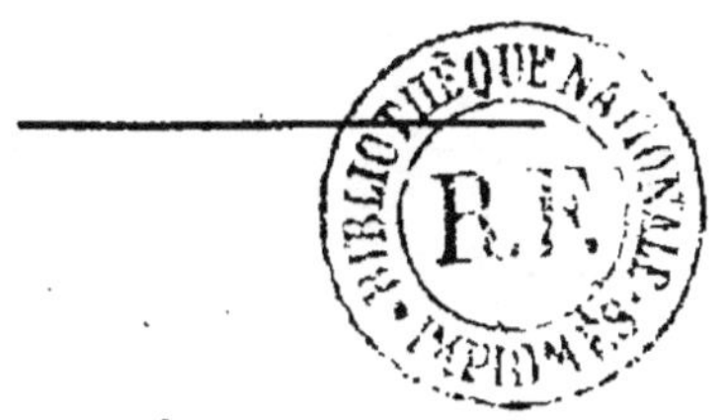

Couverture et Hors-Textes
de l'Imprimerie G. Deberque

www.ingramcontent.com/pod-product-compliance
Lightning Source LLC
LaVergne TN
LVHW020119060726
842526LV00004B/1185